Os desafios do ensino médio

Marieta de Moraes Ferreira
José Henrique Paim
ORGANIZADORES

Os desafios do ensino médio

FGV EDITORA

Copyright © 2018 Marieta de Moraes Ferreira; José Henrique Paim

Direitos desta edição reservados à
FGV EDITORA
Rua Jornalista Orlando Dantas, 37
22231-010 | Rio de Janeiro, RJ | Brasil
Tels.: 0800-021-7777 | 21-3799-4427
Fax: 21-3799-4430
editora@fgv.br | pedidoseditora@fgv.br
www.fgv.br/editora

Impresso no Brasil | *Printed in Brazil*

Todos os direitos reservados. A reprodução não autorizada desta publicação, no todo ou em parte, constitui violação do copyright (Lei nº 9.610/98).

Os conceitos emitidos neste livro são de inteira responsabilidade dos autores.

1ª edição: 2018

Preparação de originais: Suzana Verissimo
Diagramação: Ilustrarte Design e Produção Editorial
Revisão: Fatima Caroni
Capa: Estúdio 513

Ficha catalográfica elaborada pela
Biblioteca Mario Henrique Simonsen

Os desafios do ensino médio / Organizadores Marieta de Moraes Ferreira, José
 Henrique Paim. – Rio de Janeiro : FGV Editora, 2018.
 244 p.

 Trabalhos apresentados no Seminário Os desafios do ensino médio, realizado na Fundação Getulio Vargas, em 2017.
 Inclui bibliografia.
 ISBN: 978-85-225-2019-0.

 1. Ensino médio – Brasil. 2. Reforma do ensino – Brasil. I. Ferreira, Marieta de Moraes. II. Paim, José Henrique. III. Fundação Getulio Vargas.

CDD – 373.0981

Sumário

Apresentação — 7

1. A Base Nacional Comum e o novo ensino médio brasileiro: breve histórico e principais impactos — 15
   Wisley João Pereira

2. Reforma do ensino médio brasileiro: questões relevantes para o debate e implementação — 25
   Antonio Idilvan de Lima Alencar
   Rogers Vasconcelos Mendes

3. Novo ensino médio: desafios e possibilidades — 47
   Eduardo Deschamps

4. A implementação da reforma do ensino médio — 59
   Francisco Soares

5. Propostas, formas de financiabilidade e resultados projetados para o desenvolvimento da educação básica brasileira — 71
   Wagner Victer

6. A Base Nacional Comum Curricular e a reforma do ensino médio: o contexto de transição e as condições de implementação nas escolas brasileiras — 85
   Joaquim José Soares Neto
   Elianice Silva Castro

7. Reflexos da reforma do ensino médio na gestão das redes estaduais — 101
   Dorinha Seabra Rezende

8. Repensando o ensino médio no Brasil — 109
   Claudia Costin

9. Potências e desafios da implementação da flexibilização   121
   Ricardo Henriques
10. Os desafios do ensino médio: os impactos
    da reforma na educação profissional no Brasil   131
    Rafael Lucchesi
11. Ensino médio: entre a reforma e a mão de tinta   153
    Binho Marques
    Flávia Nogueira
12. Reforma do ensino médio: desafios ou ameaças para
    a construção de uma escola pública democrática?   171
    Carmen Teresa Gabriel
13. Os desafios do médio na Idade Mídia   187
    Francisco Aparecido Cordão
14. Para que a reforma do ensino médio possa avançar   209
    Pedro Flexa Ribeiro
15. Avanços, limites e possibilidades no ensino médio   219
    José Henrique Paim

Apresentação

A aprovação da lei de reformulação do ensino médio, de fevereiro de 2017, e a discussão da Base Nacional Comum Curricular (BNCC) puseram na ordem do dia, mais uma vez, as agruras do ensino médio. Na última década têm sido habituais os debates sobre as necessidades e os rumos da educação básica no Brasil. O ensino médio, em particular, tem recebido atenção especial devido às grandes dificuldades que o segmento apresenta. A despeito de indicarem uma melhoria dos números referentes à performance dos estudantes dos níveis fundamentais, no que se refere ao ensino médio os dados recentes acerca das avaliações brasileiras não são alentadores. A preocupação com o futuro do setor, destacando o diagnóstico dos problemas e apontando propostas de melhorias, tem sido constante por parte de diferentes atores e instituições nacionais.

Diante desse quadro, a nova legislação buscou apresentar alternativas para superar tais obstáculos, como o aumento da carga horária e a possibilidade de aprofundamento do estudante em áreas específicas do conhecimento. Acredita-se que essas medidas poderão provocar uma transformação no cotidiano do ambiente escolar, tornando-o um espaço de reflexão crítica não apenas sobre os conteúdos, mas também sobre a própria recriação de novos modelos de ensinar, na medida em que os professores precisarão se aprofundar em suas disciplinas para atender ao itinerário formativo escolhido pelos alunos.

A fim de contribuir para esse debate, a Fundação Getulio Vargas, por intermédio de seu programa FGV Ensino Médio, organizou o seminário *Os desafios do ensino médio* com o objetivo de reunir especialistas renomados para mapear pontos de divergências e de convergências que a nova lei tem suscitado. Como desdobramento do evento, organizamos este livro visando ensejar o diálogo entre os diferentes atores para melhor compreender e, assim, enfrentar os problemas cotidianos ligados ao processo de ensino-aprendizagem e à prática dos docentes. Um primeiro conjunto de textos reúne autores vinculados a órgãos públicos, como o Ministério da Educação (MEC), secretarias estaduais de Educação, o Conselho Nacional de Educação (CNE), e parlamentares. O segundo bloco congrega representantes de fundações privadas, professores, dirigentes de escolas públicas e privadas, além de ex-gestores educacionais.

Wisley João Pereira expõe os objetivos e as justificativas do MEC para a aprovação da Lei nº 13.415/2017. Ele analisa os desafios para a aprovação da BNCC, elemento fundamental para que a nova lei seja efetivada. Além de retomar o processo de elaboração da BNCC, o autor chama a atenção para três grandes medidas que precisam ser implementadas: alteração do processo de formação de professores, tanto inicial quanto continuada; revisão do material didático, o que vai impactar o Programa Nacional do Livro e do Material Didático (PNLD); avaliações externas dos estudantes, seja a feita pelos estados, seja a do MEC, que deverão estar sintonizadas com a nova BNCC. Pereira apresenta um balanço das ações políticas e programas voltados para o ensino médio de 1998 a 2016, destacando que a reforma do segmento vem sendo debatida já há bastante tempo e com diferentes atores, o que legitima a atual lei.

Antonio Idilvan de Lima Alencar e Rogers Vasconcelos Mendes apontam as dificuldades do ensino médio, a pouca eficácia de iniciativas já lançadas e os dados estatísticos desse segmento. Eles destacam o papel fundamental do Conselho Nacional de Secretarias Estaduais de Educação (Consed) na interlocução entre a autonomia dos estados e a implementação da reforma do ensino médio para atingir um consenso nacional em educação. Os autores discutem as dificuldades para a implementação dos itinerários formativos propostos na nova lei, considerando as adversidades de uma mesma escola poder ofertar as diferentes opções, sobretudo unidades com reduzido número de estudantes. Tomando como referência o Ceará, os autores sugerem iniciativas para a flexibilização da grade curricular do ensino médio. Defendem, também, a urgência de um amplo debate envolvendo professores, alunos e gestores a fim de evitar práticas autoritaristas. Por fim, ressaltam a necessidade de redefinir a estrutura de financiamento da educação pública, para fortalecer e tornar permanente o Fundo de Manutenção e Desenvolvimento da Educação Básica e de Valorização dos Profissionais da Educação (Fundeb).

Eduardo Deschamps destaca quatro pilares da Lei nº 13.415/2017: flexibilização curricular; maior articulação com educação profissional dentro do currículo regular do ensino médio; foco em educação integral (competências socioemocionais); educação em tempo integral. O autor trata da regulamentação da lei da reforma do ensino médio, salientando que somente o programa de fomento de escolas em tempo integral foi regulamentado. A oferta do novo formato do ensino médio não será imediata, cabendo ao MEC e aos sistemas estaduais de educação definir as diferentes arquiteturas de sua implementação. Um ponto fundamental da nova lei é estabelecer o protagonismo dos sistemas estaduais de ensino e dos educadores para a configuração final do ensino médio, retirando do Congresso e da classe política o poder de regulamentação. Deschamps defende que somente com intensa articulação entre os sistemas de ensino estaduais sob a coordenação do MEC e do CNE será possível o êxito da empreitada.

Francisco Soares observa que nos últimos anos diversas iniciativas foram tomadas para melhorar a qualidade da educação, tanto no âmbito do MEC quanto no do CNE. Sua eficácia, porém, foi bastante limitada, o que evidencia a urgência da reformulação do ensino médio. O autor comenta a lei da reforma, fazendo ressalvas à sua implementação por meio de medidas provisórias, e sustenta que a adoção do tempo integral seria mais proveitosa para as primeiras séries. Soares enfatiza os aspectos positivos da flexibilização do ensino médio com a adoção de itinerários diferenciados, passíveis de serem escolhidos pelos estudantes, e, com base nas teses do economista Jacques Delors, defende a divisão entre os conteúdos obrigatórios (aprender a aprender) e os conhecimentos necessários ao exercício da cidadania (aprender a conviver);

uma terceira dimensão deveria dar ao estudante a oportunidade de escolher uma área de sua preferência (aprender a fazer). O autor destaca as dificuldades relativas aos recursos, a urgência da definição da BNCC e do formato do Enem, e dos limites dos pequenos municípios, que terão dificuldade em oferecer itinerários distintos, ampliar a carga horária dos professores e amplificar o debate para melhor compreensão dos temas em pauta.

Wagner Victer traça um histórico dos entraves e iniciativas levadas a cabo, sem que tenham logrado os resultados esperados, para equacionar as dificuldades do ensino médio. Partindo desse ponto, examina a lei da reforma do ensino médio, explicitando suas expectativas e indagações. Tomando como referência a realidade do estado do Rio de Janeiro, discute os problemas de financiamento, os recursos do Fundeb e a premência na aprovação da BNCC. Avalia, ainda, os *rankings* do Ideb, criticando alguns procedimentos e indicadores no processo de avaliação e divulgação de dados.

Joaquim José Soares Neto e Elianice Silva Castro enfatizam a relevância da BNCC para a implementação da reforma do ensino médio. Com base na legislação existente, em especial a Lei de Diretrizes e Bases (LDB de 1996), consideram positiva a reforma, ainda que não deixem de apontar os obstáculos para sua efetivação, como problemas de infraestrutura das escolas, a necessidade de investimento e a capacidade de atração de professores. Aspectos de infraestrutura e as exigências do conteúdo da BNCC, sobretudo, são objeto de preocupação por não serem condizentes com a realidade das escolas públicas: a profunda desigualdade entre as instituições interfere no desempenho dos estudantes em avaliações em larga escala. Para que a BNCC e o novo ensino médio alcancem os resultados desejáveis, mitigando tal disparidade, as escolas precisam ter boa infraestrutura e oferecer recursos básicos, como bibliotecas e laboratórios.

Dorinha Seabra Rezende acentua que a medida provisória sobre a reformulação do ensino médio é resultado de um longo processo de debates para atender às demandas do Plano Nacional de Educação (PNE). Tomando como ponto de partida o Projeto de

Lei nº 6.840/2013, de autoria de Reginaldo Lopes (PT), a deputada acompanha seu percurso e destaca a pouca participação da comunidade educacional nas reflexões sobre a reforma do ensino médio e de uma Base Nacional Curricular, questões há muito previstas no PNE. A autora manifesta dúvidas a respeito da reforma recém-aprovada: como implementar a flexibilização do ensino médio e sua concretização no formato integral? Para ela, municípios que só têm ensino médio noturno, em apenas uma escola, ou escolas que não dispõem de professores e infraestrutura para desenvolver os itinerários formativos, representam entraves para a efetivação da reforma. A parlamentar destaca a urgência da aprovação da BNCC e da reformulação do elenco de disciplinas que devem compor a grade, bem como da alteração da formação docente. Também chama a atenção para os problemas acarretados pela proposta de itinerários formativos e os riscos de a reforma aumentar a desigualdade social.

Claudia Costin analisa as deficiências de aprendizado que os jovens trazem da etapa anterior de sua escolaridade ao ingressar no ensino médio, além do caráter enciclopédico que o segmento oferece, com grande quantidade de conteúdos difíceis de serem aprendidos, o que dificulta o desempenho do educando. A autora trata de aspectos complexos da formação docente: sua inadequada preparação, a pouca atratividade da carreira e as deficiências do processo seletivo do futuro professor. A partir desse diagnóstico, aponta as dificuldades para as escolas e as redes estaduais implementarem os itinerários formativos, anunciados na nova legislação.

Ricardo Henriques investiga os riscos que as medidas propostas na reforma do ensino médio podem acarretar, bem como as iniciativas que devem ser tomadas para minimizá-los. Embora a flexibilização seja um caminho possível para reduzir a desigualdade e motivar os jovens, ela, por si só, não será capaz de atingir os objetivos desejados: pode tanto trazer benefícios quanto confirmar as posições sociais de origem, sem promover maior equidade na educação. A importância de construir trajetórias formativas diversificadas tem obtido algum consenso, mas há divergências sobre o formato da flexibilização, em que se defende uma diversificação com itinerários fixos, mistos ou totalmente livres. Outra possibilidade é a construção de itinerários por estados da Federação, o que romperia com a ideia de um sistema nacional de educação; por isso, sugere-se que o CNE estabeleça diretrizes para a diversificação dos itinerários formativos. A lógica de cada campo disciplinar não deve ser negligenciada, mas não pode dificultar um aprendizado interdisciplinar. As disparidades regionais indicam que numerosos municípios dispõem de um pequeno número de escolas de ensino médio, o que pode comprometer a flexibilização dos itinerários formativos. Para atender a essas demandas, Henriques sugere modificar com urgência a formação do professor, fazendo da didática e da prática de ensino os eixos do saber docente.

Rafael Lucchesi examina as relações entre ensino médio e educação profissional no contexto da reforma de 2017. Ele apresenta um projeto inovador de ensino médio, desenvolvido no âmbito das entidades do Sistema Indústria, com contribuição para o debate e a implementação da nova lei.

Binho Marques e Flávia Nogueira ressaltam a necessidade de enfrentar os problemas decorrentes da deficiência do ensino fundamental, que afeta o desempenho dos jovens. Eles discutem a possibilidade de que um maior investimento no ensino médio acarrete o deslocamento de recursos de outras etapas da educação básica, uma vez que são escassos os financiamentos para o ensino médio, em particular, e para a educação básica, em geral. Segundo os autores, a reforma não apresenta nenhuma medida para valorizar os professores, tornando possível contratar pessoas sem formação específica, mas que poderão atuar como docentes com base no critério de notório saber a ser definido pelas redes estaduais.

Carmen Teresa Gabriel expõe diversas dúvidas quanto à eficácia da reforma do ensino médio na melhoria da educação pública. Partindo da rígida defesa da educação pública e de sua importância para a formação de uma cidadania plena em uma sociedade mais democrática e justa, contesta algumas das teses que justificam a reforma: a urgência em implementá-la, a crença nos efeitos positivos da mudança curricular e o entendimento da política curricular como ação do Estado. A autora questiona a noção de qualidade veiculada como antagônica ao sentido de público. Para ela, a reforma curricular por si só não garante a melhoria da qualidade de ensino – é preciso considerar outros aspectos, como as condições dos professores, e compreendê-la num contexto de políticas públicas que contingenciam os gastos públicos e representam um retrocesso na forma de pensar o sistema educacional, a considerar que os males do ensino médio repousariam em seu caráter público.

Francisco Aparecido Cordão investiga a dificuldade do ensino médio de encontrar uma identidade, cindida entre o direcionamento para a formação profissional e a preparação para o ensino superior. O argumento principal do autor é o de que, considerando-se o avanço permanente do mundo digital e a transformação acelerada do mercado de trabalho, essa oposição não se justifica, pois a formação do educando deve buscar o conhecimento da tecnologia para estar apto a enfrentar os desafios. A educação básica e o ensino em geral urgem aprender a lidar com a revolução científica e tecnológica, que estabelece novos padrões para o ensino e a aprendizagem.

Pedro Flexa Ribeiro avalia as dúvidas que a lei da reforma do ensino médio suscita. Uma das incertezas concerne ao futuro da certificação do ensino médio e do processo das avaliações externas. O autor salienta a importância do Inep e do banco de itens, mas reclama das mudanças na política de avaliação e nas orientações e oscilações realizadas. Ele desaprova o excesso de centralização do MEC no processo de seleção para as universidades federais a partir do Enem/Sisu, retirando delas o controle sobre o perfil do candidato ingressante nos cursos de graduação. O foco de Ribeiro, em última instância, é a crítica ao processo de intervenção do Estado e a falta de previsibilidade não só no processo de avaliação, mas também na definição dos conteúdos a serem ensinados.

José Henrique Paim apresenta um balanço da legislação e de iniciativas voltadas para a educação a partir do início do século XXI com foco nos diferentes segmentos de ensino: infantil, fundamental e médio. O autor reflete sobre o "novo ensino médio", destacando que a Lei nº 13.415/2017 reverbera as discussões travadas desde 2007, mas impõe grandes desafios: o financiamento, a compatibilização de organização por área de conhecimento com as disciplinas atuais do ensino médio e a nova BNCC, a impossibilidade das escolas de oferecer todos os itinerários formativos, a partir da formação de professores frente ao grau de especialização exigido. Enfrentar tais desafios requer o diálogo permanente com a comunidade educacional e a solução dos problemas de financiamento e infraestrutura escolar.

Desse amplo conjunto de textos, a expressar diferentes posicionamentos, abordagens e ênfases, emergem pontos em comum: uma reforma do ensino médio precisa ser efetivada, a aprovação de uma Base Nacional Curricular é urgente e a questão dos recursos e financiamentos é vital para o êxito dessa mudança. A aprovação da reforma por meio de medida provisória é alvo de críticas, uma vez que o tema já vinha sendo discutido no Congresso. A flexibilização do currículo e a definição dos itinerários formativos também são objeto de debates, em face das dificuldades das redes estaduais e das escolas em implementá-las, considerando-se a questão da formação docente e da precariedade da infraestrutura das unidades.

A profunda conscientização da relevância da melhoria da qualidade da educação no Brasil, pelos diferentes atores sociais, e o diagnóstico dos problemas e possíveis soluções para uma efetiva renovação do ensino médio envolvendo a comunidade educacional são condições essenciais para triunfar em tão complexa e importante missão.

Os organizadores

1. A Base Nacional Comum e o novo ensino médio brasileiro: breve histórico e principais impactos

Wisley João Pereira*

Gostaria de iniciar refletindo a respeito da base nacional comum e do novo ensino médio. Em abril de 2017, o Ministério da Educação (MEC) entregou ao Conselho Nacional de Educação (CNE) uma Base Nacional Comum Curricular (BNCC) que contempla a educação infantil e o ensino fundamental. A BNCC referente ao ensino médio precisou parar seu processo de discussão devido às alterações que viriam a partir da Lei nº 13.415/2017 e trariam novas definições para esse nível de ensino.

Sobre a BNCC, inicialmente, o MEC apresentou uma primeira versão do documento para consulta pública, via portal na internet, que recebeu mais de 12 milhões de contribuições, de diversas formas: individuais, de organizações, de escolas e de redes de educação de todo o país, associações científicas e membros da comunidade acadêmica, além de pareceres analíticos de especialistas. Antes disso, foram criados comitês estaduais para discutir e mobilizar a participação dos educadores brasileiros no processo de construção da base. As contribuições foram sistematizadas por pesquisadores de universidades (UnB e PUC-Rio), subsidiando a elaboração da segunda versão.

A segunda versão da BNCC, de maio de 2016, orientou os debates nas comissões estaduais, compostas por diversas entidades, e nos seminários realizados pelas secretarias estaduais de Educação em todos os estados e no Distrito Federal entre 23 de junho e 10 de

---

* Coordenador-geral de Ensino Médio da Secretaria de Educação Básica (MEC). Especializado em gestão da educação pública pela Universidade Federal de Juiz de Fora (UFJF).

agosto de 2016, sob a coordenação do Conselho Nacional de Secretários de Educação (Consed) e da União Nacional dos Dirigentes Municipais de Educação (Undime). Esses seminários contaram com a participação de mais de 9 mil pessoas, entre elas professores, gestores, especialistas e entidades de educação.

Feita a compilação das contribuições pelo Consed e Undime, elas foram encaminhadas ao comitê gestor da BNCC e reforma do ensino médio do MEC. O comitê gestor foi responsável pelas definições e diretrizes que orientaram a revisão da segunda versão, bem como pela indicação dos especialistas que redigiram a versão final entregue ao CNE.

Um dos grandes desafios da BNCC para o ensino médio é analisar as contribuições dos 27 comitês estaduais à luz da nova lei. Nossa expectativa é que, até o final de 2017, estejamos submetendo a parte da base do ensino médio ao CNE para que ele possa fazer sua análise e parecer.

O financiamento da educação é uma questão muito importante, não somente para as alterações no ensino médio, mas, também, para a BNCC, porque ela já sinaliza três grandes mudanças.

A primeira, na formação de professores, que, agora, tem de ser pautada e orientada pela BNCC na formação inicial ou continuada. Assim, as secretarias estaduais de Educação e o MEC precisam pensar numa política nacional de formação, seja ela inicial e/ou continuada de professores.

A segunda irá implicar a revisão de todo o material didático. Temos uma base nacional que vai orientar os currículos e, com isso, também vai impactar principalmente o Programa Nacional do Livro e do Material Didático (PNLD), que tem como principal objetivo subsidiar o trabalho pedagógico dos professores por meio da distribuição de livros didáticos aos alunos da educação básica. O MEC está debatendo essa questão, considerando que o programa é executado em ciclos trienais alternados e que, a cada ano, o governo federal adquire e distribui livros para todos os estudantes de determinado segmento (anos iniciais do ensino fundamental, anos finais do ensino fundamental e ensino médio).

Essa é uma ação complexa, desde a concepção até a chegada dos livros nas mãos dos alunos.

As avaliações externas são um terceiro ponto que precisa de atenção. A existência de uma base curricular comum vai impactar as avaliações externas, seja do MEC, seja daquela realizada pelos próprios estados para verificar a qualidade da aprendizagem. É preciso acompanhar a aprendizagem do estudante de forma processual, e não esperar que chegue o resultado no final do ano, quando não há tempo para empreender ações no sentido de melhoria da aprendizagem para os estudantes que apresentaram lacunas na aprendizagem.

Muitos estados têm seu próprio sistema de avaliação de ensino, e eles estão fazendo isso não só no final do ano. Há estados que fazem avaliações semestrais e outros que a fazem bimestralmente. É o caso de Goiás, onde é feita a Avaliação Diagnóstico Amostral (ADA), que verifica a cada dois meses como está o aprendizado por meio de descritores para saber o que é necessário aprimorar e o que se devolve para o estudante e para a escola, como instrumento pedagógico.

Do ponto de vista do financiamento, acredito que o recurso que temos para a educação no Brasil é suficiente, pois ele é considerável. Existe a necessidade de uso eficiente e melhor distribuição do dinheiro, porque grande parte desse recurso é gasta com o ensino superior.

O ensino médio tem sido motivo de debate faz algum tempo, devido a resultados não satisfatórios, como:
- o Ideb *estagnado* desde 2011;
- o *desempenho* em português e matemática é *menor* atualmente que em 1997;
- *1,7 milhão* dos jovens de 15 a 24 anos *não estuda nem trabalha*;
- *82%* dos jovens de 18 a 24 estão *fora do ensino superior*;
- o ensino médio virou *preparação para o Enem*.

Nesse contexto, é importante destacar ações, políticas e programas que se realizaram no período que vai de 1998 até 2016:

- 1998: grande debate e aprovação das diretrizes do ensino médio de acordo com a nova legislação, a Lei de Diretrizes e Bases da Educação Nacional (LDB), Lei nº 9.394, de 20 de dezembro de 1996;
- 2002: seminário nacional sobre reforma do ensino médio;
- 2007: substituição do Fundo de Manutenção e Desenvolvimento do Ensino Fundamental e de Valorização do Magistério (Fundef) pelo Fundo de Manutenção e Desenvolvimento da Educação Básica e de Valorização dos Profissionais da Educação (Fundeb), com o objetivo de garantir educação de qualidade em todas as etapas e modalidades da educação básica, já prevendo a universalização do ensino médio;
- 2007: MEC lança o Plano de Ações Articuladas (PAR);
- 2009: novo Exame Nacional do Ensino Médio (Enem);
- 2010: primeira edição do Programa Ensino Médio Inovador, instituído pela Portaria nº 971/2009;
- 2010: Conselho Nacional de Secretários Estaduais de Educação (Consed) cria o grupo de trabalho da reforma do ensino médio;
- 2012: Diretrizes Curriculares Nacionais para o Ensino Médio aprovadas pelo CNE;
- 2013: Projeto de Lei (PL nº 6.840/2013) com proposta de alterações no currículo e na carga horária do ensino médio;
- 2014: aprovado o Plano Nacional da Educação (PNE) 2014-2024;
- 2016: lançamento do Programa de Fomento à Implementação de Escolas em Tempo Integral, instituído pela Portaria nº 1.145/2016, e da quinta edição do Programa Ensino Médio Inovador.

O PNE traz as seguintes metas e estratégias para o ensino médio:
- META 3: universalizar, até 2016, o atendimento escolar para toda a população de 15 a 17 anos e elevar, até 2020, a taxa líquida de matrículas no ensino médio para 85% dos jovens nesta faixa etária.

Como estratégias para atingir esta meta, o PNE prevê:

a) Institucionalizar programa nacional de renovação do ensino médio, a fim de incentivar práticas pedagógicas com abordagens interdisciplinares estruturadas pela relação entre teoria e prática, por meio de currículos escolares que organizem, de maneira flexível e diversificada, conteúdos obrigatórios e eletivos articulados em dimensões como ciência, trabalho, linguagens, tecnologia, cultura e esporte, garantindo a aquisição de equipamentos e laboratórios, produção de material didático específico, formação continuada de professores e articulação com instituições acadêmicas, esportivas e culturais.

b) Fomentar a expansão das matrículas de ensino médio integrado à educação profissional, observando as peculiaridades das populações do campo, dos povos indígenas e das comunidades quilombolas.

c) Redimensionar a oferta de ensino médio nos turnos diurno e noturno, bem como a distribuição territorial das escolas de ensino médio, de forma a atender a toda a demanda, de acordo com as necessidades específicas dos estudantes.

d) Estimular a participação dos adolescentes nos cursos das áreas tecnológicas e científicas.

- META 6: oferecer educação em tempo integral em, no mínimo, 50% das escolas públicas, de forma a atender pelo menos 25% dos alunos da educação básica.

  Para chegar a isso, a estratégia é promover, com o apoio da União, a educação básica em tempo integral, por meio de atividades de acompanhamento pedagógico e multidisciplinares, inclusive culturais e esportivas, de forma que o tempo de permanência dos alunos na escola, ou sob sua responsabilidade, passe a ser igual ou superior a sete horas diárias durante todo o ano letivo, com a ampliação progressiva da jornada dos professores em uma única escola.

- META 7: fomentar a qualidade da educação básica em todas as etapas e modalidades, com melhoria do fluxo escolar e da aprendizagem, de modo a atingir as seguintes médias nacionais para o Ideb: ensino médio 4,3 em 2015; 4,7 em 2017; 5,0 em 2019; 5,2 em 2021.

A estratégia para esta meta é estabelecer e implantar, mediante pactuação interfederativa, diretrizes pedagógicas para a educação básica e a base nacional comum dos currículos, com direitos e objetivos de aprendizagem e desenvolvimento dos alunos a cada ano do ensino fundamental e médio, respeitada a diversidade regional, estadual e local.

- META 11: triplicar as matrículas da educação profissional técnica de nível médio, assegurando a qualidade da oferta e pelo menos 50% da expansão no segmento público.

   Como estratégia, o PNE prega fomentar a expansão da oferta de educação profissional técnica de nível médio nas redes públicas estaduais de ensino.

Portanto, o debate para um novo ensino médio vem sendo construído durante algum tempo e com diferentes atores. As taxas de rendimento (reprovação, abandono e aprovação), quando analisadas ano após ano, comprovam a necessidade de alteração em sua estrutura.

O problema se evidencia no ensino médio porque ele é o término da educação básica. Temos problemas que chegam a essa etapa de ensino por causa de falhas na educação dos anos iniciais e anos finais do ensino fundamental, da educação infantil, enfim, questões que, de certa forma, foram avançando, se acumularam e ficaram evidentes no ensino médio.

A seguir estão os dados da evolução dos resultados do Brasil no Sistema de Avaliação da Educação Básica (Saeb/Inep), em língua portuguesa e matemática, no período de 1995 a 2015, evidenciando o que foi dito antes.

GRÁFICO 1
Evolução dos resultados do Brasil no Saeb (1995-2015)
Proficiências médias em língua portuguesa

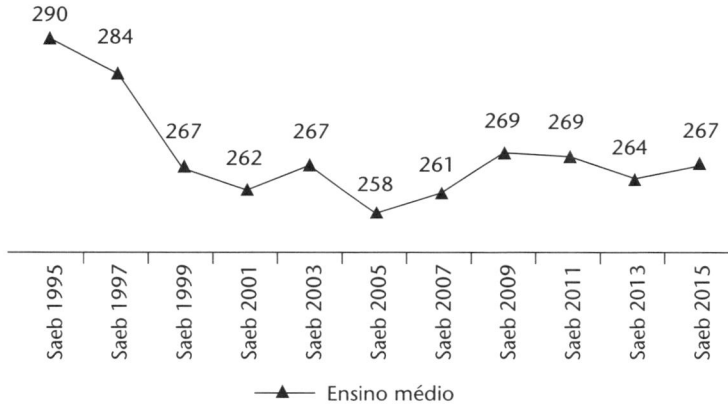

Fonte: Saeb/Inep.

GRÁFICO 2
Evolução dos resultados do Brasil no Saeb (1995-2015)
Proficiências médias em matemática

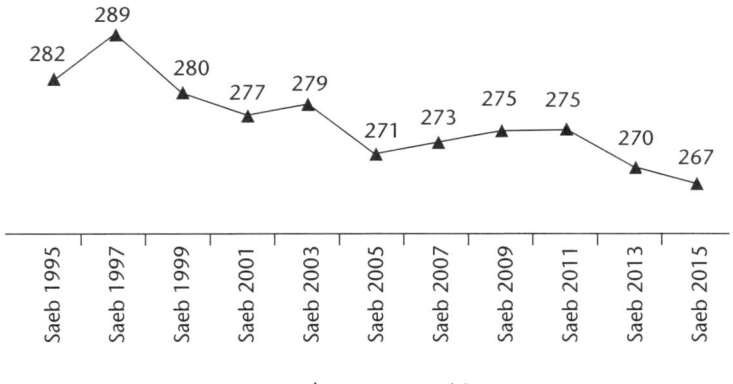

Fonte: Saeb/Inep.

Também precisamos repensar a melhor forma para que o dinheiro público possa ser mais bem utilizado e distribuído. Essa distribuição tem de ser feita de modo mais eficiente e igualitário para também atender ao novo ensino médio e à Base Nacional Comum Curricular. Estes são pontos importantes que precisamos analisar juntos, dialogar, conversar, com o intuito de melhorar e avançar na educação brasileira.

Um ponto fundamental a ser encarado é o da formação de professores. Dados do Censo Escolar de 2015 sobre professores da educação básica revelam que mais de 28% (614.834 mil) do total desses docentes (2.187.154) ainda não possuem licenciatura nem complementação pedagógica. Portanto, não há como implantarmos um novo ensino médio se não envolvermos os atores. Não podemos repetir o que ocorreu com os Parâmetros Curriculares Nacionais (PCN), que chegaram aos professores sem uma divulgação anterior, apresentação inicial, participação na elaboração e debates. Quando o processo de formulação de proposta de formação para professores iniciou, não se falou mais em PCN. Temos de criar um sistema nacional de educação contínuo, independente do ciclo das políticas públicas brasileiras. É por isso que o Plano Nacional de Educação é fundamental: porque ele garante esse caminho, esse debate.

Certa vez, ouvi uma frase de um colega, professor de química, que afirmou: "Professor Wisley, eu me sinto como um *pen drive*, que a cada quatro anos precisa ser formatado e começar do zero". Na verdade, é isso o que acontece com os docentes que estão na escola. Trabalhamos, refazemos o Projeto Político Pedagógico (PPP), modificamos o regimento interno e o sistema da escola, discutimos currículos e, quando começamos a executar a mudança, chega um novo governo que diz que aquilo tudo não pode mais ser feito.

Essa situação precisa mudar porque é um ponto crucial. E acredito que um dos grandes avanços, e que vai nos ajudar a garantir as alterações no ensino médio, é a BNCC, porque ela perpassa todos esses problemas sobre os quais falamos. Isso porque a criação de uma base comum está amparada pela legislação: a Constituição

Federal de 1988, em seu art. 210; a Lei de Diretrizes e Bases da Educação Nacional (Lei nº 9.394/1996), aprovada em 1996, que reforça a necessidade de uma base nacional comum; e o Plano Nacional de Educação (Lei nº 13.005/2014), com vigência de 10 anos, que dedica quatro das suas 20 metas para melhorar a qualidade da educação básica.

Entendemos que a BNCC não é perene, mas vai nortear muito bem nossos trabalhos e sinalizar algumas perguntas sobre as quais teremos de nos debruçar para tentar resolvê-las da melhor forma possível.

O Ministério da Educação já está fazendo algumas mudanças que sinalizam para as discussões em curso. Uma foi a do Enem, que foi sobrecarregado como se fosse um super-herói de avaliação. O princípio básico do Enem, ao ser criado, foi o de ser uma avaliação externa para verificar a qualidade da educação básica no Brasil. De repente, passou também a ser a porta de acesso ao nível superior, além de manter o papel de avaliar a qualidade do ensino e de influenciar diretamente os currículos do ensino médio.

A partir deste ano, o Enem não será mais certificador do ensino médio. É importante lembrar que o Ministério da Educação nunca divulgou os resultados do Enem por ranqueamento. Ele deveria ser utilizado como instrumento pedagógico de avaliação em larga escala para as escolas refletirem sobre seus desempenhos. A sociedade civil divulgava os resultados ranqueando as escolas, o processo acontecia de forma muito rápida, era da noite para o dia que faziam esse *ranking*. Portanto, o MEC decidiu não mais divulgar os resultados do Enem por escola. A partir da próxima edição, os resultados serão divulgados por estudante. Isso porque, a partir desta nova edição, o Enem será um exame para verificar a aprendizagem dos estudantes ao final da educação básica e, também, para acesso ao ensino superior.

Por outro lado, o Saeb ampliou a população-alvo, uma vez que as escolas públicas de ensino médio terão avaliação censitária, com a possibilidade de adesão de escolas privadas que ofereçam essa etapa.[1] Ou seja, o Saeb irá compor, junto com o Índice de Avaliação da Educação Básica, o Ideb, a avaliação da qualidade da educação.

Para finalizar, é importante ressaltar a importância de flexibilizar a legislação no intuito de garantir as especificidades de cada sistema de ensino e, principalmente, os sonhos e projetos de vida de nossos jovens. No entanto, os desafios da implementação e a construção desse currículo flexível em consonância com a juventude nos exigirão um esforço hercúleo. Aproveito para socializar alguns desses desafios.

- Definição dos itinerários formativos a partir da capacidade instalada, demanda dos estudantes e arranjos produtivos locais.
- Adequação da carga horária dos docentes e de sua formação em função do remanejamento necessário para implementação dos itinerários.
- Desafio dos municípios com baixo número de escolas e turmas para implementação dos itinerários formativos.
- Adequação e revitalização da infraestrutura física para implantação de laboratórios direcionados a cada itinerário.
- Garantia de equidade de oportunidades e mobilidade entre as escolas de ensino médio.
- Complexidade de articular parcerias para oferta do ensino técnico e outros itinerários formativos.
- Recursos e infraestrutura adequada para efetivação das escolas de ensino médio em tempo integral.

Referências

BRASIL. Ministério da Educação. *Base Nacional Comum*. Disponível em: <http://basenacionalcomum.mec.gov.br/>.

____. Instituto Nacional de Estudos e Pesquisas Educacionais Anísio Teixeira. *Censo Escolar 2016*. Disponível em: <http://portal.inep.gov.br/sinopses-estatisticas-da-educacao-basica>.

---

[1] Portaria MEC nº 564, de 19 de abril de 2017.

2. Reforma do ensino médio brasileiro: questões relevantes para o debate e implementação

Antonio Idilvan de Lima Alencar*
Rogers Vasconcelos Mendes**

Cada vez que novos dados de rendimento acadêmico dos estudantes do ensino médio eram divulgados ao longo dos últimos anos, aferidos pelo Sistema de Avaliação da Educação Básica (Saeb)[1] ou pelo Exame Nacional do Ensino Médio (Enem), promessas para "reformar" as bases organizacionais desta etapa da educação básica eram anunciadas pelo Ministério da Educação (MEC) e reverberavam no debate público, pressionando as secretarias estaduais de Educação a se pronunciar sobre o "fracasso" do ensino médio. Para a constatação de tal fato, basta verificar as inúmeras manchetes da grande mídia.

No entanto, sem uma agenda de discussões sistemáticas com os principais sujeitos que atuam nesta etapa educacional – professores, gestores e, principalmente, estudantes –, as promessas não ganharam corpo institucional, salvo a concepção e implementação de al-

---

* Secretário da Educação do Ceará e presidente do Conselho Nacional de Secretários Estaduais de Educação (Consed). Mestre em gestão e avaliação da educação pública pela Universidade Federal de Juiz de Fora (UFJF).
** Professor de sociologia da rede estadual do Ceará e coordenador de gestão pedagógica na Secretaria da Educação do Ceará. Mestre em gestão e avaliação da educação pública pela Universidade Federal de Juiz de Fora (UFJF).
[1] Até a edição de 2015, o Saeb avaliou de forma amostral alunos da 3ª série do ensino médio em língua portuguesa e matemática. A partir da edição de 2017, a avaliação passará a abranger, de acordo com a Portaria MEC nº 564, de 19 de abril de 2017, "todas as escolas públicas e privadas, localizadas em zonas urbanas e rurais, que possuam pelo menos 10 estudantes matriculados em turmas regulares na 3ª série do ensino médio ou na 4ª série do ensino médio, quando esta for a série de conclusão da etapa".

guns programas do MEC que tinham em seu escopo a tentativa de induzir mudanças no desenho curricular do ensino médio, como é o caso do Brasil Profissionalizado, de 2007, cujo objetivo consiste em apoiar modelos de ensino médio integrado à educação profissional, e o Programa Ensino Médio Inovador (ProEMI), de 2009, visando estimular as escolas contempladas a proporem e desenvolverem um plano de redesenho curricular.

Muitos outros programas poderiam ser citados nesta perspectiva, mas o que queremos enfatizar, neste início de reflexão, é que, até a assinatura da Medida Provisória nº 746, de 2016, nenhuma proposta de mudança estrutural no ensino médio havia sido empreendida. Cumpre salientar que a referida medida provisória, aprovada pelo Congresso Nacional e sancionada como a Lei nº 13.415, de 16 de fevereiro de 2017, altera substancialmente os artigos da Lei de Diretrizes e Bases da Educação Nacional (LDB) reguladores do ensino médio.

Contudo, essa alteração não foi precedida de um amplo debate nacional, capaz de gerar um acúmulo de consensos mínimos a respeito de mudanças necessárias entre professores, gestores e estudantes brasileiros. Devido a isso, essas mudanças vêm enfrentando muitos questionamentos quanto à viabilidade técnica e financeira para sua implementação. Sem dúvida, trouxe muitas inquietações e incertezas para os educadores e gestores de sistemas de ensino. Este texto buscará dialogar com os desafios identificados nesse processo de entendimento e consequente implementação do que se convencionou chamar "reforma do ensino médio".

Panorama da oferta do ensino médio no Brasil

Para fazermos a exposição do panorama da oferta do ensino médio no Brasil, utilizaremos essencialmente o documento "Censo Escolar da Educação Básica 2016: notas estatísticas" e as sinopses estatísticas da educação básica de 2016, ambos produzidos e publicados pelo Instituto Nacional de Estudos e Pesquisas Educacionais Anísio Teixeira (Inep).

O Brasil registrou, em 2016, 8.133.040 matrículas no ensino médio. Entre estas, aproximadamente 85% estão na rede estadual de ensino, como podemos verificar no gráfico 1.

GRÁFICO 1
Percentual de matrícula no ensino médio, por dependência administrativa

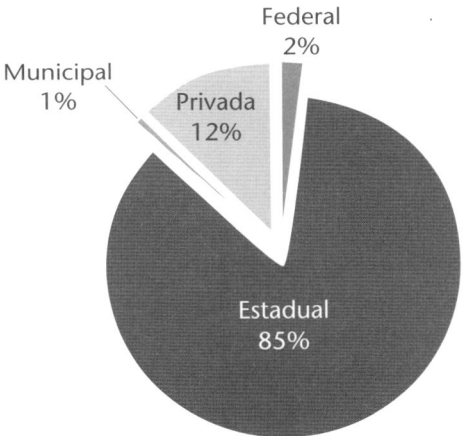

Fonte: Inep, 2017, organizado pelos autores.

Duas informações merecem ser destacadas a respeito da matrícula: a) a predominância das redes estaduais na oferta do ensino médio; b) há de se considerar que 22,4% dos matriculados (1,8 milhão) estudam no período noturno,[2] embora esse número tenha diminuído bastante nos últimos 10 anos.

Essa matrícula está distribuída entre 28.329 escolas. Desse total, 19.301 estabelecimentos compõem redes estaduais de ensino. A outra dependência administrativa que possui mais escolas é a privada, com 8.260 unidades.

---

[2] Inep, 2017.

GRÁFICO 2
Percentual de estabelecimentos que ofertam ensino médio, por dependência administrativa

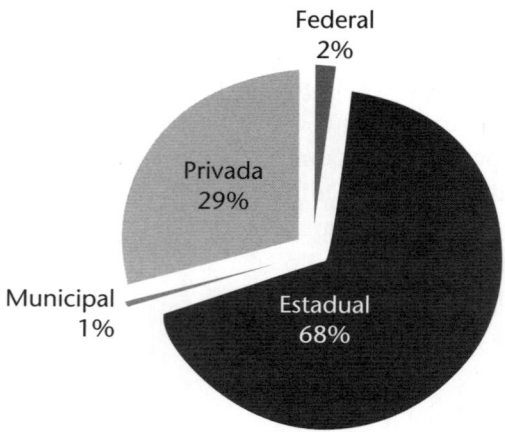

Fonte: Inep, 2017, organizado pelos autores.

Uma informação importante a ser destacada é que 89,8% das escolas com ensino médio estão na zona urbana e 10,2%, na zona rural. No entanto, vale salientar que as escolas ditas urbanas não atendem exclusivamente a alunos que vivem na zona urbana ou que moram no local de funcionamento da escola, e isso quer dizer que o número de estudantes usuários de transporte escolar é bastante expressivo.

Quando se pensa em ampliação de jornada escolar, por exemplo, essa condição de acesso à escola deve ser levada muito a sério, sob o risco de a concepção pedagógica ir de encontro às possibilidades dos jovens e de suas famílias de terem acesso aos tempos de aprendizagem. Constitui esse, portanto, um ponto de alerta.

É preciso considerar, ainda, que 12,4% das escolas têm até 50 matrículas no ensino médio, e não mais de 16,9% têm mais de 500 matrículas.[3] A quantidade de matrículas por escola é um dado importante,

---

[3] A maior parte das escolas com menor matrícula, 74,2%, está localizada na zona rural. Já as com maior matrícula, 98,6%, situam-se na zona urbana.

pois pode sinalizar, para o caso das escolas com menor atendimento, difíceis condições logísticas para o cumprimento do projeto político pedagógico devido a repasses menores de recursos, tendo em vista que a matrícula é a referência para a maioria dos aportes financeiros para manutenção e desenvolvimento do ensino.

Outra informação muito relevante para o processo de debate sobre a reforma do ensino médio é que quase a metade dos municípios brasileiros, 49%, possui apenas uma escola de ensino médio, considerando todas as dependências administrativas.[4]

Ademais, quando consideramos apenas a dependência administrativa estadual, principal ofertante do ensino médio, os dados mostram uma realidade ainda mais desafiadora, como podemos ver no gráfico 3.

GRÁFICO 3
Número de escolas estaduais com matrícula no ensino médio, por município

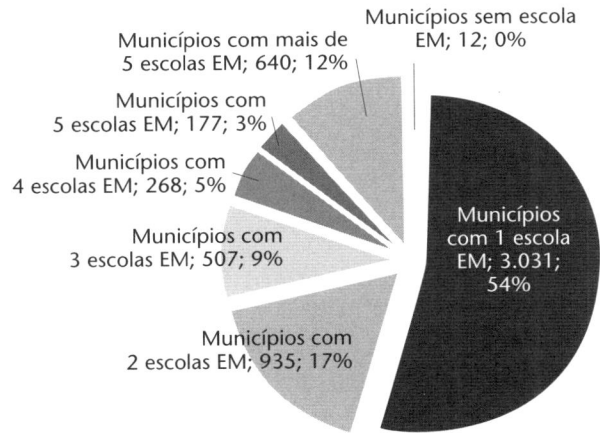

Fonte: Inep, 2017, organizado pelos autores.

---

[4] É importante enfatizar que esta informação é diferente da do gráfico 3. Aqui se considera a existência de escolas de todas as dependências administrativas: federal, estadual, municipal ou privada. No gráfico 3, a informação se refere apenas a estabelecimentos vinculados às redes estaduais de ensino.

É importante fazer um destaque. Esse dado contabiliza escolas em toda a extensão territorial do município. Assim, mesmo no caso de os municípios possuírem mais de uma escola, isso não quer dizer que são próximas nem que estão localizadas num mesmo núcleo urbano, podendo, ainda, estar instaladas em distritos e/ou na zona rural.

Quando a questão recai sobre pensar itinerários formativos diversificados, no contexto da nova legislação, a informação sobre a quantidade de alunos por escola e o número de escolas no mesmo município remete-nos a desafios específicos e leva-nos a um questionamento que deverá estar no cerne das discussões: como pensar a reforma do ensino médio de modo que nenhum aluno enfrente restrições quanto às condições de acesso além daquelas que, supostamente, já enfrentam no atual modelo?

Com base nas informações do Censo Escolar de 2016, o Inep sistematizou informações muito relevantes sobre as estruturas das escolas que ofertam o ensino médio, a saber:

- laboratório de informática é um recurso disponível em 82,7% das escolas de ensino médio; já laboratório de ciências está presente em pouco mais da metade das escolas (51,3%);
- 77% das escolas dispõem de quadra de esporte;
- 57,9% das escolas dispõem de quadra coberta;
- biblioteca ou sala de leitura está presente em 88,3% das escolas de ensino médio. Em 2008, esse número era de 86,3%;
- banheiro dentro do prédio aparece em 95,4% das escolas. na zona urbana, esse número é de 96,5% e na zona rural, de 85,4%;
- pátio coberto aparece em 63% das escolas e auditório, em 29,6%;
- 46,9% é o percentual de escolas que dispõem de área verde em suas dependências;
- 94,5% das escolas dispõem de acesso à internet.

Diante de todo esse panorama, é importante que as discussões sobre os modelos de organização do currículo do ensino médio sejam pautadas na razoabilidade, considerando as condições das escolas e dos municípios que o ofertam. Além disso, é importante termos consciência de que são necessárias, mais do que discutir a organização curricular, a adequada estrutura física e a aparelhagem da escola, o que requer maior soma de investimento público.

De outro modo, boas ideias inspiradas em experiências de países com resultados de rendimento melhores do que o Brasil não conseguirão encontrar um terreno fértil para seu pleno desenvolvimento.

Questões a considerar para o entendimento da proposta e a função política do Consed no debate

As alterações na LDB promovidas pela Lei nº 13.415/2017, modificando substancialmente a referência para estruturação do ensino médio, instituem novos desafios de articulação entre os estados brasileiros, responsáveis por 85% desta matrícula.

A legislação em voga não cria, por si só, um padrão para a oferta do ensino médio. Dessa forma, não está condicionada uma unidade operacional para o cumprimento da nova norma. Entretanto, mesmo com a autonomia para implementação, a discussão sobre a reforma do ensino médio, ao acontecer isoladamente – cada estado desenvolvendo modelos próprios –, aumentaria sobremaneira o risco de ampliação das desigualdades regionais. Certamente, o modelo final, exequível, precisa levar em conta as características das escolas de cada rede. No entanto, é preciso criar diretrizes mínimas para que os sistemas mantenham o que vamos chamar aqui de "harmonia federativa".

Segundo Abrucio (2012), as instituições federativas são montadas para dar conta de duas demandas: a) garantir a autonomia dos diversos níveis de governo e de seus direitos territoriais; b) criar mecanismos de coordenação intergovernamental. No contexto da reforma do ensino médio, parece-nos sensato pensar que há necessidade de criar mecanismos de intergovernabilidade.

Nesse caso, tais mecanismos poderiam ser desenvolvidos "por meio de um sistema de políticas públicas cujo objetivo é articular os entes federativos no exercício de suas competências em determinada área governamental" (Abrucio, 2012:19).

Nessa medida, os estados são desafiados a dialogar entre si em busca de consensos para que, mesmo diante da autonomia, não se criem tantas distinções na interpretação e elaboração de estratégias de implementação. Até mesmo porque, se assim ocorrer, perderemos a oportunidade de promover as mudanças consideradas hoje importantes para o melhoramento do sistema educacional brasileiro.

O Consed e o desafio de estabelecer o diálogo entre a autonomia dos estados e o consenso nacional em educação

O Brasil é um país complexo, de dimensões territoriais impressionantes, e que adotou um regime federativo para melhor administrar políticas e bens públicos. O pacto federativo é permeado pela colaboração entre seus entes, à luz da Constituição Federal, e busca uma coalizão programática em termos de concepção e implementação de políticas públicas para que as diferentes realidades econômicas, sociais e políticas não agravem as marcantes desigualdades.

Nesse sentido, leis federais balizam a atuação de municípios e estados, que podem receber tratamentos operacionais distintos, na margem da lei, para melhor ajustar o pacto federativo às necessidades locais.

Na educação, essa situação fica muito evidente ao observarmos a LDB. Nesse instrumento legal são apresentados regramentos gerais, mas, ao mesmo tempo, são trazidas para o campo da interpretação e condições operacionais as formas de implementação de muitos modelos organizacionais possíveis.

Considerando, portanto, um cenário político em que as matrículas do ensino médio estão concentradas nas redes estaduais, cabe ao Consed articular os secretários estaduais de Educação, bem como suas equipes, na perspectiva de estruturar desenhos de organização da oferta do ensino médio de modo a utilizar criativamente as novas possibilidades explicitadas na legislação em vigor, mas de olho nos limites orçamentários à disposição do poder público.

Na tentativa de cumprir essa função de articulação, o Consed criou um grupo de trabalho do ensino médio, com representação de todas as secretarias estaduais de Educação, subdividido em três frentes, a saber: a) flexibilização curricular e Base Nacional Comum Curricular (BNCC); b) ensino médio em tempo integral; e c) educação profissional.

Além dessa disposição prática para contribuir com a discussão nos estados, o Consed estabeleceu uma rotina de construção de entendimento nacional da proposta em debate. O desafio é compreender contextos regionais, estaduais, sem perder de vista a necessária pactuação de consensos nacionais, na convicção de que qualquer mudança na estrutura do ensino médio, deste momento em diante, precisa considerar o forte princípio de reduzir as desigualdades educacionais.

Necessidade de mobilizar a sociedade para a adequação das mudanças no ensino médio

A forma que o governo federal adotou para modificar a estrutura de oferta do ensino médio, por meio da Medida Provisória nº 746/2016, provoca antipatia ao texto pelo método, mais do que propriamente pelas inovações instituídas. Mesmo agora, revertida na Lei nº 13.415/2017, após passar por apreciação e votação no Congresso Nacional, recai sobre essas medidas a sensação de ter havido pouco debate para embasar a tomada de decisão sobre a reforma.

É bem verdade que muitas das inovações vinham sendo debatidas em fóruns específicos, mas nem de longe abrangiam uma representatividade da comunidade educacional brasileira. Ter essa clareza provoca-nos a construir um plano de mobilização para que a sociedade possa participar das discussões sobre os entendimentos e busca de estruturação das possibilidades de execução dessas mudanças, já que não foi possível fazê-lo em sua gênese.

Dessa forma, o Consed deverá assumir função estratégica, a partir da articulação dos secretários estaduais de Educação, para organização de um amplo debate de construção de entendimento sobre as novas possibilidades de organização do currículo, tendo em vista chegar a modelos em que diversificados itinerários formativos sejam viáveis, diante das características da oferta do ensino médio tratadas neste texto na seção 1 ("Panorama da oferta do ensino médio no Brasil"), e que melhor atendam aos anseios da sociedade e, em especial, aos anseios dos próprios estudantes.

Questões a considerar para viabilizar a implementação da reforma do ensino médio

Há três pontos a considerar para a efetivação das mudanças propostas pela Lei nº 13.415/2017: a) estratégia de envolvimento dos sujeitos que compõem a comunidade educacional; b) revisão da política de financiamento do ensino médio; e c) modelagem de itinerários formativos viáveis.

Discussão com os sujeitos

Os professores, gestores, estudantes, pais, entre outros sujeitos, precisam ser ouvidos e é importante que participem ativamente desse processo de construção do entendimento e das formas de organização dos itinerários formativos. Não será possível pensarmos em mudanças significativas nas escolas se os professores, em especial, não assumirem o compromisso de levar as reformas à sua prática pedagógica.

Para isso, além de um qualificado processo de comunicação, faz-se necessária uma ampla estratégia para formação de professores, de modo a levá-los à sistematização de possibilidades a partir das quais seja possível inovar na organização do itinerário formativo. Um novo itinerário formativo interessante é aquele capaz de superar a visão de currículo em que todos os estudantes de uma mesma série têm acesso aos mesmos conteúdos, como hoje é feito na quase totalidade do tempo escolar.

Sem esse envolvimento proativo dos docentes, as ideias expressas em lei ficarão sem perspectiva de serem identificadas nas práticas escolares em um curto espaço de tempo.

Financiamento da educação básica

O Fundo de Desenvolvimento da Educação Básica (Fundeb) não dá conta de custear todas as despesas públicas com educação tendo como referência os gastos de hoje. Os estados, por exemplo, investem a maior parte dos recursos no pagamento de pessoal, muito além de 60%, mínimo previsto em sua lei de criação. Alguns desses entes chegam a comprometer percentual igual ou superior a 100% do fundo apenas com folha de pagamento.

Entretanto, para que a escola funcione bem, além de pagar um salário justo e atrativo aos professores, é necessário equipar os prédios escolares com bons espaços de aprendizagem e com qualificados materiais didáticos que, entre outros aspectos, estimulem o desenvolvimento da leitura. Vale salientar que poucos estados conseguem investir recursos extras ao previsto no Fundeb para manutenção e desenvolvimento da educação pública.

Levantar essa questão não significa impor ou anunciar a impossibilidade de mudanças significativas e necessárias ao ensino médio. Longe disso, o que queremos trazer para a discussão é que não é possível esperar que mudanças curriculares, por conta própria, consigam promover o grande salto que a educação brasileira precisa. Nossas questões vão muito além da insatisfação com como lidamos com os processos de aprendizagem nas escolas. Há uma questão ainda não plenamente resolvida que precisa, sim, ser considerada e debatida para que se pense em estratégias políticas e econômicas adequadas à situação, de modo a termos escolas com estruturas bem melhores do que as de hoje.

A questão do financiamento, portanto, precisa ser considerada no desenho de implementação da reforma do ensino médio, tendo em vista que a necessidade de investimento – na perspectiva de desenvolvimento de ações que busquem a qualificação do ensino e a ampliação dos vencimentos dos professores, de modo a tornar a carreira docente mais atrativa – é bastante limitada no atual cenário.

O alcance da meta 20[5] do Plano Nacional de Educação (2014-2024) é fundamental para o desenvolvimento da educação brasileira. Sem a conquista de mais recursos para a educação pública, teremos limites relevantes para realização de bons planos de mudanças.

Pontos a considerar para a elaboração de modelos curriculares

A grande crítica ao atual modelo curricular do ensino médio é a coexistência de 13 componentes curriculares obrigatórios. Com esse quantitativo de disciplinas que precisam ser trabalhadas simultaneamente, gerou-se a sensação de que esse pode ser o principal aspecto que gera desinteresse dos estudantes pela escola. Assim, ao trabalhar superficialmente saberes importantes para a formação dos sujeitos, a educação perde o sentido. Esse é o principal argumento utilizado para justificar a constituição da reforma do ensino médio.

Entretanto, é importante ter em vista que alguns desses componentes foram incorporados ao currículo por demandas sociais e políticas, ao exigir que a escola forme cidadãos mais críticos e reflexivos. A redução substancial das horas para o trabalho com a BNCC é vista como um dos pontos que vem gerando insegu-

---

[5] "Meta 20: Ampliar o investimento público em educação de forma a atingir, no mínimo, o patamar de 7% (sete por cento) do Produto Interno Bruto – PIB do País no 5º (quinto) ano de vigência desta Lei e, no mínimo, o equivalente a 10% (dez por cento) do PIB ao final do decênio."

rança entre os educadores que tiveram sua formação acadêmica concentrada na execução dos conteúdos associados ao seu universo de conhecimento. Some-se a isso que pensar em itinerários formativos a partir da perspectiva de área de conhecimento é desafiador. Dessa forma, é importante que os sistemas consigam apoiar as escolas para lidar com esse grau de insegurança.

A mudança trazida pela Lei nº 13.415/2017, que altera o art. 36 da LDB, introduz no debate educacional a grande novidade e, por conseguinte, o maior desafio na quebra de paradigmas para a organização curricular do ensino médio. No novo texto, este nível de ensino será organizado em dois grandes blocos: um composto pelos componentes que buscarão desenvolver a BNCC, e que ocupará não mais de 1.800 horas ao longo de todo o ensino médio, seja qual for o tempo de funcionamento da escola, se em tempo parcial, com 25 horas semanais, ou em tempo integral, com 45 horas semanais; e um segundo bloco constituído por itinerários formativos.

O art. 36 da LDB, alterado pela nova lei, diz que

> o currículo do ensino médio será composto pela Base Nacional Comum Curricular e por itinerários formativos, que deverão ser organizados por meio da oferta de diferentes arranjos curriculares, conforme a relevância para o contexto local e a possibilidade dos sistemas de ensino, a saber:
> I. linguagens e suas tecnologias;
> II. matemática e suas tecnologias;
> III. ciências da natureza e suas tecnologias;
> IV. ciências humanas e sociais aplicadas;
> V. formação técnica e profissional.

Considerando que a implementação de diversificados itinerários formativos é o grande desafio e o ponto que gera, neste momento, as maiores incertezas do que pode vir a ser o novo ensino médio, concentraremo-nos em indicar possibilidades para, em linhas gerais, estruturarmos modelos condizentes com a razoabilidade, tendo em vista as características da oferta do ensino médio no Brasil.

Possibilidade de criação de escolas especialistas em alguns itinerários
Um primeiro modelo que surge no imaginário, diante do desafio de ofertar aos estudantes itinerários formativos específicos, é o de escolas especialistas. Essas escolas ofertariam um itinerário formativo específico, de modo que os alunos que nelas se matriculem tenham clareza sobre o tipo de educação que receberão.

Por tudo o que foi demonstrado por meio de dados na seção 1, com destaque para a informação de que 54% dos municípios brasileiros possuem apenas uma escola estadual, salvo em alguns poucos municípios, nem de longe essa pode ser uma opção a ser cogitada para ser um modelo universalizado.

Diferentes itinerários devem ser ofertados numa mesma escola
Num cenário de fortes limitações quanto às condições de oferta, resta-nos, portanto, o desafio de pensar um modelo curricular em que uma mesma escola consiga desenvolver itinerários formativos diversificados. Não sendo possível a oferta de todos os itinerários de forma independente, talvez se consiga uma combinação deles que respeite os interesses dos estudantes.

Quanto a esta possibilidade, há um dado que precisa ser relembrado: 12,4% das escolas têm até 50 matrículas no ensino médio. Como pensar em itinerários diversificados numa escola que possui uma quantidade tão pequena de estudantes?

O que fica como alerta, ao analisarmos todas essas características, é que qualquer desenho que adotemos como referência deve representar ganhos de oportunidades educacionais e que, em nenhuma situação, as mudanças efetivadas podem representar a perda de direitos de aprendizagem do que é essencial para o exercício pleno da cidadania. É importante ter em mente que é mais trágico para o estudante cursar um itinerário específico com o qual não se identifica de forma densa do que cursar, simultaneamente, as bases do conhecimento de 13 componentes obrigatórios.

Feitas essas ressalvas, queremos deixar claro que temos no Brasil experiências que podem ser inspiradoras para um redesenho do currículo do ensino médio, de modo a proporcionar escolhas aos estudantes sem, no entanto, restringir oportunidades de aprendizagem. Dessa forma, precisamos ter o amadurecimento necessário para estruturar inovadoras propostas de implementação, mas que apresentem forte teor de exequibilidade.

Nessa direção, propostas estão sendo elaboradas por instituições públicas, privadas e organizações não governamentais para serem trazidas ao amplo debate. A partir desses modelos, a discussão ganhará força nas escolas e caminharemos para a tomada de decisões quanto à melhor forma de promover mudanças no ensino médio respeitando a autonomia dos estados.

Experiências de flexibilização do currículo no estado do Ceará: algumas possibilidades em curso

Achamos oportuno descrever experiências em curso na rede estadual do Ceará como uma primeira referência para pensar em alternativas de redesenho do currículo do ensino médio. Temos certeza que outras abordagens inovadoras estão em curso noutros sistemas estaduais de ensino e que merecem ser estudadas para dar contexto ao processo de implementação das mudanças estruturais dessa etapa.

As escolas estaduais de educação profissional no Ceará, fortemente apoiadas pelo Programa Brasil Profissionalizado, podem ser apontadas como exemplo de um novo modelo curricular. Em 2017, o Ceará dispõe de 116 unidades de ensino com esse modelo em pleno funcionamento. Essas escolas funcionam em tempo integral, com o ensino médio integrado à educação profissional. Resultados de fluxo e das avaliações externas indicam que esse é um modelo visto pelos jovens como atrativo e que os instiga a permanecer e concluir a última etapa da educação básica.

Em outra frente, a partir de 2016, iniciou-se uma oferta da educação em tempo integral em 26 escolas regulares de ensino médio não integrado à educação profissional. Com nova ampliação em 2017, hoje há 71 escolas regulares de ensino médio em tempo integral. Da mesma forma que as escolas de educação profissional, essas instituições funcionam com uma jornada diária de nove aulas, perfazendo 45 aulas semanais.

Com a oportunidade de pensar um modelo pedagógico para essas escolas regulares, muitas inovações na organização curricular foram possíveis e poderão nos inspirar no desenvolvimento dos itinerários formativos no âmbito da reforma que estamos tratando atualmente.

Currículo do ensino médio e as competências socioemocionais

Inspirado nos *Protótipos curriculares de ensino médio e ensino médio integrado: resumo executivo*, de José Antônio Küller, publicado pela Representação da Unesco no Brasil, a Secretaria da Educação do Ceará (Seduc-CE), em parceria com o Instituto Aliança, sediado em Salvador (BA), estruturou o Núcleo Trabalho, Pesquisa e Práticas Sociais (NTPPS) como estratégia para promover a reorganização curricular do ensino médio.

Em 2012, 12 escolas da rede estadual que funcionavam em tempo parcial (em média, 25 horas semanais) aderiram ao NTPPS como piloto para construção e aplicação de práticas educativas que têm a perspectiva de se desenvolver como elemento articulador do currículo na escola que trabalha competências socioemocionais dos alunos de forma transdisciplinar, por meio de oficinas, e articula as áreas de conhecimento de modo interdisciplinar e contextualizado, mediante projetos de pesquisa desenvolvidos pelos estudantes (Seduc, 2016:13).

Para o NTPPS, do tempo pedagógico de todas as séries do ensino médio, é reservada a carga horária de quatro horas/aula semanais, cujos principais eixos temáticos são: a) projeto de vida; b) mundo do trabalho; c) iniciação à pesquisa científica. Estes eixos podem ser definidos, sinteticamente, da seguinte forma:[6]

---

[6] A definição desses eixos está contida no documento *Projeto político pedagógico das escolas em tempo integral*, elaborado pela Secretaria da Educação do Ceará e publicado em 2016.

a) Projeto de vida: a construção do projeto de vida acontece no decorrer do ensino médio, a partir das vivências e reflexões sobre suas identidades, habilidades, interesses e sonhos, fomentadas pelas oficinas e atividades desenvolvidas pelo NTPPS.

b) Mundo do trabalho: no NTPPS, o mundo do trabalho e as práticas sociais são apresentados aos estudantes por meio de discussões e vivências contextualizadas com o universo extraescolar, despertando habilidades gerais para a vida produtiva. Essa temática permeia todo o itinerário formativo, visando à construção do conceito de trabalho[7] como categoria fundante do ser, constituindo um meio de transformação social e realização pessoal.

c) Iniciação à pesquisa científica: o NTPPS promove o desenvolvimento de uma postura investigativa com o intuito de fomentar o olhar integrador dos conteúdos relacionados ao cotidiano do aluno, com vistas a proporcionar a indução do pensamento e da ação interdisciplinar, instigando a reflexão crítica, a autonomia e a criatividade.

Após a boa aceitação das escolas e o entusiasmo dos estudantes em trabalhar essas dimensões, percebeu-se que a iniciativa poderia integrar a proposta pedagógica das escolas regulares que passaram a funcionar em tempo integral.

Componentes eletivos

Na matriz curricular das escolas regulares em tempo integral são reservadas 10 horas semanais, durante todo o ensino médio (ver figura 1), para o estudo de temas ou desenvolvimento de atividades eletivas vinculadas às áreas de conhecimento e organizadas em

---

[7] A dimensão trabalho é baseada "na sua acepção ontológica, entendido como forma do ser humano produzir sua realidade e transformá-la, como forma de construção e realização do próprio homem, será tomado nos protótipos como princípio educativo originário. Ele articula e integra os componentes curriculares de ensino médio, seja o de formação geral, seja o integrado com a educação profissional" (Küller, 2011).

nove eixos: educação em direitos humanos; educação científica; formação profissional e-Jovem (informática); educação ambiental e sustentabilidade; mundo do trabalho; comunicação, utilização de mídias, cultura digital e tecnológica; esporte, lazer e promoção da saúde; artes e cultura; aprofundamento do núcleo comum.

FIGURA 1
Representação dos tempos eletivos

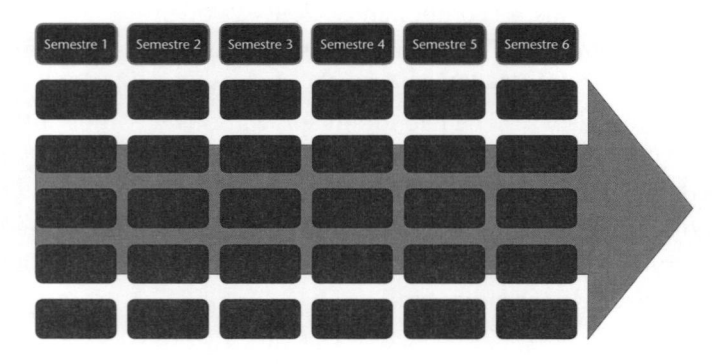

O estudante, ao longo do ensino médio, cursará 30 eletivas de 40h, perfazendo 1.200h.

Fonte: Representação elaborada pelos autores.

A intencionalidade pedagógica das atividades eletivas possibilita aos alunos a construção do seu percurso formativo a partir da elaboração do próprio currículo. Além disso, propicia a ampliação, a diversificação e/ou o aprofundamento de conceitos, procedimentos ou temáticas de uma disciplina ou área de conhecimento que, geralmente, não são privilegiados pelos currículos tradicionais (Seduc, 2016:15).

Desse modo, os componentes curriculares eletivos possibilitam a diversificação do currículo e favorecem a construção do itinerário formativo por cada aluno de acordo com seus interesses. São desenvolvidos projetos, ações e atividades orientados pelo projeto de vida, o que efetiva a diversificação das experiências escolares para levar os estudantes a aprofundar, enriquecer e ampliar os estudos relativos às áreas do conhecimento contempladas na base nacional comum (Seduc, 2016).

A perspectiva trazida por essa experiência é a de que é possível a estruturação de itinerários formativos diversificados numa mesma escola, a partir de escolhas acompanhadas pela instituição, fortemente induzidas pela construção do projeto de vida dos alunos. Além do mais, os componentes eletivos podem ser utilizados pela escola com vistas a apoiar os estudantes a desenvolverem competências básicas de leitura, escrita, matemática e demais conhecimentos basilares que não foram apreendidos nos anos anteriores.

Os tempos eletivos, dessa forma, mais do que oportunidade para trilhar itinerários formativos, permitem que a escola ofereça o serviço pedagógico adequado às necessidades identificadas nos estudantes, ampliando a capacidade de promover a equidade no processo de aprendizagem.

Considerações finais

Retomaremos três questões que devem balizar o debate sobre a reforma do ensino médio e que foram utilizadas para a escrita deste texto.

A primeira questão é: não é razoável acreditar que é possível a implementação da reforma do ensino médio em alguma escola se não for aberto um intenso processo de escuta dos professores, gestores e alunos. Qualquer política pública educacional terá êxito se acompanhada de grande mobilização da sociedade, em especial dos sujeitos imbricados em sua efetivação. Políticas com forte característica autoritarista sofrerão com a resistência daqueles que não se sentiram parte de sua concepção e, consequentemente, não se veem parte do processo de implementação.

Por essa razão, após sanção da nova legislação que regula a organização do ensino médio brasileiro, resta aos estados, responsáveis pela maior parte da matrícula desta etapa da educação básica, articularem-se entre si, utilizando principalmente o conselho que os reúne institucionalmente, o Consed, para encontrar estratégias de promoção do bom debate em suas redes, mas, acima de tudo, conseguir construir um consenso nacional sobre os principais itens da reforma.

A segunda questão se refere à necessidade de dar nova roupagem à estrutura de financiamento da educação pública. Esta é uma questão central neste debate. Para efeito de contexto, está constituída na Câmara dos Deputados uma comissão especial que analisa a proposta de emenda à Constituição (PEC nº 15/2015) que torna permanente o Fundo de Manutenção e Desenvolvimento da Educação Básica e Valorização dos Profissionais da Educação (Fundeb). Mais do que tornar o Fundeb permanente, é preciso fortalecê-lo, ampliando a atual cesta de impostos, com vistas a implementar as mudanças necessárias ao melhoramento do ensino. No atual modelo de financiamento, os estados enfrentarão fortes limitações para promover as mudanças indicadas na reforma do ensino médio.

Uma terceira questão tem a ver com as especificidades no atendimento de alguns sujeitos no ensino médio, como os estudantes que frequentam o turno noturno, ou que cursam esta etapa em escolas com matriz curricular específica, socialmente construída, como é o caso das escolas do campo; que funcionam em quilombos etc. É preciso evocar, a todo momento, o princípio da razoabilidade, tendo em vista, ainda, as características de oferta do ensino médio nos municípios, para que as diversas formas de implementação da reforma curricular, que tem por objetivo maior a estruturação de diversificados itinerários formativos aos jovens, sejam capazes de reduzir as desigualdades educacionais, e nunca o contrário.

Neste cenário complexo de implementação de mudanças no ensino médio, é preciso aguardar a homologação da BNCC dirigida a esta etapa da educação básica; estruturar estratégias abrangentes de formação de professores; e investir na elaboração de materiais didáticos específicos, na perspectiva de materializar caminhos possíveis.

Assim, o processo de implementação da reforma terá êxito se formos capazes de mobilizar a sociedade para esse debate, demonstrando abertura para construir as estratégias que melhor se adequem aos anseios dos sujeitos que vivem a escola: estudantes, professores e gestores.

Referências

ABRUCIO, F. L. Associativismo territorial para a coordenação intergovernamental. In: ____; RAMOS, M. N. (Org.). *Regime de colaboração e associativismo territorial:* arranjos de desenvolvimento da educação. São Paulo: Fundação Santillana, 2012.

ANUÁRIO BRASILEIRO DA EDUCAÇÃO BÁSICA 2017. São Paulo: Todos pela Educação e Editora Moderna, 2017.

BRASIL. Lei nº 11.494, de 20 de junho de 2007.

____. Decreto nº 6.302, de 12 de dezembro de 2007.

____. Lei nº 13.005, de 25 de junho de 2014.

____. Lei nº 13.415, de 16 de fevereiro de 2017.

____. Instituto Nacional de Estudos e Pesquisas Educacionais Anísio Teixeira (Inep). *Censo escolar da educação básica 2016:* notas estatísticas. Brasília: 2017.

____. Instituto Nacional de Estudos e Pesquisas Educacionais Anísio Teixeira (Inep). *Sinopse estatística da educação básica 2016.* Disponível em: <http://download.inep.gov.br/informacoes_estatisticas/sinopses_estatisticas/sinopses_educacao_basica/sinopse_estatistica_educacao_basica_2016.zip>.

KÜLLER, J. A. *Protótipos curriculares de ensino médio e ensino médio integrado:* resumo executivo. Brasília: Unesco, n. 1, 2011. (Série Debates ED).

MINISTÉRIO DA EDUCAÇÃO. Portaria nº 971, de 9 de outubro de 2009.

____. Portaria nº 564, de 19 de abril de 2017.

SECRETARIA DA EDUCAÇÃO DO CEARÁ. *Projeto político pedagógico:* ensino médio em tempo integral na rede estadual do Ceará. Fortaleza: Seduc, 2016.

3. Novo ensino médio: desafios e possibilidades

Eduardo Deschamps*

Um pouco de história

A discussão da necessidade de uma nova forma de oferta para o ensino médio não é recente nem exclusiva do Brasil. Ao longo do tempo, com a consolidação da universalização do acesso ao ensino fundamental, ainda que carente de melhoria de qualidade desta etapa da educação básica no Brasil, os olhos de todo o mundo passaram a se voltar para formas de garantir acesso, permanência e qualidade para a etapa da educação básica que pretende qualificar os jovens de 15 a 17 anos (no Brasil) para a vida e sua inserção no mundo do trabalho ou no ensino superior.

Na condição de secretário de estado da Educação e membro do Conselho Nacional de Secretários Estaduais de Educação (Consed), pude acompanhar de perto o início deste novo ciclo de discussões de mudanças no ensino médio, que remonta ao ano de 2012, a partir de uma demanda do Ministério da Educação (MEC) ao Consed para que fossem apresentadas propostas de melhorias no modelo do ensino médio brasileiro, considerando a estagnação dos resultados desta etapa na avaliação da educação brasileira.

Daí surgiram diversas iniciativas no âmbito dos estados, com apoio parcial do MEC, por conta do Pacto Nacional pelo Fortalecimento do Ensino Médio (PNEM), para implementar novas formas de oferta buscando atacar os indicadores de alta evasão e baixa

---

* Presidente do Conselho Nacional de Educação (CNE), secretário de Estado da Educação de Santa Catarina e membro do Conselho de Governança do Movimento a Indústria pela Educação da Federação das Indústrias do Estado de Santa Catarina (Fiesc). Tem MBA em liderança e gestão pública.

aprendizagem dos estudantes matriculados nas escolas de ensino médio. Estes esforços estiveram concentrados, principalmente, em ações de ampliação da carga horária, mudanças curriculares (ainda presas no modelo de 13 componentes curriculares indicado pelas Diretrizes Curriculares Nacionais de 2010 e do caminho único voltado para preparação ao acesso ao ensino superior) e ampliação da articulação com a educação profissional, focada na oferta do ensino médio integrado à educação profissional e na forma concomitante, por meio do Pronatec (em ambos os casos, uma formação técnico-profissional de nível para o estudante interessado significava a obrigação de cumprir a carga horária de 2.400 horas do ensino médio regular, acrescida da carga horária relativa à formação técnica). Por diversos motivos, que vão de limitações orçamentárias até a dificuldade de se quebrar a arquitetura rígida de oferta curricular, os avanços provenientes deste esforço foram muito tímidos.

A observação da necessidade de se realizar uma mudança mais profunda não passou despercebida pelo Congresso Nacional que, por conta da apresentação do Projeto de Lei nº 6.840, de 2014, criou uma comissão especial para análise do ensino médio brasileiro à luz deste PL, que indicava, entre outras propostas, a flexibilização da oferta do ensino médio por meio de itinerários diversificados e a ampliação da carga horária rumo ao tempo integral, por exemplo.

Representantes desta comissão especial entabularam diversas discussões sobre estas propostas com o Consed que, por sua vez, a fim de subsidiar o debate com o Congresso e o MEC, implementou em 2015 um grupo de trabalho (GT do ensino médio) com a participação de secretários e técnicos das secretarias estaduais de Educação, que passou a analisar o projeto de lei e estudar novas formas de oferta do ensino médio no Brasil e em outros países, com a participação de diversos especialistas da área educacional. O GT do ensino médio do Consed elaborou diversos documentos com sugestões, que foram apresentados e entregues aos deputados da comissão especial e também ao MEC e ao Conselho Nacional de Educação (CNE). Boa parte delas foi incorporada à versão final do projeto de lei encaminhado pela comissão ao plenário da Câmara dos Deputados, e uma parte mais significativa ainda foi aproveitada pelo MEC na elaboração da medida provisória que, posteriormente, substituiu a discussão do Projeto de Lei nº 6.840 no Congresso Nacional.

Cabe registrar que, em diversas oportunidades, ao longo deste processo, foram realizados audiências e debates com diversas representações da sociedade brasileira, em especial da comunidade educacional, sendo consenso a necessidade de imprimir mudanças no ensino médio, buscando inspiração em modelos inovadores já existentes no Brasil e nas melhores práticas internacionais.

Além disso, a discussão sobre a reforma do ensino médio não ficava restrita ao Projeto de Lei nº 6.840, mas também ocorria no debate e construção da Base Nacional Comum Curricular (BNCC), cuja versão 2, apresentada pelo MEC em 2016, recebeu uma série de sugestões para flexibilização do ensino médio, fruto dos seminários de discussão daquele documento realizados pelo Consed e Undime em todos os estados brasileiros naquele mesmo ano.

Os pilares do novo ensino médio

O conselheiro José Francisco Soares, do Conselho Nacional de Educação, costuma dizer, ao apresentar os dados do ensino médio brasileiro, que o mesmo é feito para poucos. Segundo o conselheiro, muitos estudantes brasileiros não chegam ao ensino médio, ficando retidos no ensino fundamental ou abandonando a escola ainda nesta etapa. Dos que chegam, muitos não concluem. Dos estudantes que concluem, muitos não aprendem o que deveriam. E daqueles estudantes que aprendem alguma coisa, muitos têm a nítida sensação de que o que aprenderam será de pouca valia para seus projetos de vida.

Assim sendo, ao longo de todo o processo de discussão de um novo ensino médio apresentado na seção anterior, uma ideia central esteve presente em todas as etapas, a de que a mudança fundamental a ser estabelecida era a de garantir ao estudante do ensino médio maior protagonismo na definição de sua trajetória, com foco em seu projeto de vida durante o ensino médio e para além da educação básica.

Desta forma, a análise da Lei nº 13.415 permite vislumbrar quatro pilares estruturantes para induzir novas formas de oferta do ensino médio: flexibilização curricular, maior articulação com educação profissional dentro do currículo regular do ensino médio, foco em educação integral e educação em tempo integral (dentro ou fora da escola).

A maior novidade da legislação está centrada no pilar de flexibilização das trajetórias possíveis para o aluno do ensino médio. A lei indica a possibilidade de oferta organizada em até cinco itinerários, baseados nas áreas de linguagens, matemática, ciências humanas, ciências naturais e educação técnica profissional, das quais as unidades escolares devem ofertar ao menos um dos itinerários. Uma importante alteração realizada pelo Congresso Nacional na proposta original enviada pelo MEC diz respeito à possibilidade de oferta de uma forma integrada de todos os itinerários.

A maior articulação com a educação profissional está centrada exatamente na possibilidade de oferta de uma trajetória técnica profissionalizante dentro da carga horária regular do ensino médio, sem prejuízo de outras formas de oferta baseadas nos modelos integrados, concomitantes ou sequenciais, já previstos na Lei de Diretrizes e Bases da Educação Nacional (LDB).

O foco na educação integral está reforçado no artigo que trata do projeto de vida do estudante, indicando que o desenvolvimento de competências socioemocionais, as chamadas competências do século XXI, devem fazer parte da organização curricular. Mais uma vez, sem prejuízo a todos os demais preceitos relacionados à formação integral do estudante brasileiro, já estabelecidos na legislação e nas normas nacionais.

Finalmente, a questão da ampliação da carga horária rumo à educação em tempo integral pode ser organizada de diversas formas a partir do que está disposto na lei: a ampliação de 800 para mil horas anuais no prazo de cinco anos, a ampliação progressiva até 1.400 horas anuais (sem definição de prazo nesta lei, mas depreende-se que continue valendo o disposto no Plano Nacional de Educação, aprovado em 2014), as diversas possibilidades de cômputo de carga horária em atividades fora do ambiente escolar e o programa de fomento ao ensino médio em tempo integral com financiamento do MEC pelo prazo de 10 anos.

Aqui cabe uma reflexão importante em relação à educação em tempo integral e à escola em tempo integral. Considerando os desafios de financiamento da educação no Brasil, o esforço de implantação de escolas em tempo integral deve, na medida do possível, estar concentrado na oferta de vagas de tempo integral em escolas dentro ou próximas de áreas de elevada vulnerabilidade social, uma vez que nestas comunidades as possibilidades de o estudante ter acesso a formas diversificadas de oferta educacional fora do ambiente escolar são mais restritas. Desta forma, uma escola em tempo integral nestes ambientes pode se tornar um poderoso indutor para garantir a equidade a todos os estudantes.

Regulamentação da lei

Uma observação importante sobre a Lei nº 13.415 deve ser feita: o único item da nova lei que é autoaplicável a partir de sua publicação diz respeito ao programa de fomento das escolas em tempo integral, sendo que os demais itens carecem de regulamentação, que passa pela aprovação da BNCC do ensino médio e de uma série de revisões de normas nacionais que regulamentam a oferta do ensino médio à luz da nova legislação.

Em estudo preliminar feito no Conselho Nacional de Educação, foram identificados 11 documentos normativos que são atingidos pela mudança da LDB realizada pela nova lei e que terão de ser revisados. Da mesma forma, este processo de revisão levará, com certeza, à necessidade de adaptações de normas nos sistemas estaduais.

Assim, a oferta das novas formas de ensino médio não será imediata, cabendo ao MEC e às secretarias estaduais, como órgãos executores, e ao CNE e conselhos estaduais de Educação, como órgãos normativos, um intenso trabalho de definição das diferentes arquiteturas de oferta e, a partir delas, a elaboração e aprovação das normas que irão regulamentar sua implantação.

A nova lei, na verdade, não impõe nenhuma forma de oferta específica para o ensino médio, tendo um papel mais indutor do que definidor de como o ensino médio brasileiro será ofertado aos estudantes.

Desta forma, o debate sobre como organizar esta nova oferta está aberto, sendo de competência das entidades indicadas acima a condução deste processo. Entenda-se aqui a necessidade de estabelecer uma série de ações de interação com a sociedade, estudantes, profissionais da educação, pesquisadores e especialistas para identificar os limites e possibilidades que os novos modelos de oferta poderão trazer.

Articulação dos sistemas de ensino

Um dos pontos mais importantes da nova lei situa-se no fortalecimento dos sistemas de ensino para regulamentação e organização da oferta do ensino médio.

Em um país onde tramitam diversos projetos de lei que tratam de inclusão de novas disciplinas em matrizes curriculares já saturadas, e no qual o MEC exerce um papel extremamente centralizador na implementação de políticas educacionais, o olhar lançado pela nova legislação sobre a necessidade de um protagonismo maior dos sistemas de ensino estaduais na oferta do novo ensino médio, considerando as enormes diferenças sociais, econômicas e culturais existentes entre os estados brasileiros, traz um ar de inovação para esta etapa.

Assim, cada sistema de ensino, entendendo-se aqui por este sistema o conjunto Conselho Estadual de Educação, Secretaria Estadual de Educação e redes privadas de escolas, poderá customizar a oferta de ensino médio considerando suas peculiaridades regionais e os potenciais existentes em cada escola, buscando, assim, garantir formas diferenciadas de atendimento que levem à equidade. Este é um enorme desafio para um país em que os conceitos de igualdade e equidade são frequentemente confundidos, o que tem levado o Brasil a enfrentar uma oferta educacional que é adequada a poucos.

É importante registrar também que, ao remeter para os sistemas de ensino vários tópicos que dizem respeito à regulamentação dessa lei, ela tirou do Congresso Nacional, ou seja, da classe política, e jogou nas mãos dos educadores todo o processo de construção do novo ensino médio. O desafio está dado aos educadores brasileiros. O Congresso Nacional, por meio da lei aprovada, induz a mudança, mas não define como ela será feita. Quem vai definir serão os sistemas de ensino. E sistema de ensino é composto, essencialmente, por educadores, que podem incluir nesta construção as representações estudantis e da sociedade. Então, existem espaços muito importantes a serem construídos. Além disso, a partir da lei, quem definirá os conteúdos obrigatórios da BNCC, do ponto de vista de componentes curriculares, não será mais o Congresso Nacional. Passa a ser papel do Ministério da Educação e do Conselho Nacional da Educação essa definição. Em resumo, a nova lei remete aos sistemas educacionais, aos educadores, às pessoas que trabalham com educação, a definição dos destinos da educação brasileira, em particular dessa etapa chamada ensino médio.

Neste sentido, a implementação do disposto na lei exige uma intensa articulação, em regime de colaboração, entre os sistemas de ensino, cabendo, até por tradição, a coordenação desta articulação ao MEC, em conjunto com o CNE.

Organização da implementação

Definido o marco legal com os quatro pilares citados anteriormente, a regulamentação da lei pelos sistemas de ensino deve levar em consideração as possíveis formas de implementação da reforma. Existem experiências importantes no Brasil de novas formas de oferta, porém há muitos desafios novos para os quais ainda não há experiência de implementação no país. Assim, parafraseando o relatório Delors, quem irá regulamentar e implementar terá de aprender, e aprender a aprender, uma vez que não existe conhecimento consolidado dentro do Brasil de como é que se faz um bom ensino médio flexível. Não é tradição brasileira. Há quem entenda efetivamente de flexibilização de ensino médio no Brasil, porém muito pouco desse conhecimento está disseminado nas redes, tanto públicas quanto privadas. Assim, é preciso conhecer como isso foi feito em outros lugares do mundo que tenham experiências bem-sucedidas. Quem é que flexibilizou, como flexibilizou e quais foram os obstáculos que enfrentaram, pois devem ter enfrentado obstáculos muitos parecidos com os nossos. Então, quais são os países próximos disso? Como entender a oferta de trajetórias flexíveis? De que maneira trabalhar as trajetórias flexíveis dentro de um país tão desigual como o Brasil?

Para isso, está sendo proposto, no CNE, iniciar os trabalhos com uma etapa que permita conhecer como as reformas do ensino médio foram feitas no mundo. Estão sendo propostas três ações. A primeira consiste em um trabalho desenvolvido por uma consultora da Unesco, que está elaborando um relatório sobre o ensino médio no mundo, em um conjunto pré-selecionado de países. Ao mesmo tempo, estão sendo articuladas missões envolvendo representantes do Consed, do CNE, do Fórum dos Conselhos Estaduais de Educação e do Ministério da Educação, além de outras entidades públicas, privadas e do terceiro setor, para conhecer *in loco* algumas experiências. E, finalmente, nesta primeira etapa, realizar seminários internacionais em parceria com o Congresso Nacional para discutir reforma de ensino médio. A ideia é realizar eventos dessa natureza para que os educadores e a sociedade comecem a se apropriar das formas como o ensino médio pode ser flexibilizado e como implementar esta flexibilização nas escolas brasileiras. Na mesma lógica do aprender, deve-se levar em consideração que não irá se construir um novo ensino médio a partir do zero. Existem muitas experiências bem-sucedidas sendo feitas no Brasil. Assim, este conhecimento deve ser aproveitado e transformado em modelos que podem ser aprimorados. Para tanto, a segunda etapa da preparação envolve estudos em nível nacional. Conhecer e sistematizar aquilo que vem sendo feito. Este trabalho pode ser executado em conjunto com o Consed, catalogando as experiências inovadoras e de sucesso dentro do Brasil. Deve ouvir quem, no país, tem o que falar sobre ensino médio. Ouvir ex-conselheiros do CNE que se envolveram na elaboração das Diretrizes Curriculares Nacionais aprovadas anteriormente, como do Enem, para compreender qual era o conceito que estava sendo dado naquele momento. É necessário envolver e ouvir o terceiro setor, as universidades, os institutos federais e, principalmente, dialogar com professores e estudantes. Para realizar estas escutas, pode ser criada uma rede de discussão envolvendo Consed e Undime, como ocorreu na análise da versão 2 da BNCC, por meio dos 27 seminários estaduais com mais de 10 mil professores e estudantes participando do processo.

    A outra parte, para além da questão do conhecer ou do aprender, é fazer. Uma vez criada massa crítica sobre as possíveis novas formas de oferta, é preciso realizar uma unificação de linguagem. O conselheiro José Francisco Soares sempre cita que muitos termos que não possuem compreensão unificada impedem que sejam criados consensos básicos para o desenho das novas formas de oferta. Isso pode ser feito primariamente por meio de um glossário de termos, debatido por todos os atores envolvidos no processo.

    Estabelecido um consenso mínimo, é importante ser feito o seguinte questionamento: quais são as possibilidades de desenhos de ensino médio a partir da lei que está colocada? Como citado por Ricardo Henriques, do Instituto Unibanco, é possível ter um grupo de trajetórias fixas, ter trajetórias totalmente abertas ou uma coisa intermediária? Quais são as possibilidades de desenho? O que se aplica melhor ao Brasil, à escola privada, à escola pública, ao estado X, à cidade Y? Qual a possibilidade de trajetória para aquele conjunto de cidades que tem só uma escola? E para as que têm um número maior de escolas? Respondendo estas e outras perguntas, podem ser estabelecidos os modelos de oferta possíveis.

Outro ponto diz respeito à Base Nacional Comum Curricular. Ela é fundamental para a definição dos desenhos. Só que a base também não pode trazer um desenho fixo, senão pode-se perder a perspectiva de flexibilização do ensino médio e voltar a um modelo único e padrão.

Respondidas estas questões, pode ser iniciado o processo de normatização, pelo CNE e pelos conselhos estaduais de Educação. Em um estudo preliminar realizado no CNE, foram identificadas 11 resoluções do conselho que precisam de revisão e de adequação à nova lei, entre elas as Diretrizes Curriculares Nacionais de Ensino Médio, uma vez que induzem a um modelo fixo. Portanto, as diretrizes devem tornar mais explícitas as possibilidades de flexibilização e articulação com a educação profissional. Além disso, a lei tem pelo menos oito dispositivos que precisam de nova regulamentação. Entre eles, por exemplo, a questão do notório saber, que só vale para a trajetória de educação profissional e tecnológica, cabendo aos conselhos estaduais definir o que é notório saber e ao Conselho Nacional, orientar nesta regulamentação.

Só então se chegará ao processo de implementação, que envolverá: formação inicial e continuada dos professores; infraestrutura; material didático; revisão dos currículos; e revisão dos projetos político-pedagógicos de cada escola, definindo como ela vai se organizar a partir do currículo, sendo ele fundamental para dizer qual é a característica e especialização que a instituição vai ter.

Também será preciso mexer na forma de contratação dos professores. Uma das grandes resistências ao processo de reforma é que, atualmente, o salário do professor da educação básica ou da educação superior, via de regra, é definido pela carga horária do docente, que é determinada pelo número de turmas, que é definido pelas disciplinas que ele leciona. Como a lei quebra o princípio disciplinar, o professor fica sem saber sobre sua carga horária, como fica seu salário, e esta dúvida gera resistência. Por isso, é fundamental construir, junto com os novos modelos de implementação, novas formas de contratação do docente, que possa fixá-lo, cada vez mais, em uma mesma escola.

Finalmente, seguindo os princípios do relatório Delors, após citar o aprender e o fazer, cabe agora falar do conviver.

Trabalho conjunto: aprendendo a conviver

Todo este trabalho deverá ser realizado em conjunto por vários atores, ou seja, MEC, Consed e Undime, que são executores, CNE e Fórum dos Conselhos Estaduais, que são normatizadores, universidades e institutos federais, que são formadores, terceiro setor, iniciativa privada, estudantes e professores. Se não conseguir articular todos esses atores para o processo da construção, da normatização, dos modelos e da organização de implementação, a reforma do ensino médio não será bem-sucedida. Esse é um grande desafio. Aprender primeiro, fazer o que precisa ser feito, mas, ao mesmo tempo, conviver com diversos pontos de vista diferentes. Porque, nos diversos debates que têm sido realizados neste momento inicial, a universidade pública tem um ponto de vista, a universidade privada tem outro, os professores têm outro ponto de vista e os estudantes, da mesma maneira.

Porém, o momento é especial para que todos os envolvidos no processo possam construir um ensino médio mais sintonizado com os desafios do século XXI.

Referência

DELORS, J. (Org.). *Educação:* um tesouro a descobrir. Disponível em: <unesdoc.unesco.org/images/0010/001095/109590por.pdf>.

4. A implementação da reforma do ensino médio

Francisco Soares*

Quero iniciar deixando claro que falo apenas em meu nome pessoal, embora seja presidente da Câmara de Educação Básica do Conselho Nacional de Educação (CNE), que ainda não tomou decisão sobre as questões que vou tratar.

Metáfora, em Minas Gerais, é caso. E, mineiros, temos liberdade para criá-los. Como este. Diz a lenda que Cesar, o imperador, um dia andando por seu palácio em Roma deparou-se com um grupo de assessores falando grego. Reagiu: "Não entendo. Já conquistei a Grécia, agora todos têm de falar latim, a língua dos vencedores". Um dos assessores ponderou: "Imperador, o seu sucesso militar é tão grande que o latim é língua muito limitada para descrevê-lo. Por isso falamos o grego entre nós". Uso essa metáfora para dizer que os problemas da educação brasileira são tão grandes que não será com qualquer latim que vamos resolvê-los. Temos de buscar soluções novas com nossas cabeças, corações e entusiasmo.

Iniciativas recentes relativas ao ensino médio

No passado recente, o governo federal tomou várias iniciativas em relação ao ensino médio. O MEC criou programas como o Ensino Médio Inovador e o Pacto pelo Fortalecimento do Ensino Médio. O Exame Nacional do Ensino Médio (Enem) passou a ser usado para

---

* Presidente da Câmara de Educação Básica do Conselho Nacional de Educação (CNE). Professor aposentado da Universidade Federal de Minas Gerais (UFMG). Tem doutorado em estatística pela Universidade de Wisconsin (Madison) e pós-doutorado em educação pela Universidade de Michigan (Ann Arbor).

admissão nas universidades públicas, o que teve grande impacto no currículo do ensino médio. Foram criados os Institutos Federais de Educação, Ciência e Tecnologia (Ifets). Por outro lado, o CNE fez duas diretrizes para o ensino médio, a primeira em 1998 e a segunda em 2011, e vários estados iniciaram projetos específicos para este nível de ensino. No entanto, o impacto de todas as medidas, todas muito meritórias individualmente, foi pequeno, considerando-se o universo dos jovens que o ensino médio deve atender.

Síntese da situação atual

Hoje, cerca de 25% dos alunos não terminam o ensino fundamental e, portanto, não chegam ao ensino médio. Entre os que começam o ensino médio, muitos desistem no primeiro ou no segundo ano, o que é evidenciado pelas altas taxas de abandono. Os que permanecem aprendem pouco, como é mostrado pelo Sistema Nacional de Avaliação da Educação Básica (Saeb). Finalmente, o aprendizado adquirido é relevante apenas para alguns, aqueles admitidos nas universidades. Tudo isso é o resultado de um ensino médio pensado para poucos. Assim sendo, manter o *status quo* é aceitar a exclusão da maioria, composta pelos que não chegam ao ensino médio, dos que chegam e abandonam e dos que ficam e não aprendem.

Por isso o ensino médio atual precisa mudar. O Brasil necessita de um ensino médio que atenda a todos, que tenha uma base comum, exigência da cidadania, que permita a expressão de diferenças, fruto de escolhas livres. Tudo isso é especialmente necessário para esta etapa de ensino que corresponde à juventude, época de transição na vida de todos.

O texto da nova lei

O texto da nova lei do ensino médio tem claras influências de iniciativas anteriores, principalmente do projeto de lei de autoria do deputado Reginaldo Lopes e das propostas do Consed.

O projeto de lei, que já estava no último estágio de tramitação na Câmara dos Deputados, introduz a ideia da flexibilização. O Consed, instituição que congrega os secretários estaduais de Educação, responsáveis pela oferta do ensino médio, encaminhou várias emendas ao projeto e explicitou a necessidade de apoio da União aos estados para a efetivação de qualquer reforma. Esse apoio financeiro seria para adaptar a infraestrutura das escolas; capacitar e incentivar professores e equipes gestoras; possibilitar a mobilidade de professores e alunos; dar apoio ao estudante (transporte, alimentação, material escolar e bolsas de manutenção); e apoiar o desenvolvimento de novas metodologias e materiais pedagógicos.

O novo governo usou esses dois textos, incorporou propostas de sua equipe, como a criação de um programa para apoio a escolas de tempo integral de ensino médio, e enviou uma medida provisória sobre o tema ao Congresso. A discussão do projeto de conversão da medida provisória em lei produziu muitas emendas, incorporadas no texto final.

O processo de discussão

Como mostrei, o ensino médio foi objeto de muitas discussões. De forma particular, os gestores dos sistemas responsáveis pela sua oferta fizeram experiências em suas redes que lhes indicaram as direções a serem seguidas e identificaram as ações necessárias e viáveis. No entanto, a reação à medida provisória mostrou que faltaram discussões tanto com os professores quanto com os alunos, e mesmo com a sociedade. Embora a reação tenha tido um componente de oposição ao novo governo, há conteúdo educacional nas manifestações que não havia sido considerado nas discussões realizadas.

Duas finalidades da nova lei

A nova lei é, na realidade, a junção de uma política educacional com um programa de ensino médio em tempo integral. Não comento este programa, iniciativa legítima de um governo. Pessoalmente, entretanto, vejo com restrições a iniciativa. Prefiriria escolas em tempo integral, pois, como falei há pouco, manter os estudantes na escola, algo que o tempo integral ajuda, é especialmente necessário no ensino fundamental, em escolas em que a taxa de abandono é alta. Apoiar o tempo integral apenas no ensino médio é privilegiar os sobreviventes do ensino fundamental que têm melhores condições econômicas.

A nova lei introduz a ideia da flexibilização curricular por meio da criação de itinerários formativos. Para os estudantes do ensino médio que apenas se preparam para admissão em uma universidade, ou seja, têm um ensino médio propedêutico, a lei insere a ideia de que, adquirido um conjunto de conhecimentos básicos, eles podem se concentrar nas disciplinas relacionadas às carreiras universitárias que querem seguir. Para outros, ela introduz a possibilidade de o ensino médio ser feito junto com o técnico, uma iniciativa que pode abrir portas para muitos jovens que hoje abandonam a escola por não encontrar no currículo, centrado na admissão nas universidades, relação com suas vidas. Flexibilizar sem precarizar ou impedir projetos futuros dos estudantes é possível, embora não seja de fácil implementação. No entanto, entendo que este é o desafio que o Brasil precisa enfrentar.

Modelo conceitual subjacente à nova lei

A estrutura proposta para o ensino médio pela nova lei pode ser apresentada usando-se as categorias do relatório Delors:

Aprender a aprender

Esta dimensão, nos termos da lei, consiste nos conteúdos obrigatórios. A lei estabelece que todos os alunos devem ter aulas de língua portuguesa, língua inglesa e matemática, três conhecimentos essenciais para se adquirir qualquer outro aprendizado. Só se aprende por meio da leitura e construção de textos. Na realidade, a própria razão se expressa por textos, bem como é por meio deles que se comunicam ideias e que deveres e direitos são consensuados. Quando o estudante não sabe ler, não entende o que está escrito, há não só um problema de produtividade econômica, mas um enorme problema de cidadania, e o jovem estará impedido de florescer pessoalmente. Por isso a importância do ensino da língua portuguesa. Um raciocínio semelhante pode ser feito em relação à matemática, que hoje deve incluir tópicos de coleta e análise de dados e de algoritmos.

Aprender para conviver

Esta dimensão pode ser pensada como o conjunto dos conhecimentos necessários para o exercício da cidadania. São os conhecimentos das ciências da natureza e das ciências humanas, mas também das artes e humanidades, imprescindíveis para uma participação social plena. Todos os cidadãos devem estar suficientemente informados para participar das decisões da sociedade. Um exemplo ilustra a afirmação. É razoável pensar que todos os cidadãos brasileiros devem estar informados sobre suas opções energéticas: quais são os benefícios e limitações da energia solar, energia eólica, das térmicas, da energia nuclear. Estes conhecimentos seriam, portanto, do núcleo comum no ensino médio. Outro exemplo: o Brasil é cada vez mais um país urbano. Cidades geram lixo, têm problemas de trânsito, têm violência, mas oferecem serviços médicos, educacionais e opções culturais. Uma participação social exige conhecimentos sobre a organização das cidades, principalmente das grandes metrópoles.

Pessoalmente, penso que o núcleo comum do ensino médio deveria ser temático. Um conjunto de temas comuns deveria ser estabelecido, e outros, escolhidos de acordo com a necessidade ou possibilidade de cada escola. Importante enfatizar que, na minha maneira de pensar, essa parte do ensino médio exige uma pedagogia diferente da pedagogia disciplinar. Seria uma pedagogia da informação. Todos devemos ter condições de pensar criticamente sobre energia, mas não saberemos necessariamente resolver problemas técnicos na área.

Aprender para fazer

Nesta terceira dimensão, caracteriza-se o itinerário de cada estudante, em que terá oportunidade de se dedicar a uma área, de sua escolha, com profundidade. Isto não é possível no ensino médio atual. Como todos devem saber tudo, todos acabam sabendo muito pouco de tudo. Esta imersão em uma área é especialmente necessária no caso do ensino técnico.

Aprender a ser

Hoje é aceito pela maioria que a educação escolar deve ser pensada como um projeto de educação integral, em que as finalidades não são apenas cognitivas, mas também atitudinais, e visam à criação de valores éticos e democráticos. No entanto, esses outros aprendizados ocorreriam não por meio do ensino formal, mas das interações entre os estudantes e entre estes e seus professores.

Construindo propostas

Para apresentar propostas, é preciso fixar um mínimo de linguagem. Assumo a situação atual: três anos, seis semestres, quatro horas por dia e 200 dias. Ou seja, são 2.400 horas, 800 horas por ano, 400 por semestre, 20 semanas. Ou seja, vou mostrar possibilidades de organização do ensino médio como viabilizado pela nova lei usando módulos de 80 horas, o que corresponde a um dia por semana durante um semestre. Neste exercício, entretanto, o tempo dedicado à educação física não está computado. Mas é claro que todas as escolas devem oferecer atividades nessa área.

Itinerários formativos

A lei, a meu ver inadequadamente, estabelece itinerários formativos definidos pelas áreas de conhecimento. Penso que os itinerários deveriam contemplar agregações de conhecimentos que tenham expressão relevante na vida dos alunos. Assim seria de se esperar que as escolas oferecessem itinerários em artes, em ciências biológicas ou em humanidades, em STEM, acrônimo, em inglês, de um itinerário que inclui ciência, tecnologia, engenharia e matemática, já amplamente usado em outros países. Felizmente a lei permite a criação de itinerários mistos. Penso que isso será mais a regra do que a exceção.

Um itinerário técnico

A tabela 1 mostra uma proposta para um itinerário técnico. Aprendi com o Rafael Lucchesi, diretor de educação e tecnologia da Confederação Nacional da Indústria (CNI) e membro do Conselho Nacional de Educação (CNE), que é possível ter um curso técnico que crie possibilidades reais de emprego com 800 horas, embora mais horas garantam oportunidades melhores.

TABELA 1
Proposta de itinerário técnico

	Primeiro ano	Segundo ano	Terceiro ano	
Aprender a aprender				
Língua portuguesa	2	1	1	4
Língua inglesa	1	1	1	3
Matemática	1	1	1	3
				10
Aprender a conviver				
Humanidades	0	1	1	2
Ciências sociais	1	1	0	2
Ciências da natureza	1	1	1	3
Artes	1	1	1	3
				10
Aprender a fazer				
Ensino técnico	3	3	4	10
Total	10	10	10	30

Observem que o aluno com este itinerário teria a parte obrigatória, além de um sólido núcleo comum. E 800 horas de ensino técnico. Naturalmente, a organização apresentada dos tempos entre as dimensões nos três anos é apenas uma sugestão. Muitas outras são possíveis.

Um itinerário em humanidades

Um modelo para a formação de um estudante que optasse por humanidades é apresentado na tabela 2.

TABELA 2
Proposta de itinerário em humanidades

	Primeiro ano	Segundo ano	Terceiro ano	
Aprender a aprender				
Língua portuguesa	2	2	2	6
Língua inglesa	1	1	1	3
Matemática	1	1	1	3
				12
Aprender a conviver				
Humanidades	0	0	0	0
Ciências sociais	0	0	0	0
Ciências da natureza	1	1	1	3
Artes	1	1	1	3
				6
Aprender a fazer				
Humanidades	2	2	2	6
Ciências sociais	2	2	2	6
				12
Total	10	10	10	30

Importante observar aqui que, como o estudante terá formação aprofundada em humanidades, não precisa ter esses conhecimentos ofertados no núcleo comum. Mas ele deve ter oportunidades de aprender sobre ciências da natureza e artes, o que está contemplado.

Responsabilidades do governo federal

O governo federal tem muitas e importantes responsabilidades na implementação deste novo ensino médio. Primeiramente é preciso enfatizar que ela exige recursos que só a União pode prover. Além disso, o governo federal deveria desenvolver e colocar à disposição das escolas de ensino médio plataformas de aprendizado a distância. Isso é necessário principalmente para complementar os recursos locais, especialmente para o oferecimento do núcleo comum aos itinerários.

Além disso, é importante definir logo e claramente como será o Enem. A lei diz que "a União estabelecerá os padrões de desempenho esperados para o ensino médio, que serão referência nos processos nacionais de avaliação, a partir da Base Nacional Comum Curricular". Dependendo de como essa parte da lei for interpretada, não haverá mudança substancial no ensino médio, já que as escolas, principalmente aquelas cujos alunos fazem o ensino médio com o foco na admissão em universidades, criarão itinerários fictícios para oferecer a todos eles os conteúdos do Enem.

Pessoalmente, defendo um Enem em dois dias. O primeiro, centrado na parte obrigatória e no núcleo comum. No segundo dia, cada aluno, considerando o que as universidades e as carreiras universitárias a que se candidata exigem, escolherá duas provas. No entanto, qualquer mudança no Enem deve preservar o Sisu, um processo de seleção das universidades que simplificou a admissão e ampliou as oportunidades para muitos jovens.

Algumas dificuldades de implementação

Há várias questões cujas respostas, espero, apareçam em debates como este. Cito primeiramente o problema de oferecer flexibilidades curriculares nos muitos municípios que têm apenas uma escola de ensino médio. Flexibilizar o ensino médio propedêutico implica aumento da carga horária dos docentes. No entanto, considerando que todos os docentes terão aulas tanto na parte comum quanto em um dos itinerários, esses aumentos talvez possam ser absorvidos sem grandes impactos. Isso, entretanto, não se dá com a opção de ensino técnico.

Oferecer ensino técnico junto com ensino médio exigirá novas formas de organização das escolas, institucionalmente e territorialmente. A oferta só será possível, inicialmente, por meio de convênios com escolas que já dispõem de laboratórios e experiência de ensino na área. Assim, será comum que o aluno tenha de frequentar duas escolas. A oferta de ensino técnico em cidades pequenas com poucas escolas exigirá a cooperação entre municípios e, eventualmente, via transporte de alunos, concentração da oferta.

Naturalmente, a formação inicial e continuada dos professores deverá sofrer modificações, em especial para a capacitação para a parte comum dos itinerários, em que se espera o tratamento de questões das diferentes ciências com uma pedagogia diferente da usada hoje, que é completamente disciplinar.

O texto da lei abre, sem nenhuma restrição, o uso de EAD no ensino médio. Esta é uma mudança radical em relação à situação de hoje, e aqui é razoável esperar que a regulamentação da lei criará limites ao mesmo tempo que incentivará o uso dessas tecnologias. Como disse, entendo que o MEC deveria prover uma plataforma específica. Finalmente, registro que a contratação de professores por notório saber é permitida para cursos técnicos, algo que, no entanto, não tem sido completamente entendido.

Linguagem para o debate educacional

Termino insistindo na importância do debate das formas de implementação da lei por gestores, professores, alunos e sociedade. Mas, para isso, é necessária a fixação dos conceitos. Nos debates havidos até aqui há confusão entre a parte comum dos itinerários e a parte obrigatória. Como argumentei, essas duas dimensões têm finalidades diferentes e exigem pedagogias diferentes.

A lei não ajuda quando usa, em pontos diferentes, termos diferentes, como direitos e objetivos de aprendizagem, competências e as habilidades e conteúdos como sinônimos.

O ensino médio atual não atende às demandas dos jovens brasileiros de hoje. Por isso deve mudar. Mas é sempre importante lembrar que modificações na organização curricular são apenas um passo para a efetivação de mudanças.

5. Propostas, formas de financiabilidade e resultados projetados para o desenvolvimento da educação básica brasileira

Wagner Victer*

Os debates referentes à educação básica brasileira que decorreram em 2015, 2016 e 2017 têm sido fundamentais para a elaboração de um novo modelo de ensino em todo o território brasileiro. Parte das propostas apresentadas por educadores, especialistas e profissionais da área de educação, juntamente com o poder público e suas diversas esferas, começou a ser acelerada nesse período de três anos: a elaboração da nova Base Nacional Comum Curricular (BNCC), em 2015, e a reforma do ensino médio, anunciada pelo governo federal em 2016, por meio do Ministério da Educação (MEC), sancionada em forma de lei em fevereiro de 2017 (Lei nº 13.415, de 16 de fevereiro de 2017). No entanto, as formas de organização e planejamento para implementação de uma política pública eficiente no segmento da educação aos jovens do Brasil remontam a um período mais antigo.

Cronologicamente, traçarei um percurso para demonstrar que essa discussão tem sido fundamentada por diversos setores da sociedade. Remonto, inicialmente, à nossa Constituição de 1988, que já indicava a criação de uma base nacional comum curricular, com direitos, objetivos de aprendizagem e desenvolvimento para os alunos da educação básica. Perpasso pela Lei de Diretrizes e Bases da Educação Nacional (LDB), de nº 9.394/1996, que definia e regularizava a educação brasileira com base nos princípios da Constituição.

---

* Secretário estadual de Educação do Rio de Janeiro. Engenheiro pela Universidade Federal do Rio de Janeiro (UFRJ) e administrador pela Universidade do Estado do Rio de Janeiro (Uerj).

Entre 1997 e 2000, a elaboração dos Parâmetros Curriculares Nacionais (PCNs) como referência para a qualidade do ensino teve como fundamental meta garantir a todas as crianças e jovens do país direito de obterem os conhecimentos necessários para o exercício da cidadania.

Adiante, a Conferência Nacional da Educação (Conae), em 2010, possibilitou um espaço democrático, envolvendo governo federal, agentes públicos e a sociedade civil em torno da elaboração do Plano Nacional de Educação (PNE), que se concretizaria em 2014 (Lei nº 13.005/2014). As Diretrizes Curriculares Nacionais (DCNs) vieram em seguida, sendo um conjunto de definições e procedimentos na educação básica para orientar as escolas no desenvolvimento e avaliação das propostas pedagógicas organizadas em cada unidade de ensino. A origem desta remete ao proposto pela LDB.

Ainda em 2014, o PNE definiria as metas e estratégias para a educação básica – educação infantil, ensino fundamental e médio – e o ensino superior para os próximos 10 anos, ou seja, até 2024. Chegou-se ao início efetivo do processo de discussão e elaboração da BNCC em 2015, e à reforma do ensino médio ao final do ano de 2016.

Essa pequena introdução cronológica torna-se pertinente pois, por meio de escritos e estudos anteriores, é possível investigar a origem e o caminho percorrido até chegar ao estágio atual de conquistas da educação brasileira que, neste caso, refere-se à busca da melhoria do processo ensino-aprendizagem e às mudanças na área.

Nota-se que diversas propostas foram executadas e debatidas nos últimos quase 30 anos. Contudo, em sua conjuntura, alguns aspectos ainda precisam ser mais bem definidos para concretização dessas propostas. Um dos motivos que fizeram reacender uma reflexão necessária de mudanças na educação foram os resultados do Índice do Desenvolvimento da Educação Básica (Ideb) de 2015, divulgados em 2016, que trouxeram de volta o debate sobre as graves dificuldades enfrentadas na aprendizagem dos jovens brasileiros. Os dados negativos reforçam a percepção de que o atual currículo do ensino médio é ultrapassado e merece profunda reforma.

Iniciativas já estão sendo adotadas em alguns estados, como o Rio de Janeiro, e objetivam aumentar a atratividade das aulas, dando mais dinamismo ao processo ensino-aprendizagem, estimulando o protagonismo juvenil e reconhecendo as diferenças individuais e geográficas dos alunos.

Desde o início da elaboração da BNCC as discussões ganharam mais intensidade, até que o governo federal teve um avanço importante ao propor mudanças no ensino médio e estabelecer uma lei, mesmo que polêmica e equivocadamente por medida provisória, que vai ao encontro da expectativa de ampliar o ensino em tempo integral, vocacionar o interesse do ponto de vista da formação profissional e dos diversos segmentos, flexibilizar o conteúdo e reorganizar o currículo, que poderá ser definido pela base, com ênfase em áreas de conhecimento. A saber: linguagens e suas tecnologias; matemática e suas tecnologias; ciências da natureza e suas tecnologias; ciências humanas e sociais aplicadas; e formação técnica e profissional, chamadas de "itinerários formativos".

A carga horária com conteúdos comuns e obrigatórios da base será de 60%, enquanto os demais 40% serão flexíveis. A reforma também prevê que, no ensino médio, a carga horária deverá ser ampliada progressivamente até atingir 1.400 horas anuais nos próximos cinco anos.

As secretarias estaduais de Educação, responsáveis pela maioria dos alunos deste segmento de ensino, são as mais interessadas. No entanto, a medida cria um dilema crucial: por um lado, introduz mudanças importantes que realmente trarão melhoria; entretanto, por outro lado, não há, no cenário atual, como dar sustentabilidade financeira a essas importantes medidas.

A proposta é coerente e a iniciativa, louvável e desejada. Porém, com a possibilidade de opção formativa ao estudante nos últimos anos dos chamados "itinerários formativos", para acompanhar as melhorias implantadas no ensino integral diurno, as turmas noturnas teriam um ano a mais, passando para quatro anos de duração. A medida também envolverá, na maioria das escolas, um rearranjo arquitetônico em salas de aulas disponíveis, o que nem sempre é possível sem fazer grandes adaptações e, consequentemente, diversas obras.

Acredito que os planos são os melhores possíveis, mas o desafio também é matemático. Para citar um exemplo, no estado do Rio de Janeiro existem, atualmente, aproximadamente 446 mil estudantes no ensino médio na rede pública e, entre eles, 42 mil com jornada em horário integral. Alcançar o que determina o PNE, um patamar de 25% das matrículas em horário integral em 10 anos, significará o equivalente à necessidade de implantação de mais de uma centena de novas unidades escolares, considerando os importantes reflexos na folha de pagamento e nos recursos de merenda e manutenção.

Com as metas estabelecidas, nos cálculos preliminares, o estado do Rio de Janeiro teria de construir 19 unidades anualmente nos próximos 20 anos, prazo para a totalidade das escolas em horário integral. Nos valores de hoje, ao fim da implantação e sem considerar o investimento nas novas escolas, o aumento estimado em gastos poderia chegar a R$ 1,5 bilhão ao ano, com reflexos atuariais futuros e permanentes na previdência estadual, com a contratação adicional de servidores muito superior à média atual.

Adentrando na proposta da reforma do ensino médio, as alterações na matriz curricular e suas formas de execução foram os primeiros aspectos controversos desde o anúncio do governo federal. Não existe dúvida de que a discussão participativa para elaboração da nova base e reforma do ensino médio favorece o processo democrático, que devemos pautar para traçar os caminhos futuros para a educação em nosso país. Neste cenário, a proposta tornada pública no primeiro semestre de 2017 tem como foco a educação infantil e o ensino fundamental, sem destacar, por exemplo, questões que podem suscitar polêmicas no processo participativo de conclusão da BNCC. Um exemplo é o caso da disciplina de ensino religioso, que tem oferta obrigatória nas unidades escolares, porém opcional para os alunos.

Essa é uma das alterações que divergem e, de certo modo, se apresenta como controversa. Neste sentido, é importante destacar que a disciplina, até então, esteve presente durante todo o processo de elaboração da primeira e da segunda versão da base, cuja proposição disponibilizada à consulta pública obteve aceitabilidade que ultrapassou os 93%, segundo dados do Fórum Nacional Permanente do Ensino Religioso (Fonaper). Apesar desse processo, a terceira e mais recente versão do documento entregue ao Conselho Nacional de Educação (CNE) no dia 6 de abril de 2017, diferente das duas versões anteriores, teve retirada a parte dedicada ao ensino religioso. De acordo com o MEC, a explicação é que teria sido retirado para respeitar a LDB, que determina que cabe aos estados e municípios a sua organização.

No exemplo citado com destaque, no âmbito do estado do Rio de Janeiro, a Secretaria de Educação reconhece que o ensino religioso, que já possui sua oferta em caráter opcional para os alunos por estar previsto em legislação específica estadual, faz parte do processo educativo e deve congregar valores à sua formação, incentivando o diálogo e promovendo uma reflexão sobre a religiosidade. Nessa perspectiva, desenvolveu-se o currículo básico de ensino religioso para os ensinos fundamental e médio, que tem como temática central o diálogo entre a perspectiva religiosa e as diversas realidades históricas voltadas à formação de nossa sociedade.

Essa questão nos remete ao anúncio inicial do governo federal, em 2016, relacionado às alterações na matriz curricular do ensino médio e a não obrigatoriedade do ensino de sociologia, filosofia, artes e educação física, o que causou uma grande polêmica nacional. O estado do Rio de Janeiro foi o primeiro a se posicionar e garantir que manteria essas disciplinas como obrigatórias. A exclusão de disciplinas que envolvem a prática e o conhecimento do esporte, do próprio corpo e que despertam o pensamento crítico, fundamentais para formar o cidadão e reduzir a evasão, nesse caso seria um grande contrassenso.

Expandir os pensamentos e promover reflexões aos estudantes também está atrelado a debater assuntos recorrentes do cotidiano e abordá-los dentro da comunidade escolar. Por exemplo, em 2016, o governo do estado do Rio de Janeiro, por meio da Secretaria de Estado de Educação, sancionou a Lei nº 7.477, tornando obrigatório o ensino de noções básicas da Lei Maria da Penha em escolas públicas estaduais. A iniciativa foi implantada no ano em que a referida lei completou 20 anos. Essa proposta, que está sendo executada em diversas escolas, visa conscientizar alunos e a comunidade escolar sobre a necessidade do respeito aos direitos humanos e da igualdade de gênero, tendo como público-alvo estudantes e equipes pedagógicas. De certo modo, grande parte desses estudantes tem conhecimento da Lei Maria da Penha, ouviu falar em suas casas e círculo de amizades, assistiu a programas na televisão, leu notícias nos jornais ou internet e, ainda, conversou sobre o tema em seus colégios, uma vez que os professores da rede estadual de ensino já abordam esse assunto em sala de aula.

É notório que ainda existe um tabu quando nos aprofundamos ou comentamos assuntos considerados polêmicos com os alunos, como preconceitos e discriminação de qualquer gênero, consumo de drogas, gravidez na adolescência, intolerância religiosa e, neste caso, violência contra a mulher. No entanto, esses temas são inerentes ao universo de toda a população, principalmente dos jovens, e extremamente difundidos em todos os segmentos sociais, por isso a necessidade de abordá-los.

Para exemplificar a proporção e importância de debater tais assuntos, lembremos que a redação do Exame Nacional do Ensino Médio (Enem) de 2015 tratou da violência contra a mulher e, em 2016, o tema foi intolerância religiosa, outro assunto controverso, mostrando que fazem parte de uma discussão ampla e, nesses casos, possibilitaram a adolescentes e adultos participantes do Enem a reflexão e análise da questão sob o crivo social, teórico e pedagógico. Cabe ressaltar que o Rio de Janeiro foi o primeiro estado do Brasil a sancionar uma lei desse porte, e creio ser inspirador para que esse tema seja abordado de maneira constante no cotidiano escolar.

Ainda dentro do processo da reforma do ensino médio, a Secretaria Estadual de Educação do Rio de Janeiro iniciou a implantação, em 2017, em parceria com o MEC, de 37 escolas em tempo integral, com disciplinas vocacionadas ao empreendedorismo, uma proposta inovadora para formar jovens e que aposta em um modelo de conhecimento que é pouco explorado no Brasil. A iniciativa é por meio do Programa de Fomento à Implementação de Escolas de Ensino Médio em Tempo Integral, uma das propostas do governo federal inserida na reforma do ensino médio. Entretanto, por mais que se estabeleça um auxílio de R$ 2 mil *per capita* aluno-ano para financiar a implantação da educação profissional, é algo temporário e demanda investimentos, pois, em alguns casos, as regras vêm em prescrição e ancoradas em uma série de práticas que limitam, por exemplo, a própria arquitetura da engenharia das escolas existentes.

A reforma do ensino médio também prevê um novo peso à educação profissional e tecnológica, o que é extremamente positivo. A integração da matriz curricular do ensino médio com a capacitação técnica apresenta benefícios. De certa forma, sou uma prova desse modelo proposto – que já era adotado por diversas instituições –, uma vez que minha formação na educação básica aconteceu juntamente com a formação técnica, no Centro Federal de Educação Tecnológica Celso Suckow da Fonseca (Cefet), o que possibilitou experiências que me auxiliaram a ingressar no curso superior de engenharia e, assim, seguir uma carreira profissional. Esse notório debate em aliar o ensino técnico e o médio regular também foi levado pelos alunos às salas de aula e, por vezes, discutido durante o tempo em que fui professor universitário. Atualmente, no estado, observo uma grande evolução no ensino técnico, com instituições federais de referência, como Instituto Federal Fluminense (IFF), Instituto Federal do Rio de Janeiro (IFRJ) e, no âmbito estadual, a Fundação de Apoio à Escola Técnica (Faetec).

A oferta de capacitação profissional integrada ao ensino médio já é executada no Rio de Janeiro. Em 2007, o governo do estado, por meio da Secretaria Estadual de Educação, criou um programa que oferece ensino médio alinhado ao curso técnico em horário integral, capacitando, atendendo e entregando mais de 20 mil alunos ao mercado de trabalho, desde então. Os eixos curriculares envolvem, por exemplo, qualificação em áreas tecnológicas, entre outras que apresentam grandes possibilidades de contratação. Algumas dessas escolas ofertam o ensino de línguas estrangeiras, como inglês, espanhol, francês, turco e mandarim, possibilitando que, além da capacitação técnica e profissional, o estudante aprenda outro idioma, tão importante na busca por emprego e, ainda, para ampliar seus conhecimentos culturais.

Neste ínterim, ouso dizer que desde os tempos de Anísio Teixeira e Paulo Freire, importantes nomes deste segmento que buscaram melhorias na oferta da educação básica bem antes da linha do tempo que elenquei no início deste texto, as discussões que seguem atualmente chegaram a um estágio no qual vislumbramos um caminho que, em sua totalidade, é expansivo e vindouro e com rumos ainda a serem definidos nos próximos anos.

A Base Nacional Comum Curricular e a reforma do ensino médio são fundamentais, mas é imprescindível que sejam desenvolvidas atendendo a prazos, pois, se não determinarmos um período de execução efetiva, a discussão prosseguirá e poderá acontecer por décadas, estabelecendo trilhos, e não trilhas de melhoria em relação ao ensino médio.

Financiabilidade

No âmbito da financiabilidade, um debate nacional também surgiu, em 2016, no tocante à adequação de gastos públicos para a redução de déficit fiscal, por meio da proposta de teto para os gastos públicos a ser estabelecido pelo governo federal, que poderia conduzir a um "engessamento" de alguns setores fundamentais, em especial a educação básica. Reconheço o esforço para conter gastos e melhorar a situação fiscal do país, estados e municípios. Entretanto, devemos analisar o quadro atual e elencar algumas considerações.

Os números do último levantamento do Instituto Brasileiro de Geografia e Estatística (IBGE) revelam oscilações referentes ao acesso à educação e à permanência nos sistemas de ensino em diferentes idades, em especial com uma redução progressiva que acontece a partir do ensino médio. É preciso, portanto, equilibrar esse quadro em médio prazo e, caso a aplicação de recursos diminua ou permaneça estática, encontraremos mais dificuldades no processo para redução de desigualdades, principalmente no âmbito da educação básica, em que se insere o ensino médio. Portanto, mesmo com as necessárias melhorias na gestão dos recursos por parte dos entes federativos, se não tivermos a revisão e a apresentação de novas fontes de financiamento, o futuro da educação pode ser mais sombrio do que o presente, comprometendo as indicações positivas da nova lei do ensino médio.

Os debates sobre o financiamento da educação também nos remetem ao Fundo de Manutenção e Desenvolvimento da Educação Básica e de Valorização dos Profissionais da Educação (Fundeb) e à compreensão equivocada de que os recursos direcionados a todos os estados são procedentes de tributos federais. Diferentemente do que se entende no senso comum, o Fundeb, na maioria dos estados, não recebe recursos federais. O fundo destinado ao Rio de Janeiro, por exemplo, é financiado majoritariamente pelo ICMS do estado. Essa transferência estadual é a principal fonte de receita dos municípios do Rio de Janeiro para as políticas de educação infantil e ensino fundamental. Em 2016, os recursos da arrecadação de ICMS repassados ao fundo que não foram revertidos diretamente à rede estadual chegaram a cerca de R$ 3 bilhões.

Esse montante representa 87% do valor que o estado gastou somente com a folha de pagamento dos servidores estaduais ativos da educação em 2015, que foi de R$ 3,5 bilhões. Ou seja, as despesas de pessoal consomem 100% dos valores recebidos do Fundeb – quando o limite mínimo estabelecido pela legislação do fundo é de 60% –, havendo, ainda, necessidade de complementação de recursos do Tesouro estadual para a efetiva quitação desses gastos.

A diferença entre o que estados como o Rio de Janeiro repassam ao Fundeb e o que recebem de volta para investir na rede estadual de ensino é chamada de "perda do Fundeb". Ao passo que, para grande parte dos municípios, existe o "ganho do Fundeb" – que é representado pela diferença entre o que contribui para o fundo e o que recebe de volta –, com percentuais significativos, em alguns casos superiores a 100%. É evidente que o governo do estado do Rio de Janeiro gostaria de contar com mais recursos para investimento em sua rede de ensino, assim como também é evidente que muitos municípios fluminenses dependem da atual forma de redistribuição dos recursos do fundo para implementar melhorias na educação. No entanto, quando observamos que alguns municípios ricos, como o Rio de Janeiro, obtiveram, em 2015, um "ganho do Fundeb" de 224%, torna-se inequívoca a necessidade do debate do sistema vigente com a consequente discussão da redistribuição de recursos para a educação e a ampliação de aportes complementares e perenes por parte do governo federal.

Somadas a essas dificuldades, a importante e necessária ampliação da oferta de vagas nas creches públicas gera outro reflexo que não pode ser desconsiderado: aumenta-se o denominador de alunos e entes que compartilham os mesmos recursos do Fundeb sem que haja alteração no numerador desta equação. Ou seja, cada vez mais cidadãos e administradores dos estados e municípios disputam as mesmas verbas e continuarão impingindo prazos maiores de aposentadoria, pisos mais elevados aos municípios, basicamente custeados por estados que estão à míngua.

Assim como o ensino médio, o desenho do financiamento à educação pública – tão bem-sucedido na universalização do ensino fundamental após a Constituição de 1988 – precisa ser reformado. Para que a vitória daqueles que almejam uma educação de qualidade para os jovens brasileiros não se torne mais uma lei classificada como "letra morta", é fundamental que a reforma do ensino médio traga consigo também os caminhos para colocar esse projeto verdadeiramente de pé, e que se responda a uma questão fundamental: haverá um novo imposto ou fonte com recursos significativos e permanentes destinados a financiar um fundo reservado para este fim? Esta pergunta não pode ficar sem resposta, já que as propostas sem o equacionamento financeiro podem não levar ao importante resultado esperado por todos.

Em um processo de debates sobre as prioridades para aplicação dos recursos públicos, a educação é um dos maiores investimentos que podemos empreender para as novas e futuras gerações. Afinal, assim estabeleceremos os alicerces para uma sociedade mais justa e equilibrada e, fundamentalmente, atingiremos patamares de competitividade em âmbito internacional. É importante, também, definir novos sistemas de avaliação das políticas de educação, que alguns especialistas consideram ineficientes e pouco transparentes para determinados programas. Assim, a partir de análises mais detalhadas, poderemos saber quão efetivas são essas iniciativas, quais impactos acarretam no universo da educação e, com isso, poderemos eventualmente reorientá-las.

Ranking do Ideb

A elaboração deste texto tem me permitido abordar questões que, como gestor da área de educação, tenho a obrigação de analisar e colocar em pauta constantemente. Uma das metas traçadas e que pretendemos alcançar refere-se ao aumento do Índice de Desenvolvimento da Educação Básica (Ideb). Desde 2005, a rede estadual de ensino do Rio de Janeiro tem subido posições. No período de 2005 a 2009, a nota do Rio de Janeiro no Ideb era 2,8. Em 2011, obteve a 15ª colocação no *ranking* do ensino médio, subindo 11 posições em relação ao ano anterior (aumento de 15% no índice). No Ideb 2009, o Rio era o 26º colocado, porém, em 2011, obteve uma melhora significativa em fluxo escolar, alcançando a segunda posição no Brasil. No Ideb 2013, a rede estadual de ensino obteve a terceira melhor nota (3,66) no *ranking*. Assim como em 2011, subiu 11 posições na classificação, saindo de 15º, em 2011, para a quarta posição, em 2013. Os colégios estaduais superaram a meta estabelecida pelo Ministério da Educação, visto que o Ideb estimado para a rede foi de 3,66 (a meta para 2015 era 3,7 e para 2013, 3,3). Já no Ideb 2015, o estado ficou entre as quatro melhores notas (São Paulo e Pernambuco, primeiro e segundo lugares, respectivamente, tiveram o mesmo índice, portanto, o 5º lugar foi ocupado pelo Rio de Janeiro), apresentando um dos melhores rendimentos entre os estados brasileiros. Em relação a 2013, não houve avanço nem recuo, mantendo-se em 3,6.

De acordo com o MEC, desde 2009, a rede estadual do Rio de Janeiro foi a que apresentou o maior crescimento do país: 16 pontos percentuais, o que representou um avanço de 21 posições no *ranking* das redes estaduais e o segundo maior crescimento no índice nacional, ficando em 2015 com a quarta melhor nota no ensino médio, ao lado do Paraná, e como quinto lugar na classificação.

Em 2016, a questão da fórmula do cálculo do Ideb – que deixou de ser um mecanismo meramente de avaliação do desempenho das escolas e das atividades pedagógicas – tornou-se um processo que, por vezes, leva a um melhor gerenciamento de planilhas, e também incitou as secretarias de Educação de todo o país, escolas, professores, alunos, entre outros, a refletir esse modelo e o ranqueamento.

Hoje, no cálculo do Ideb, o componente fluxo escolar, dimensão essencial para avaliar e monitorar a evasão, é preponderante, ou seja, assume na composição do índice, enquanto variável que penaliza a nota média padronizada, por sua vez em função do desempenho nos testes de língua portuguesa e matemática, um efeito que impacta fortemente na sua variação. Em outras palavras, alguns estados ou municípios que trabalham para controlar melhor o fluxo, muitas vezes podem assumir melhores posições no *ranking*, sofrendo críticas daqueles que estão melhorando atividades e resultados pedagógicos.

Recentemente, em 2017, o governo federal sacramentou a não formulação de *rankings* para o Exame Nacional do Ensino Médio (Enem). No entanto, existem movimentos contrários a essa decisão. Por mais que isso não seja um indicativo para medir a qualidade das escolas e que haja instituições privadas manipulando a questão do resultado do Enem para fins de ranqueamento, com a criação de turmas específicas, muitos pais (e jovens) acompanham o desempenho das escolas comparativamente em regiões e, em função desse resultado, decidem onde estudarão seus filhos.

Considero que o anúncio de não publicar o ranqueamento do Enem é equivocado por não decodificar algo que, essencialmente, é destinado aos pais que acompanham seus filhos. No Brasil, grande parte das pessoas acha que ranquear ou apresentar resultados é negativo, o que é inverídico. No entanto, é preciso ter critérios precisos para melhor avaliação dessas notas quando separadas por redes de ensino (públicas e privadas) e estados. Em 2016, por exemplo, ao divulgar o *ranking* das unidades escolares do Enem 2015, o Instituto Nacional de Estudos e Pesquisas Educacionais Anísio Teixeira (Inep) cometeu um equívoco e excluiu uma enorme quantidade de institutos, escolas técnicas e centros federais de educação no Brasil.

Diante dessa expectativa, enviei um ofício ao Inep questionando a supressão dos resultados do Enem de diversas unidades da rede estadual fluminense, como as escolas da Faetec e seus institutos e unidades da rede federal (IFF e IFRJ), localizados no Rio de Janeiro, em especial aquelas relacionadas a escolas técnicas com ensino integrado.

A medida não foi apenas com o intuito de acertar, mas, sobretudo, porque o Plano Nacional de Educação dá ao MEC e ao Inep a responsabilidade de auxiliar as redes na análise do cumprimento das metas, por meio da publicação de dados. As informações e os indicadores são fundamentais para embasar o trabalho dos demais entes federativos, de tal modo que a falta delas de forma pormenorizada, acessível e clara limita os gestores de implementarem políticas públicas com base em evidências, com vistas à qualidade educacional.

Pensando em outros aspectos, a exclusão das notas dessas escolas poderia gerar uma interrupção improdutiva na série histórica de acompanhamento, comparação e monitoramento da qualidade de ensino no estado do Rio de Janeiro, afetando a comparabilidade do indicador com os resultados de anos anteriores.

No princípio da física, alguns vetores, se não estiverem alinhados na mesma direção, nem sempre chegam à mesma resultante. A educação caminha nesse sentido. Existe uma série de ações importantíssimas que têm objetivos e podem seguir em sentidos contrários. Essas reflexões, por mais que as metas sejam pertinentes, claras e concretas, muitas vezes não trabalham promovendo o melhor alinhamento dos vetores consequentes.

Nos últimos anos, apesar de alguns indicadores ainda não adequados, aconteceram avanços importantes e positivos em relação à educação do Brasil. Por mais que existam críticos em alguns segmentos, é preciso continuar avançando de maneira prática e pragmática. O MEC tem se feito presente e sido sensível a esse movimento de busca pela melhoria gradativa, que não é restrita somente à categoria dos educadores e profissionais da área. A sociedade brasileira já compreendeu que a educação é o único processo, o mais óbvio e decisivo na mudança e na evolução do nosso país.

6. A Base Nacional Comum Curricular e a reforma do ensino médio: o contexto de transição e as condições de implementação nas escolas brasileiras

Joaquim José Soares Neto*
Elianice Silva Castro**

Com a definição de uma Base Nacional Comum Curricular (BNCC), certamente vivenciamos um momento de transição na educação brasileira que almeja, em médio e longo prazo, contribuir para a melhoria da qualidade do ensino em todo o país, indicando com clareza o que se espera que os estudantes aprendam na educação básica. A base comum anseia, ainda, ser um mecanismo que contribua para a promoção da equidade nos sistemas de ensino e ao direito de aprendizagem a todos os estudantes de todas as unidades da Federação, independentemente da sua localização ou esfera administrativa (Brasil, 2017).

Como posto, além de garantir uma referência comum obrigatória a todas as escolas, a BNCC orientará a revisão e elaboração dos currículos nos estados e municípios, garantindo, sobretudo, que a autonomia assegurada a eles pela Constituição seja intangível. Desse modo, a base definida pelo Ministério da Educação (MEC) será

---
* Professor titular da Universidade de Brasília (UnB) e membro da Câmara de Educação Superior do Conselho Nacional de Educação (CNE). Doutor pela Aarhus University e pós-doutor pelo California Institute of Technology.
** Supervisora de produção de relatórios técnico-pedagógicos da Coordenação de Instrumentos de Avaliação e Certificação do Centro Brasileiro de Pesquisa em Avaliação e Seleção e de Promoção de Eventos (Cebraspe). Doutoranda pelo Programa de Pós-Graduação em Desenvolvimento, Sociedade e Cooperação Internacional (PPGDSCI) pelo Centro de Estudos Avançados Multidisciplinares (Ceam) da UnB.

o ponto de referência de uma educação de qualidade, que trará a definição dos objetivos esperados para que os estudantes de todo o país alcancem. Já os currículos, que devem ser construídos pelos entes da Federação, representam como ou quais estratégias a serem adotadas para que se alcancem os objetivos propostos pela BNCC.

Ao fazer essa indicação precisa de quais competências os alunos devem desenvolver e os conteúdos essenciais para seu desenvolvimento, a base dará, às escolas e aos professores, clareza sobre o que os estudantes devem aprender e como e em que contextos devem ser capazes de mobilizar esses aprendizados, contribuindo, assim, para a melhoria do desempenho em avaliações nacionais e internacionais, garantindo que os estudantes aprenderam os conteúdos definidos para sua etapa escolar e estejam aptos para enfrentar, com êxito, os desafios do mundo contemporâneo.

Faz-se importante contextualizar que a BNCC tem previsão legal desde a Constituição de 1988, que orienta, no art. 210, que "serão fixados conteúdos mínimos para o ensino fundamental, de maneira a assegurar formação básica comum e respeito aos valores culturais e artísticos, nacionais e regionais" (Brasil, 1988). Reforçada em 1996, por meio da promulgação da Lei de Diretrizes e Bases (LDB), no inciso IV de seu art. 9º, em que afirma o papel da União de estabelecer um regime de colaboração com os estados, o Distrito Federal e os municípios, "as competências e diretrizes para a educação infantil, o ensino fundamental e o ensino médio, que nortearão os currículos e seus conteúdos mínimos, de modo a assegurar formação básica comum" (Brasil, 1996). Em 2014, alicerçado a essas mudanças, o Plano Nacional de Educação (PNE) também retoma a necessidade de uma base curricular comum no Brasil, já na sua finalidade:

> estabelecer e implantar, mediante pactuação interfederativa [União, estados, Distrito Federal e municípios], diretrizes pedagógicas para a educação básica e a base nacional comum dos currículos, com direitos e objetivos de aprendizagem e desenvolvimento dos(as) alunos(as) para cada ano do ensino fundamental e médio, respeitadas as diversidades regional, estadual e local [Brasil, 2014].

Os estados da Federação, em parceria com os municípios e a União, como previsto pelo PNE, deverão estabelecer um cronograma de implementação das alterações no primeiro ano letivo subsequente à data de publicação da BNCC e iniciar o processo de implementação conforme o referido cronograma a partir do segundo ano letivo subsequente à data da homologação da Base Nacional Comum. No entanto, ainda não há previsão para conclusão da base para o ensino médio, apenas para o ensino fundamental e educação infantil, já que o CNE deve finalizar seu parecer ainda em 2017.

A BNCC para o ensino médio definirá os direitos e objetivos de aprendizagem para os estudantes concluintes da educação básica, conforme diretrizes do Conselho Nacional de Educação (CNE) e por itinerários formativos, nas seguintes áreas de conhecimento de: linguagens e suas tecnologias; matemática e suas tecnologias; ciências da natureza e suas tecnologias; ciências humanas e sociais aplicadas; e formação técnica e profissional.

Tanto os currículos quanto os itinerários formativos deverão ser organizados por meio da oferta de diferentes arranjos curriculares, conforme a relevância para o contexto local e a possibilidade dos sistemas de ensino. Considerando, ainda, a integração de projetos e pesquisas envolvendo os temas transversais, definidos atualmente pela LDB, e que os currículos voltados para esse segmento de ensino devem também considerar a formação integral do estudante, de maneira a dotar um trabalho voltado para a construção do seu projeto de vida e sua formação nos aspectos físicos, cognitivos e socioemocionais (Brasil, 2017).

Diante desse contexto de transformações da educação brasileira, destaca-se o papel fundamental que o PNE assume não só para a implementação da BNCC, mas para a reforma do ensino médio, que igualmente é prevista na sua Estratégia 3.1:

> institucionalizar programa nacional de *renovação do ensino médio*, a fim de incentivar práticas pedagógicas com abordagens interdisciplinares estruturadas pela relação entre teoria e prática, por meio

de currículos escolares que organizem, de maneira flexível e diversificada, conteúdos obrigatórios e eletivos articulados em dimensões como ciência, trabalho, linguagens, tecnologia, cultura e esporte, *garantindo-se a aquisição de equipamentos e laboratórios*, a produção de material didático específico, a formação continuada de professores e a articulação com instituições acadêmicas, esportivas e culturais [MEC, 2014:22, grifo do autor].

Contextualizando, o ensino médio representa a última etapa da educação básica, o que faz com que, idealmente, seja frequentado por jovens de 15 a 17 anos. Em 2016, de acordo com dados do Censo Escolar, das 48,8 milhões de matrículas existentes na educação básica brasileira, apenas 8,1 milhões (16,6%) estavam vinculadas ao ensino médio.

Baseado nesse baixo percentual de matrículas para esse segmento de ensino, o PNE, como tentativa de reverter esse panorama, também estabelece a meta 3: "Universalizar, até 2016, o atendimento escolar para toda a população de 15 (quinze) a 17 (dezessete) anos e elevar, até o final do período de vigência deste PNE, a taxa líquida de matrículas no ensino médio para 85%". Analisando os dados do Censo Escolar de 2016, verificamos que a universalização desse segmento de ensino ainda não é uma realidade no Brasil, uma vez que a taxa de frequência escolar por idade (15 a 17 anos) no período de 1997 a 2015 cresceu expressivamente, mas ainda não superou os 93% para os jovens de 15 anos, 87,4% para a faixa etária de 16 anos e 74,3% para os estudantes concluintes de 17 anos (Brasil, 2014).

Complementando a análise do alcance da meta de universalização do ensino médio, identificamos que, no Brasil, 2,8 milhões da população com faixa etária entre quatro e 17 anos encontra-se desassistida da educação básica. Especificamente, a população de 15 a 17 anos representa cerca de 53% desse quantitativo, isto é, em torno de 1,5 milhão de jovens está fora do ensino médio. Com relação à elevação da taxa líquida de matrícula, os dados do Censo Escolar também revelam que, em 2015, alcançamos o patamar de

62,7% de estudantes de 15 a 17 anos matriculados no ensino médio, o que representa um número bem distante da meta prevista de 85% até 2024. Uma das possíveis justificativas para esse modesto percentual da taxa líquida de matrícula do ensino médio é uma consequência, na verdade, da sua posição conclusiva do ciclo de etapas da educação básica e da sua estrutura de oferta. Como representante da última etapa, todos os problemas advindos das etapas anteriores se tornam condicionantes para o acesso dos estudantes ao ensino médio e determinantes para a permanência e o sucesso escolar. Analisando os dados de distorção idade-série da educação básica em 2016, os anos iniciais já apresentam um percentual de 12,4% de estudantes matriculados fora da idade prevista. No entanto, para os anos finais do ensino fundamental, esse percentual mais que duplica, chegando a 26,3%. Consequentemente, para o ensino médio, esses percentuais de distorção alcançam o maior valor, 28%, o que representa mais de 2 milhões de estudantes cursando o ensino médio fora da faixa etária idealizada.

Esse aumento expressivo da distorção idade-série, especialmente para o ensino médio, pode estar associado a uma necessidade de maior articulação regulatória e de cooperação federativa/redistributiva da União, visto que a educação básica depende de um fluxo escolar regular e qualificado de estudantes, iniciando na educação infantil, passando pelo ensino fundamental (cuja gestão de ambas as etapas é majoritariamente feita pelos municípios) e, deste, encontrem-se aptos para o ensino médio (cuja gestão está obrigatoriamente a cargo dos estados, que em 2016 representavam 68,1% das escolas ofertantes do ensino médio). O PNE, nessa perspectiva, se mostra um plano robusto para a consolidação de um acordo nacional que reduza as lacunas de articulação entre os entes federativos no campo da política pública educacional. Avançando no contexto de implementação da reforma do ensino médio, o PNE também se destaca ao identificar que "um plano de educação no Brasil, hoje, implica assumir compromissos com o esforço contínuo de eliminação de desigualdades que são históricas no País".

Assim, todas as metas estão focadas prioritariamente na superação das barreiras de acesso e permanência; nas desigualdades educacionais com foco nas especificidades; na formação para o trabalho; e no exercício da cidadania.

A concepção teórica da busca pela superação das desigualdades educacionais parte do conceito de igualdade, que pode ser definido como uma medida de resultado, ou seja, em um contexto educacional em que todas as escolas/estudantes têm condições de obter resultados de aprendizagem semelhantes, independentemente de suas características sociodemográficas, como etnia, gênero, nível socioeconômico, entre outros, não são aceitáveis resultados discrepantes. Portanto, tudo aquilo que difere desse nível de aprendizado adequado é considerado desigual, e é nesse sentido que a desigualdade precisa ser compreendida.

Em busca da igualdade de resultados, é necessário garantir a oportunidade de acesso a recursos e processos escolares de modo igualitário. Pois condições diferentes devem exigir ações e esforços diferentes para que todos tenham condições de alcançar os resultados de modo igualitário. Partindo desse princípio, insere-se o conceito de equidade, que está relacionado ao desenvolvimento do processo de ensino-aprendizagem em condições igualitárias, considerando, ainda, a aplicação dos conceitos de justiça e inclusão (Karino, 2016).

E é nessa perspectiva que o MEC apresenta a proposta de reforma do ensino médio (Lei nº 13.415/2017), que traz como mudanças basilares a ampliação da carga e a reestruturação do currículo. Desde a LDB, em 1996, a carga horária mínima anual dessa etapa da educação básica, assim como do ensino fundamental, era de 800 horas, distribuídas por um mínimo de 200 dias efetivos de trabalho escolar. Com a nova lei, fica descrito no seu inciso I que essa carga horária deverá ser ampliada, de forma progressiva, para 1.400 horas, devendo os sistemas de ensino oferecer, no prazo máximo de cinco anos, pelo menos mil horas anuais de carga horária, a partir de 2 de março de 2017 (Brasil, 2017).

Ainda fica instituída, no seu art. 13, a política de Fomento à Implementação de Escolas de Ensino Médio em Tempo Integral, que prevê o repasse de recursos do MEC para os estados e o Distrito Federal, pelo prazo de 10 anos, por escola, contado da data de início da implementação do novo ensino médio integral, de acordo com termo de compromisso a ser formalizado entre as partes, que deverá conter, no mínimo: I - identificação e delimitação das ações a serem financiadas; II - metas quantitativas; III - cronograma de execução físico-financeira; e IV - previsão de início e fim de execução das ações e da conclusão das etapas ou fases programadas.

Diante do contexto de implementação da reforma do ensino médio no país, fica evidente que a educação em tempo integral para esse segmento de ensino, aliada ao aumento expressivo da carga horária, demandará das organizações escolares um maior esforço de realização/cumprimento dos currículos. Analisando os dados do Censo Escolar, identificamos que, em 2016, apenas 6,4% das matrículas do ensino médio eram ofertadas em tempo integral, o que representa o grande desafio de implementação dessa meta.

Nesse sentido, pensando no contexto das escolas brasileiras, em especial nas de ensino médio, fica exposta a necessidade de um contexto apropriado para que, de fato, seja possível oferecer um ensino em tempo integral. A primeira recomendação para que isso se torne possível é integrá-las numa abordagem sistêmica de transformação da educação, mas com uma forte ação afirmativa, ou seja, dando mais recursos, atraindo os melhores professores e investindo mais em infraestrutura, justamente para as escolas que mais necessitam desse apoio (Costin, 2017).

Enfim, trabalhar na implementação de políticas públicas e, sobretudo, com a reforma do ensino médio, considerando toda essa complexidade que é o mundo da educação, é um custo elevado para a sociedade, pois são necessários recursos, foco e planejamento. Nessa perspectiva, começa-se a se falar e dar condições para que seja promovido um contexto educacional equitativo, analisando a realidade das escolas de ensino médio brasileiras e dando uma maior assistência para aquelas que, de fato, se encontram em uma posição desfavorecida, seja por falta de infraestrutura ou de recursos humanos.

A infraestrutura escolar tem sido amplamente debatida como um dos fatores intraescolares que, juntamente com a condição socioeconômica (fator extraescolar), mais podem estar relacionados com o desempenho dos alunos. Parte-se do pressuposto, assim como no estudo de Neto e colaboradores (2013), de que existe uma grande fonte de variação no desempenho entre as escolas brasileiras, sendo essa variação consequência de questões como as grandes desigualdades regionais e a inexistência de um sistema educacional equitativo.

Nesse sentido, de acordo com Neto e colaboradores (2013:7), analisando a infraestrutura escolar é possível realizar estudos com os fatores associados ao desempenho, pois a realidade das escolas parece ser um retrato mais preciso do seu nível socioeconômico do que o nível socioeconômico médio dos alunos que a frequentam. Assim, em 2013, Neto e colaboradores desenvolveram um indicador de infraestrutura escolar com a intenção de avaliar a existência ou não de determinados elementos da infraestrutura escolar, não cabendo uma avaliação da qualidade desses elementos (Neto et al., 2013:9).

Nessa escala, cada uma das escolas recebe uma "proficiência" em infraestrutura, sendo esse valor interpretável, ou seja, cada escore nessa escala tem um significado, um sentido objetivo. Assim, os autores destacam ser possível contribuir para verificar os padrões de infraestrutura escolar de forma objetiva e categorizar as escolas brasileiras em quatro níveis de uma escala, de acordo com suas estruturas físicas (Neto et al., 2013).

Essa escala de infraestrutura varia de zero a 100, em que proficiências maiores que zero e menores que 50 classificam as escolas em elementares; valor igual ou maior que 50 e menor que 60 indica uma infraestrutura básica; valor igual ou superior a 60 e menor que 70 classifica como escola com infraestrutura adequada; e proficiências maiores ou iguais a 70 mostram escolas com uma infraestrutura avançada.

Esse indicador pode ser considerado um bom sinalizador do contexto desigual de onde ocorre o processo de ensino-aprendizagem. E contribui para uma relevante análise da realidade das escolas brasileiras e o planejamento de políticas públicas para a melhoria das condições físicas das instituições de ensino do país, identificando a infraestrutura como uma variável intraescolar com alto poder explicativo sobre o desempenho. Estudos demonstram que as condições físicas e o ambiente da escola são variáveis que impactam no desempenho escolar em todas as regiões brasileiras, e que há uma forte correlação entre infraestrutura e nível socioeconômico (Barbosa e Fernandes, 2001; Castro, 2014).

Foi constatada pelo estudo da infraestrutura escolar brasileira a inexistência de um sistema educacional equitativo, uma vez que 44,5% das escolas possuem apenas infraestrutura elementar e que grande parte delas está na área rural e nas regiões Norte e Nordeste do país. Faz-se importante destacar que as escolas categorizadas nesse nível da escala de infraestrutura possuem apenas elementos fundamentais para o funcionamento, como água, sanitário, energia, esgoto e cozinha. Embora esses aspectos realmente sejam considerados elementares, nenhum deles pode ser identificado como específico do ambiente escolar e que subsidie um processo de ensino-aprendizagem de qualidade.

Já na extremidade oposta da escala, tem-se apenas 0,6% das escolas que apresentam uma infraestrutura avançada, isto é, que contam com uma infraestrutura escolar mais robusta e mais próxima do ideal de ambiente educacional. Para esse grupo, é possível identificar, além dos itens presentes nos níveis anteriores da escala, a existência de laboratório de ciências e dependências adequadas para atender estudantes com necessidades especiais.

Esses resultados demonstram o quanto ainda é preciso avançar para proporcionar aos estudantes um ambiente escolar com infraestrutura adequada aos propósitos de uma educação, especialmente a pública, de qualidade e equitativa. Reconhecer a infraestrutura como uma das variáveis de processo que melhor podem oferecer condições equitativas para que a aprendizagem ocorra permite analisar o contexto atual da realidade brasileira de desigualdade, sobretudo para o ensino médio.

Analisando especificamente os resultados do indicador de infraestrutura desenvolvido por Neto e colaboradores utilizando os dados do Censo Escolar de 2011 a 2014, em uma perspectiva de série histórica para as escolas de ensino médio, identificamos que a infraestrutura evoluiu muito pouco no decorrer desses quatro anos, apenas 0,6 ponto na escala, saindo de 59,5 pontos para 60,1 pontos. Embora esse crescimento tenha sido discreto, foi o suficiente para reclassificar os níveis das escolas desse segmento de ensino em nível nacional, saindo da categoria de escolas básicas para o nível adequado.

Se observarmos esses mesmos dados, fazendo comparações com as regiões brasileiras, também fica destacado que as escolas do Norte e do Nordeste apresentam uma infraestrutura muito mais frágil, sendo todas as escolas de ensino médio categorizadas ao longo da série histórica no nível básico, ou seja, elas mantêm o mesmo padrão. Por mais que estejam sendo feitos investimentos, o padrão de infraestrutura básica não está mudando, diferentemente das outras regiões, onde, em geral, as escolas se concentram no nível adequado.

É importante destacar que escolas que apresentam um nível de infraestrutura básica possuem como diferencial, além dos itens descritos no nível elementar, sala de diretoria e equipamentos como televisão, DVD, computadores e impressora. Já as escolas de infraestrutura adequada apresentam, além dos itens descritos nos níveis elementar e básico, sala de professores, biblioteca, laboratório de informática, quadra esportiva, copiadora e acesso à internet.

Dando sequência nas análises dessa escala, agora por unidade da Federação, identificamos que, no estado do Paraná, as escolas, em média, apresentam um melhor padrão em termos de infraestrutura, classificado como adequado. A grande maioria dos estados das regiões Norte e Nordeste é classificada com uma infraestrutura básica, isto é, apresenta escolas mais frágeis, com exceção do Rio Grande do Norte, Rondônia, Ceará, Sergipe, Alagoas e Mato Grosso. Outro aspecto relevante a ser destacado é a diferença da pontuação do estado com melhor proficiência (Paraná, com 63,79) e o de menor proficiência (Acre, com 54,24), de 9,55 pontos na escala, evidenciando, mais uma vez, o quanto são desiguais os contextos educacionais no Brasil.

Comparando o nível de infraestrutura das escolas de ensino fundamental e médio, é perceptível que as de nível médio estão em melhores condições que as do fundamental, uma vez que, em 2011, o ensino fundamental apresentava uma infraestrutura elementar e o ensino médio, básica. Talvez essa justificativa da desigualdade entre um segmento de ensino e outro esteja relacionada ao fato de que as escolas de ensino médio precisam de melhor estrutura, uma vez que os níveis de complexidade dos conteúdos vão progredindo, e é nesse aspecto que precisamos ter atenção com a proposta de reforma para esse segmento de ensino.

As escolas do ensino fundamental, em 2011, apresentavam uma infraestrutura escolar elementar (48,12 pontos), alcançando, em 2014, o nível básico (51,01). Contudo, observa-se que o crescimento ainda é pouco expressivo. Em contrapartida, as escolas de ensino médio saem de um nível de classificação básica (59,33), em 2011, para o nível adequado (60,21 pontos) em 2014, mas também com um crescimento muito discreto.

Fazendo essa mesma análise da infraestrutura escolar com foco na dependência administrativa, ou seja, escolas públicas e privadas, a diferença na realidade das condições físicas entre ambas é intuitiva. Ou seja, mais uma vez fica evidente que a infraestrutura escolar para o novo ensino médio, concomitante com a aplicação dos conteúdos previstos pela BNCC, não é condizente com a realidade das escolas públicas brasileiras que, desde 2011, permanecem estagnadas no nível básico da escala de infraestrutura. Em contrapartida, as escolas privadas, desde 2011 permanecem no nível adequado. Lembrando que apenas as escolas do nível adequado já apresentam laboratórios e quadra esportiva em sua estrutura escolar.

Embora exista diferença entre as escolas públicas e privadas, não podemos desconsiderar que a diferença das proficiências de ambas, na escala de infraestrutura, não é muito díspar. Isto significa que, em 2014, a variação da pontuação entre as escolas públicas

(60,2 pontos) e privadas (61,0 pontos) foi de apenas 0,8 ponto na escala, o que tem se mantido como um padrão se analisarmos esses dados pela série histórica, na qual constatamos que, desde 2011, essa diferença nunca ultrapassou 1,5 ponto. Esses dados indicam que, embora a pontuação seja determinante para classificação das duas esferas administrativas em níveis diferentes, a realidade de ambas pode ser considerada semelhante e estagnada, sem investimentos e evolução ao longo dos anos. Resultado que se torna um aspecto preocupante, visto que é esperado para as escolas privadas, sobretudo de ensino médio, em detrimento dos seus provimentos orçamentários, realidades de infraestrutura escolar superiores (laboratórios de ciências, informática e quadra de esportes) às das escolas públicas.

Fazendo essa mesma análise também por localização das escolas de ensino médio, constatamos realidade bem semelhante, em que as escolas urbanas são classificadas como adequadas, desde 2011, e as rurais, como básicas, na mesma série histórica. No entanto, as diferenças entre as pontuações na escala de infraestrutura das duas esferas escolares são bem desiguais, com uma variação de 5,9 pontos na escala, em 2014. E isso embora as escolas rurais tenham apresentado uma evolução mais expressiva em relação às urbanas desde 2014, saindo de 53,6 pontos, em 2011, para 54,9 pontos.

É importante destacar que, em 2016, tínhamos 95,6% dos 8 milhões de estudantes do ensino médio frequentando escolas urbanas e que o percentual de escolas localizadas nas áreas rurais representa 10,2% das 28,3 mil que oferecem o ensino médio no Brasil. Devido a esse baixo percentual de matrículas, as escolas rurais são caracterizadas como de pequeno porte, aspecto relevante e bem discutido na literatura de escolas eficazes, em que se parte do princípio de que as de pequeno porte se encontram em situação de desigualdade em relação às de grande porte, em especial com relação à infraestrutura, por não conseguirem oferecer todos os recursos necessários para uma educação de qualidade, como laboratórios (principalmente para o módulo da formação técnica e profissional e para áreas de ciências da natureza e suas tecnologias) e quadra de esportes. Essas escolas ainda contam com alguns problemas que precisam ser discutidos se a perspectiva é termos uma educação equitativa para o ensino médio, que são as distâncias em que elas se encontram e a dificuldade de atrair professores para essas áreas.

Aprofundando um pouco mais as análises, agora comparando as escolas de ensino médio que possuem laboratórios de ciências e de informática, independentemente da sua localização ou dependência administrativa, identifica-se que a média das escolas na escala de infraestrutura que não possuem laboratórios é menor em relação à média das que possuem laboratórios. A média na escala, em 2014, das escolas que não possuíam laboratório de informática era de 55,3 pontos, ou seja, qualificadas com uma infraestrutura básica; já as que possuíam laboratório de informática obtiveram uma média de 61,2 pontos, elevando sua classificação para o nível adequado.

Observa-se pelas médias de classificação que a realidade de ambas as escolas é bem distinta. Embora tenham sido classificadas com uma infraestrutura básica, cerca de 18% das escolas de ensino médio não possuem laboratório de informática, segundo os dados do Censo Escolar de 2016. Diante dessa realidade, devemos nos questionar: como ensinar informática sem laboratório de informática? Como desenvolver itinerários de formação profissional sem esse tipo de recurso? Fica evidente a necessidade de um grande investimento, não só para que tenham esses laboratórios, mas para que também sejam disponibilizados recursos à manutenção desses laboratórios, para que eles estejam em condições de uso e representem, de fato, as novas tecnologias absorvidas pelo mercado de trabalho.

Fazendo a mesma análise para aquelas que possuem laboratório de ciências, a realidade é bem semelhante, em que a média na escala, em 2014, das escolas que não possuíam laboratório de ciências era de 58,1 pontos, ou seja, também qualificadas com uma infraestrutura básica. Já as escolas que possuíam laboratório de ciências apresentaram uma média de 63,0 pontos, sendo sua classificação como adequada. Então, precisamos discutir se, na perspectiva da proposta de reforma, em que temos um itinerário específico para o ensino de ciências da natureza, nessas escolas em que não há laboratórios de ciências, esse itinerário não será ofertado? Esse itinerário será ofertado apenas para um grupo de pessoas que, normalmente, como já discutimos, está localizado nas áreas urbanas e que frequenta escolas privadas?

Todo esse panorama faz com que identifiquemos que as escolas sem laboratórios apresentam sempre uma infraestrutura mais frágil em relação às que os possuem, o que estabelece um padrão muito desigual entre elas e, consequentemente, para o tipo de formação dos estudantes em relação ao tipo de escola que frequentam. Diante desse contexto, percebemos o quanto será necessário um grande investimento nas escolas brasileiras e que ele deve ser direcionado a grupos específicos de instituições de ensino para que, no longo prazo, de fato haja uma diminuição das desigualdades educacionais.

Relacionando esses resultados da escala de infraestrutura com um resultado de indicadores de nível socioeconômico, que, no caso, é um dos fatores extraescolares que mais apresentaram valor explicativo para o desempenho dos estudantes, identificamos que as escolas com infraestrutura mais frágil são aquelas que têm maiores percentuais de alunos beneficiários do Programa Bolsa Família. É preciso destacar que assumimos, para essa análise, que o nível socioeconômico das escolas seria mais bem representado pelo percentual de alunos beneficiários do Bolsa Família que as escolas tinham matriculados em 2011. Corroborando mais uma vez que a realidade desigual existe nos nossos contextos educativos, uma vez que os alunos mais pobres, das famílias pobres ou muito pobres estão tendo acesso a uma escola muito ruim, do ponto de vista de infraestrutura.

Como posto, as desigualdades entre as realidades das escolas brasileiras, em especial as relacionadas à infraestrutura escolar, refletem no desempenho dos estudantes, em avaliações em larga escala. Pesquisas relacionadas aos fatores associados ao desempenho escolar demonstram, por exemplo, que os resultados dos estudantes do ensino fundamental em avaliações externas, como a Prova Brasil, apresentam uma correlação alta com a infraestrutura das escolas. Obviamente, as inferências feitas a partir dessas análises precisam ter muita robustez, uma vez que não são admitidas conclusões de que a causa do mau desempenho dos estudantes seja apenas a falta de uma boa infraestrutura, mas que sejam consideradas todas as variáveis e a complexidade relacionada aos contextos educacionais para que a questão da desigualdade também seja refletida e associada a esses resultados.

Identificamos que, para haver um avanço da educação após a implementação da BNCC, todas as escolas devem ter um padrão de infraestrutura sem muita variabilidade, uma infraestrutura mínima que conte com itens essenciais ao desenvolvimento dos itinerários formativos previstos para o ensino médio, como laboratórios de informática e de ciências, para que os estudantes tenham acesso a uma base comum e que, ao final do ensino médio, todos tenham tido igualdade de oportunidades. Finalizando, compreendemos ser necessário esse esforço nacional, político e de gestão para implementação da reforma do ensino médio e da BNCC, assim como das universidades, em busca de uma compreensão conceitual e teórica, para que tenhamos condições de desenhar políticas públicas com muito mais direcionamento e objetividade e consigamos superar os contextos desiguais que atualmente são oferecidos aos nossos estudantes.

Referências

BARBOSA, M. E. F.; FERNANDES, C. A escola brasileira faz diferença? Uma investigação dos efeitos da escola na proficiência em matemática dos alunos da 4ª série. In: FRANCO, C. (Org.). *Avaliação, ciclos e promoção na educação*. Porto Alegre: Artes Médicas, 2001.

BRASIL. *Constituição da República Federativa do Brasil (1988)*. Brasília, DF: Senado Federal, 1988. Disponível em: <http://www.planalto.gov.br/ccivil_03/constituicao/constituicaocompilado.htm>.

_____. Lei nº 9.394, de 20 de dezembro de 1996. Estabelece as diretrizes e bases da educação nacional. *Diário Oficial da União*, Brasília, 23 de dezembro de 1996. Disponível em: <http://www.planalto.gov.br/ccivil_03/Leis/L9394.htm>.

____. Lei nº 13.005, de 25 de junho de 2014. Aprova o Plano Nacional de Educação – PNE e dá outras providências. *Diário Oficial da União*, Brasília, 26 de junho de 2014. Disponível em: <http://www.planalto.gov.br/ccivil_03/_ato2011-2014/2014/lei/l13005.htm>.

____. Lei nº 13.415, de 16 de fevereiro de 2017. Altera as Leis nºs 9.394, de 20 de dezembro de 1996, que estabelece as diretrizes e bases da educação nacional, e 11.494, de 20 de junho 2007, que regulamenta o Fundo de Manutenção e Desenvolvimento da Educação Básica e de Valorização dos Profissionais da Educação, a Consolidação das Leis do Trabalho – CLT, aprovada pelo Decreto-Lei nº 5.452, de 1º de maio de 1943, e o Decreto-Lei nº 236, de 28 de fevereiro de 1967; revoga a Lei nº 11.161, de 5 de agosto de 2005; e institui a Política de Fomento à Implementação de Escolas de Ensino Médio em Tempo Integral. *Diário Oficial da União*, Brasília, 17 de fevereiro de 2017. Disponível em: <http://www.planalto.gov.br/ccivil_03/_ato2015-2018/2017/lei/L13415.htm>.

____. *Base Nacional Comum Curricular*. Brasília, DF: Ministério da Educação. Disponível em: <http://basenacionalcomum.mec.gov.br/perguntas-frequentes>.

____. Ministério da Educação. *Planejando a próxima década*: conhecendo as 20 metas do Plano Nacional de Educação. Brasília: MEC, 2014.

CASTRO, E. S. *Estudo do resultado na Prova Brasil de 2011 das escolas com estudantes beneficiários do Programa Bolsa Família*. 2014. 120 f. Dissertação (Mestrado em Desenvolvimento, Sociedade e Cooperação Internacional). Centro de Estudos Avançados Multidisciplinares, Universidade de Brasília, Brasília.

COSTIN, C. *Nas escolas em áreas violentas, é possível educar os alunos?* São Paulo: Folha de São Paulo, 2017.

KARINO, C. A. *Avaliação da igualdade, equidade e eficácia no sistema educacional brasileiro*. Tese (Doutorado em Psicologia Social, do Trabalho e das Organizações). Universidade de Brasília, Brasília, 2016.

NETO, J. J. S.; JESUS, G. R.; KARINO, C. A.; ANDRADE, D. F. Uma escala para medir a infraestrutura escolar. *Estudos em Avaliação Educacional*, São Paulo, v. 24, n. 54, p. 78-99, jan./abr. 2013.

7. Reflexos da reforma do ensino médio na gestão das redes estaduais

Dorinha Seabra Rezende*

Gostaria de lembrar como nasceu a Lei nº 13.415/2017. A lei da reforma do ensino médio nasceu de um projeto de lei específico (PL nº 6.840/2013) de autoria do deputado federal Reginaldo Lopes (PT-MG) com o nome "Ensino Médio Integral". Foi assim que começou, em 2012. Durante três anos, foi realizado o trabalho da comissão especial, que promoveu várias audiências públicas com a participação de diversas entidades ligadas à educação, que foram convidadas para falar sobre o ensino médio integral. Participaram instituições como o Conselho Nacional dos Secretários Estaduais de Educação (Consed), União Nacional dos Dirigentes Municipais de Educação (Undime), União Nacional dos Estudantes (UNE), Unesco e diferentes fundações. O debate aconteceu de maneira focada na ideia do ensino médio integral.

Mas esse projeto de lei não prestou ao seu objetivo, não se colocou verdadeiramente sobre a reformulação do ensino médio, apesar de ter nascido com essa proposta e ter sido trabalhado como ensino médio integral. Mesmo assim, a comissão continuou a fazer seu trabalho.

Após o período de debates e com pouco avanço para melhorar o texto, o relatório foi aprovado apenas com as presenças do presidente da comissão, deputado Reginaldo Lopes, e do relator, deputado Wilson Filho. Não havia mais ninguém na comissão por não concordar com o que estava sendo votado. Vale ressaltar que essa proposição também poderia ter sido apreciada no mesmo perío-

---

* Deputada federal (DEM-TO). Graduada em pedagogia, especializada em alfabetização e mestra em educação escolar brasileira pela Universidade Federal de Goiás (UFG).

do em que havia a discussão sobre o Plano Nacional de Educação (PNE), pois os debates ocorreram paralelamente. Assim como o PNE, esse projeto poderia ter sido levado ao plenário para apreciação, o que não ocorreu. A partir da preocupação de algumas entidades, entre elas o Consed, foi iniciado um novo debate sobre a matéria.

Houve uma discussão, uma rediscussão, e um envolvimento maior, com a realização de seminários focados sobre o assunto. O envolvimento foi tamanho que, na participação do Consed na audiência pública da comissão especial que já debatia a Medida Provisória nº 746, da reforma do ensino médio, no fim de 2016, a entidade pontuou que o texto da MP guardava semelhança, em mais de 90%, daquele que ficou aprovado no parecer do PL nº 6.840/2013.

Embora eu não tenha defendido a Medida Provisória propriamente dita, é importante frisar que o assunto da reformulação do ensino médio não surgiu de forma repentina. Há anos a Câmara dos Deputados vinha debatendo o assunto, antes mesmo da comissão especial do PL nº 6.840/2013, mas o apelo social foi maior somente durante os debates da MP nº 746.

Foram vários os momentos em que, nas audiências da comissão especial da MP nº 746, representantes de entidades expuseram que determinados aspectos do texto da medida provisória deveriam ter sido discutidos com a comunidade educacional, mas foi esquecido o fato de que muito do que constava no texto já havia sido debatido na comissão do PL nº 6.830/2013, e com baixa participação das entidades.

Durante as audiências da comissão da MP nº 746, questionei publicamente onde estavam essas entidades que não participaram dos debates do projeto de lei. Os convites foram feitos. Onde a academia esteve? Onde a pesquisa e a Anped estiveram? Onde todos estiveram? Porque foram várias audiências públicas para debater o ensino médio, mas a maioria, esvaziada.

A pouca participação não aconteceu somente nesse momento. Isso acontece com frequência. Atualmente, sou relatora da Proposta de Emenda Constitucional nº 15/2015, que torna permanente o Fundo Nacional de Desenvolvimento da Educação Básica e de Valorização dos Profissionais da Educação, o Fundeb. Estão sendo realizadas audiências públicas semanalmente e, na maioria das vezes, a participação, inclusive de parlamentares, é muito pequena. Muitas vezes, as únicas presenças nas reuniões são o presidente da comissão, um ou dois deputados e eu. As entidades não se preocupam e não acompanham o trabalho do Legislativo. E lá é um lugar em que uma questão que está em debate há cinco, 10 anos, pode ser atropelada pela chegada de uma medida provisória, que nem passa pelas comissões e é votada. E vira lei. Foi o que aconteceu com essa proposta do ensino médio. E, da mesma forma como ocorreu em relação aos debates do PL da reformulação do ensino médio, poderá chegar o momento em que a comunidade educacional desperte e questione a falta de participação na discussão sobre a PEC do Fundeb. Infelizmente, fica demonstrado que as entidades não se preocupam e também não acompanham.

Um fator importante a ser destacado é que tudo o que foi e que ainda está sendo debatido tem a ver com o cumprimento do Plano Nacional de Educação. Não podemos permitir que o PNE seja um instrumento de ficção científica. Com todos os avanços e tudo o que a sociedade gostaria que constasse nessa lei e ainda não está por uma série de motivos, mesmo ainda havendo críticas em relação ao seu contexto, o PNE foi pactuado. Todo e qualquer gestor tem uma responsabilidade pública em relação a esse documento. Ele veio de uma série de consultas, foi legitimamente debatido, votado e aprovado e, hoje, seu cumprimento é nossa principal tarefa enquanto educadores.

Sabe-se que o PNE tem algumas questões vinculadas com a reforma do ensino médio. Fui autora da emenda que trouxe de volta para o texto da reforma o debate sobre a Base Nacional Comum Curricular. Ela havia sido retirada do texto porque várias entidades ligadas à educação entendiam que não precisaria haver uma base nacional, que isso poderia tirar a autonomia das escolas, sendo que, na verdade, temos avaliações nacionais que mostram o contrário. Então eu não tiro a autonomia do estudante do Acre, do Tocantins ou de São Paulo quando ele é avaliado igual, mas tiro quando digo o que deve ser trabalhado de maneira igual e garantido a todos?

Creio que falta um pouco de bom senso quanto a essa justificativa. Como é que se pode fazer uma avaliação nacional se não pode ter uma base nacional porque está tirando a autonomia e a liberdade de ensinar? A base é importante e fará a diferença. Ela terá de ser trabalhada e absorvida pelos sistemas de ensino com seus currículos, que muitos municípios ainda não têm. Muitos estados, até pouco tempo, não tinham e hoje já estão em processo de construção das suas bases curriculares. Aos poucos, tudo vem sendo articulado para ser colocado em prática.

O Plano Nacional de Educação tem diferentes metas para atendimento, cobertura, comercialização, qualidade e política nacional de formação de professores. Existe um conjunto a ser respeitado, e isso independe de em qual governo ele foi elaborado. O PNE foi construído pela sociedade. Foi no voto, ganhamos aqui, perdemos ali, houve concessões. Enfim, o PNE foi construído com a colaboração de diversas mãos.

Não podemos esquecer que, quando falamos do custo aluno qualidade (CAQ), a referência é o padrão de escola que o país precisa. O que podemos chamar de uma boa escola? Se chamamos determinado espaço de escola, estamos garantindo um padrão. E qual é esse padrão? Quanto custa uma boa escola? Quanto de investimento tem de haver dos estados, dos municípios e da União para garantir esse padrão? O que tem de ter numa sala de aula para ela ser considerada sala de aula? Como tem de ser o banheiro? O que é preciso ter nessa escola para garantir a qualidade? É um parâmetro que precisa ser definido para que paremos de ver crianças estudando em casebres alugados ou debaixo das árvores, pois esta realidade ainda existe no Brasil.

Além disso, sempre é muito incômodo ver manchetes de jornais dizendo que a escola pública continua ruim e as escolas privadas vão muito bem. Isso porque são comparações injustas, uma vez que não é possível cobrar resultados iguais para condições diferentes. Devemos trabalhar diferentemente para que, dentro dessas diferenças, consigamos garantir condições de trabalho iguais.

Eu, particularmente, participei de vários embates na comissão especial durante a votação do PNE para garantir a complementação financeira da União no custo aluno qualidade. Continuo brigando por isso até hoje, momento em que o Ministério da Educação está sob a gestão de uma pessoa do meu partido. Isso não quer dizer que eu tenha de agir diferente. Sempre defendi que educação tem de ser tratada como prioridade e de forma suprapartidária.

Tenho uma grande expectativa em relação ao custo aluno qualidade e vou trabalhar ao máximo o novo Fundeb amarrado com a ideia do CAQ, dos insumos e da estrutura necessários para sua implementação. São temas que estão diretamente conectados. Que estrutura precisamos ter para podermos chamar de carreira do magistério?

Quanto à medida provisória da reforma do ensino médio, talvez haja alguns problemas de redação, abordagem e coerência, pois foram reunidas emendas frutos de acordos com parlamentares para que determinados textos fossem aprovados. É por isso que os itinerários formativos ora tinham um nome, ora tinham outro.

Outro ponto da MP que é necessário ressaltar é quanto ao ensino médio noturno, uma vez que recebeu pouca atenção tanto do PL nº 6.830/2013 quanto da medida provisória. É preciso lembrar que, em algumas cidades brasileiras, o ensino médio que existe é apenas noturno, pois durante o dia o espaço da escola é utilizado por estudantes do ensino fundamental. Esta é a realidade do Brasil. O ensino noturno existe por diferentes razões: seja pela distorção idade/série, seja porque a escola é utilizada durante o dia por outra etapa da educação básica, seja porque o jovem trabalha de dia e só tem a noite para estudar.

O ensino médio noturno é um direito, e não adianta dizer que se gostaria que no país não houvesse ensino médio noturno porque ele é uma realidade, e não podemos ter uma escola de primeira linha durante o dia e uma de segunda linha à noite. É preciso pensar, portanto, no que vamos fazer com o ensino médio noturno. Qual é o desenho que os itinerários vão ter? Como vou garantir diferentes itinerários para que os alunos escolham? A flexibilização do currículo é um risco, mas também uma vantagem, pois oferece a oportunidade de criar itinerários diferentes.

Mas o que se pode fazer naquelas cidades com uma única escola? Como garantir diferentes itinerários para que os alunos escolham? Ou eles serão escolhidos? Em muitas cidades, faltam professores de várias áreas de ensino. Isso pode levar o gestor a oferecer o itinerário de acordo com o quadro que ele tem, seja por comodismo ou falta de opção. Ele vai continuar com a escola que já tem porque não vê condições de seguir por um novo caminho se ela não possui laboratório, estrutura física e profissional formado.

Tudo isso alarga a tarefa do Conselho Nacional de Educação em relação à regulamentação, e também a dos conselhos estaduais porque se, por um lado, o gestor tem a oportunidade de flexibilização, por outro, temos responsabilidade para que isso não aumente ainda mais a desigualdade entre os pequenos municípios e estados e as escolas mais pobres, que não têm laboratório nem profissionais de diferentes áreas.

A grande preocupação nossa, no Congresso, é com o itinerário integrado, que foi a saída que encontramos para as pequenas cidades em que só existe uma escola. Se dermos a opção para o aluno seguir diferentes itinerários, dando chance para ele escolher que caminho e que escola quer, o que fazer nas cidades em que só existe uma escola? É preciso que o sistema possa construir um itinerário que consiga agregar para que o estudante não seja prejudicado. Para que ele tenha acesso a um itinerário que lhe dê condições de competição. Para que ele tenha condição de formação. Para que a desigualdade não seja ampliada.

O currículo do ensino médio precisa urgentemente de reformulação. Atualmente, essa etapa da educação básica tem 13 disciplinas diferentes e ainda tramitam no Congresso Nacional mais de 600 projetos de lei criando mais matérias. Determinar quais disciplinas deve ter no ensino médio não é tarefa do Congresso.

Por isso houve a preocupação de transferir o debate sobre a Base Nacional Comum para o Conselho Nacional de Educação, pois é lá que se trata de disciplinas. Os gestores estaduais e municipais têm de pensar em como equilibrar o mínimo da base curricular para garantir equidade e uniformidade. Necessário também pensar no plano de formação de professores, porque não adianta reformular o ensino médio se não se repensar a formação docente. Os nossos professores têm uma formação obsoleta para atuar na escola do século XXI e que também não atende a nova da proposta da base que estamos construindo. Tudo deve ser adequado à nova realidade. É um processo normal, e os professores não são os culpados. Eles são formados com o que lhes é ofertado, e nós temos a responsabilidade de promover essa nova adequação.

Se eu fosse gestora, faria um plano de investimento e adequação na minha rede de ensino, com oferta de diferentes itinerários, para montar uma estrutura sólida e sem modismo. E isso seria construído por adesão, porque nem todas as escolas de ensino médio têm de ser em tempo integral. Quem disse que para uma escola ser boa precisa ser em tempo integral?

Um aspecto negativo abordado na medida provisória foi tratar o texto do ensino integral junto com o assunto financiamento. Houve uma estratégia de financiamento temporário, com o prazo de três anos para a mudança do ensino médio para integral, e que poderia ser cancelado a qualquer tempo. Na comissão especial, conseguimos alterar para, pelo menos, 10 anos de apoio financeiro da União para essa adequação, já que nenhum sistema faz mudança estrutural dessa envergadura numa promessa de apenas três anos.

Investimento, para ser indutor, tem de ter tempo de duração para conseguir o que está sendo proposto. E a MP é uma indutora de mudanças que depende, em grande parte, dos sistemas estaduais, do Conselho Nacional de Educação e de financiamento duradouro.

8. Repensando o ensino médio no Brasil

Claudia Costin*

Na última edição do Pisa, avaliação internacional de qualidade da educação organizada pela OCDE da qual o Brasil participa desde 2000, o país não se saiu bem. Depois de sermos saudados como o país que mais avançara em matemática de 2003 a 2012, ficamos claramente estagnados, num patamar muito ruim de desempenho. Entre 70 economias, posicionamo-nos em 66º lugar em matemática, 59º em leitura e interpretação de textos e 63º em ciências, o foco da avaliação de 2015.

Este resultado deplorável, num certame que enfatiza competências e não demandas curriculares para jovens de 15 anos, tem seu paralelo nas avaliações que o próprio país faz. De acordo com dados da Prova Brasil, os alunos do 9º ano têm mostrado desempenho insatisfatório em matemática, embora com pequenos avanços no período recente, enquanto os do 3º ano do ensino médio vêm caindo de patamar de desempenho, como ilustrado no gráfico 1.

---

* Diretora do Centro de Excelência e Inovação em Políticas Educacionais (Ceipe/FGV-Ebape), ex-secretária municipal de Educação do Rio de Janeiro, professora da Ebape e ex-diretora global de Educação do Banco Mundial.

GRÁFICO 1
Evolução dos resultados do Brasil no Saeb (2005-2015)
Proficiências médias em matemática

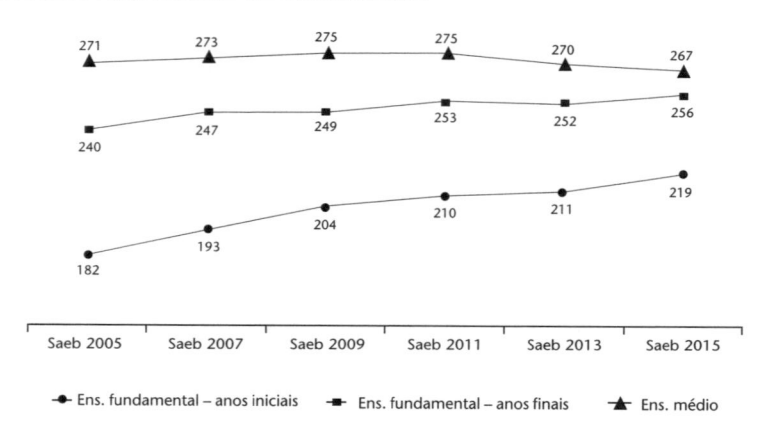

	Saeb 2005	Saeb 2007	Saeb 2009	Saeb 2011	Saeb 2013	Saeb 2015
Ens. médio	271	273	275	275	270	267
Ens. fundamental – anos finais	240	247	249	253	252	256
Ens. fundamental – anos iniciais	182	193	204	210	211	219

Fonte: Inep.

Infelizmente, o fenômeno descrito por organizações como a ONU e o Banco Mundial sobre a chamada crise mundial de aprendizagem – em que as crianças e adolescentes estão, em números crescentes, na escola, mas não estão aprendendo – ocorre também no Brasil. Sim, há uma evolução visível, porém não suficiente, no desempenho dos anos iniciais e finais do ensino fundamental, mas isso não se converte em melhora no ensino médio.

Neste contexto, o que deve ser feito? Este é o tema deste artigo, que pretende olhar para a experiência internacional e para as pesquisas recentes sobre o que funciona em educação com vistas a sugerir aperfeiçoamentos em políticas educacionais que enfrentem o problema, pensando mais especificamente no ensino médio.

Para isso, é importante entender que, a despeito de apresentar problemas estruturais próprios, o ensino médio colhe o resultado das fragilidades de aprendizagem das etapas anteriores. Em outros termos, quando 83% dos alunos ao final do 9º ano contam com aprendizagem inadequada em matemática, o ensino médio certamente começa com dificuldades acrescidas.

Neste sentido, qualquer reforma do ensino médio que deixe de endereçar as falhas que se acumulam nas etapas anteriores de escolaridade será ineficiente e excludente. Outra dificuldade que se constrói ao longo da vida escolar de crianças e jovens é a defasagem idade-série, que resulta de três fatores: entrada tardia no ensino fundamental; altas taxas de repetição; e abandono escolar seguido de reingresso.

O perigo de não lidar com esta importante questão é a inadequação do processo e dos materiais de ensino a faixas etárias mais elevadas, o que leva ao desinteresse do aluno, problemas na socialização com os colegas e o risco acrescido de evasão escolar quando o jovem passa dos 18 anos, especialmente se ele repetir um ano nesta etapa.

É importante também observar que a conclusão do ensino médio traz consequências importantes que transcendem a realização do direito do jovem. Há um impacto positivo na renda do trabalho, no acesso a empregos e na interrupção da transmissão intergeracional de pobreza, acabando com um ciclo vicioso e excludente que vai de encontro aos nossos princípios constitucionais de direito à educação e à justiça. A taxa de conclusão do ensino médio aos 19 anos é de somente 58,5% – apesar de ser 17,1 pontos percentuais superior à de 2005, ela não tem avançado nos últimos anos. Nesse mesmo período, a taxa de jovens que não estudam nem trabalham aumentou entre aqueles que não concluíram o ensino fundamental até a faixa dos 16 anos (de 19% para 22,2%) e entre os que não terminaram o ensino médio até 19 anos (24,5% para 35,5%).

Problemas específicos desta etapa de escolaridade

O ensino médio no Brasil padece inicialmente de um problema de acesso. A taxa de escolarização bruta é de 83,5% (2015), mas a líquida, que considera as matrículas na faixa de idade adequada para a etapa, é de 56,9%. Ou seja, muitos alunos que completam o ensino fundamental não se matriculam no médio e outros tantos sequer concluem o 9º ano.

Aqueles que se matriculam se deparam com um curso essencialmente propedêutico ou preparatório para o acesso ao curso superior, sem diversificação de trajetórias e contando com cerca de 13 disciplinas (em alguns casos, dadas pressões corporativistas, mais do que isso) oferecidas em uma carga horária média de quatro horas. Mesmo dentro de cada matéria, o conteúdo que se pretende cobrir é enciclopédico, inviabilizando com isso o desenvolvimento de competências e mesmo a possibilidade de fomentar reflexão crítica, criatividade ou aplicação de conceitos aprendidos na solução de problemas complexos, esses que são, de acordo com a pesquisa existente, os responsáveis pela geração de riquezas para o indivíduo e para a sociedade, como exposto pelo recente relatório publicado pelo Banco Mundial intitulado *Learning: to realize education's promise* (Aprender: para realizar a promessa da educação, tradução livre).

Um dos quesitos em que os estudantes brasileiros se saíram pior no Pisa de 2015 na área de ciências foi exatamente o de aplicar conceitos em problemas científicos e saber pensar cientificamente. Mas o pior é que estas habilidades se associam a competências fundamentais para poder atuar com chances de sucesso no século XXI: pensar e resolver problemas de forma criativa utilizando conceitos de cada área de conhecimento.

O currículo é basicamente definido pelo Enem e por livros didáticos que, em muitos casos, acabam fornecendo o plano de aula. Nestas condições desfavoráveis, não é de se estranhar que o desempenho dos alunos no Pisa e na Prova Brasil apresente tantos problemas.

Acrescente-se a esta rápida análise o ensino médio profissional. Concebido como uma alternativa que profissionaliza, especialmente para atender aqueles jovens que não desejam cursar o ensino superior ou gostariam de fazê-lo já aptos a trabalhar numa área que escolheram, ele acaba não cumprindo sua função por diversas razões que evidenciam a fragilidade no desenho da política pública.

A primeira é que, dada a obrigatoriedade de cursar pelo menos 13 disciplinas, além do conteúdo profissionalizante, há uma fragmentação dos saberes transmitidos ainda maior do que no ensino médio regular, dificultando o desenvolvimento de competências e a profissionalização pretendida. Além disso, como nas escolas públicas que oferecem ensino profissional há uma prova de entrada, o acesso acaba restrito a alunos mais preparados, em boa parte de classe média e que almejam, por meio de um ensino gratuito mais forte, dada a fragilidade das demais escolas públicas, serem admitidos no ensino superior em áreas que em nada se relacionam à especialidade cursada. Evidentemente, a escolha não é equivocada em nível individual, mas o desenho do processo de acesso sugere uma falha da política pública.

Some-se a isso a desconexão entre a profissionalização oferecida e as demandas atuais e futuras do mundo do trabalho, assim como o fato de que há uma exigência de licenciatura e concurso público para ministrar aulas nestes cursos, para entender por que, salvo algumas exceções, como o Sesi e a Fatec, muitos dos cursos técnicos têm pouco contribuído para preparar futuros profissionais.

Mas há também problemas presentes no ensino médio que não se restringem ao que ocorre nos três anos (ou, por vezes, quatro) em que o aluno frequenta o curso, seja regular ou profissional. Dizem respeito basicamente à inadequação do sequenciamento do currículo entre as etapas de escolaridade, inclusive as transições de uma para a outra, formação inicial ou continuada insuficiente dos professores, estrutura escolar insatisfatória para a faixa etária e etapa de ensino e processo de instrução pouco efetivo. Logo adiante, proponho algumas soluções para esses desafios.

Dificuldades a serem enfrentadas para melhorar a aprendizagem nas diferentes etapas da educação básica

Embora o Brasil possua, desde 1997, os Parâmetros Curriculares Nacionais, o país não conta ainda com um currículo ou com um conjunto sólido de diretrizes curriculares nacionais, como os países que se colocam entre as melhores posições no Pisa. Por conta disso, os direitos de aprendizagem de crianças e jovens não ficam claros e os professores se ressentem de uma falta de sequenciamento no desenvolvimento das competências que a escola deve desenvolver.

Por conta disso, estabeleceu-se na Lei de Diretrizes e Bases (LDB, art. 26) e no Plano Nacional de Educação que o país iria elaborar uma Base Nacional Comum Curricular, "a ser complementada, em cada sistema de ensino e em cada estabelecimento escolar, por uma parte diversificada, exigida pelas características regionais e locais da sociedade, da cultura, da economia e dos educandos". Em outros termos, a base será posteriormente traduzida em currículos subnacionais e escolares.

Como o processo ainda se encontra em andamento, não se pode ter clareza do que deve ser ensinado em cada etapa, particularmente no ensino médio. Na falta desse importante instrumento para assegurar qualidade e equidade à educação, as definições acabam vindo das avaliações externas, como a Prova Brasil e o Enem, assim como dos livros didáticos, numa clara inversão do processo.

Além disso, as transições de uma etapa de escolaridade a outra não são bem cuidadas. A passagem da pré-escola para o ensino fundamental é repleta de desafios, visto que a ênfase no brincar, importante para a primeira, é muitas vezes implementada de forma dissociada da intencionalidade pedagógica que a deve acompanhar, assim como do seu importante papel no nivelamento de diferenças de origem socioeconômica no desempenho escolar futuro. Quando a criança de meios mais vulneráveis entra no ensino fundamental, seu vocabulário e seu acesso à cultura letrada ainda são bastante limitados. A transição do fundamental I para o II ocorre numa idade precoce, dado que a Lei de Diretrizes e Bases de 1971 suprimiu o antigo 5º ano e, com isso, passou a criança de ainda 11 anos para a realidade de professores especialistas, com uma formação muito centrada em áreas de conhecimento e pouca exposição à dimensão estritamente pedagógica (seja geral ou pedagogias específicas da área que ensina).

Some-se a isso o fato de, dada a fragilidade do processo de alfabetização nos anos iniciais, muitas vezes a criança chegar ao fundamental II ainda não alfabetizada. Isso, numa etapa da escolaridade em que não há mais professores alfabetizadores. É complicado ter um professor responsável por desenvolver proficiências no fundamental II quando nem todos os alunos possuem o letramento básico em língua portuguesa e matemática. Nesse contexto, o professor especialista se vê em uma encruzilhada no momento em que ele não domina completamente a pedagogia da alfabetização e tem a responsabilidade de gerenciar a sala de modo a que todos os alunos aprendam.

Outra importante transição é do ensino fundamental II ao ensino médio. O despreparo em escrita e em matemática cobra seu preço aqui. Como vimos acima, cerca de 83% dos alunos do fundamental II não têm conhecimento adequado na matéria, o que vai impactar as aprendizagens não apenas na área, mas também em outras disciplinas, em especial química e física. Além disso, o fato de que muitos professores do fundamental I e II não trabalham com redação leva a que a urgência do desenvolvimento desta competência, dada a proximidade do Enem, que inclui a produção textual, traz imensa dificuldade aos docentes desta etapa ao terem de iniciar o processo. Ninguém realmente pode esperar que um aluno desenvolva essa competência sem que haja um trabalho contínuo de aprendizagem sobre gêneros textuais, leitura, escrita e interpretação de texto durante *todo* o ensino básico e em *todas* as áreas do saber.

Outra dificuldade presente em diferentes etapas de escolaridade relaciona-se à baixa atratividade da carreira e à fragilidade na formação inicial e continuada dos professores. Os salários competem mal com o salário pago a outras profissões de igual escolaridade, as condições de trabalho são desafiadoras e a reduzida carga horária (de cada contrato) faz com que a função seja percebida por muitos como uma atividade quase filantrópica, desprofissionalizada. A evolução na carreira faz-se apenas por tempo em serviço e mestrado e doutorado, e desconsidera o desempenho na profissão e realizações do mestre. Além disso, a pouca ênfase na prática do professor em sua formação inicial não se resolve com um estágio rápido e sequer é complementado no início da carreira com tutoria de um professor mais experiente.

A formação em serviço é limitada, muitas vezes, a palestras motivacionais e cursos tão teóricos quanto o que o professor recebeu na Faculdade de Educação ou nas licenciaturas. A dissociação com a prática profissional é também presente nesta modalidade de formação. Pouco ou nada se relaciona com o fazer cotidiano do professor. Em outras palavras, a transposição didática de um professor é uma das armas mais importantes para garantir a aprendizagem do aluno, mas, infelizmente, como citado, é pouco trabalhada durante sua formação inicial ou continuada.

Para completar, os concursos públicos de seleção de docentes demandam também, e sobretudo, teoria e conhecimento de leis, como se pudéssemos avaliar competências para ensinar apenas numa prova escrita. Observe-se que as universidades públicas incluem prova didática para selecionar professores. Para a educação básica, poucos utilizam este expediente.

A estrutura física, a organização dos horários e a cultura escolar tampouco ajudam a proporcionar um bom ambiente de aprendizagem. Salas lotadas, sem climatização, carteiras enfileiradas, são apenas alguns dos problemas das escolas. Infelizmente, ainda replicamos um modelo de educação do século XX não somente na forma como trabalhamos o currículo e a formação do professor, mas também na forma como organizamos e gerenciamos as escolas. Adicionalmente, a inadequação dos prédios para a faixa etária também contribui para prejudicar a aprendizagem. Numa escola para adolescentes, é fundamental termos espaços de socialização que permitam agrupamento de jovens por áreas de interesse, como clubes de ciências, de teatro ou artes, não necessariamente conduzidos como aulas e, sim, sob a direção dos próprios jovens.

Em outras palavras, a escola deve ser redesenhada para que eles possam desenvolver seu protagonismo e sua autonomia com responsabilização. São necessárias, para qualquer faixa etária, bibliotecas escolares que incluam laboratórios de informática funcionando em tempo integral para os alunos, bem como salas de professores que permitam tanto trabalho coletivo quanto individual. Por fim, quadras desportivas e grêmios estudantis também são necessários porque, para que o jovem acredite que é capaz de realizar seus sonhos, ele precisa fazer e concretizar. A confiança que o aluno tem sobre si tem de ser construída por meio do fazer na escola já que, infelizmente, nem todo jovem tem oportunidade de experimentar e desenvolver competências com responsabilização fora do espaço público oferecido por essa instituição democrática e secular.

Finalmente, parcialmente como consequência do que foi escrito acima, o processo de instrução é inadequado, com pouco tempo concentrado em atividades de aprendizagem e uma interação aluno-professor frágil, que não envolve a turma e não permite identificar exatamente o que os alunos aprenderam e o que ainda não está avançando.

Algumas soluções deveriam ser consideradas, como:
1. Tornar a carreira atrativa, em termos tanto salariais quanto de carga horária, de progressão, de condições de trabalho e de respeitabilidade social.
2. Profissionalizar a atividade, tornando os contratos de tempo integral para os cursos regulares e definindo referenciais claros para a formação e prática docentes.
3. Incluir prova didática em todos os concursos públicos para professor.
4. Avançar na implantação da Base Nacional Comum Curricular, completando a parte relativa a ensino médio e traduzindo a BNCC em currículos.
5. Favorecer a prática colaborativa do corpo de professores de cada escola, incluindo o preparo conjunto de planos de aula e avaliações.
6. Preparar materiais de apoio para os professores na forma de cadernos curriculares e conteúdos digitais a serem trabalhados em aula ou atividades para casa.

7. Avaliar a aprendizagem dos alunos de forma sistemática tanto em nível nacional quanto subnacional e fornecer informações para os professores, diretores de escolas e gestores de rede sobre o desempenho de suas turmas, escolas e sistemas.
8. Criar sistemas de reforço escolar estruturados para alunos que estão defasados ou precisam de ajudas adicionais, especialmente na entrada para o ensino médio, evitando assim o fracasso e abandono escolar no 1º ano.
9. Adequar a estrutura escolar para a faixa etária, com salas organizadas para uma aula mais interativa, biblioteca escolar, equipamentos de lazer próprios à fase em que a criança ou o adolescente se encontra.
10. Criar um clima escolar saudável, mediante gestão em que tanto alunos quanto professores se sintam integrados e com espaço para sugerir, com chances de sucesso, ideias para o aprimoramento do processo de ensino-aprendizagem.

Propostas recentes de reforma do ensino médio

Há muitos anos vêm sendo discutidas reformas para o ensino médio. O consenso a respeito do excesso de disciplinas, da falta de uma proposta de ensino adequada à juventude do século XXI e da reduzida carga horária tem marcado o debate sobre esta etapa de escolaridade. No entanto, o que tem trazido um sentido de urgência para a transformação é o baixíssimo e estagnado índice de desempenho, medido pelo Ideb, num ensino médio que ainda padece de problemas de acesso e de evasão escolar importantes.

Quando os secretários de Educação reunidos no Consed decidiram propor a redução do número de matérias obrigatórias e a construção de trajetórias educacionais alternativas, sucessivos ministros da Educação apoiaram a iniciativa, que logo se tornou projeto de lei. O problema veio quando, logo depois de um processo doloroso de *impeachment*, decidiu-se passar a proposta por medida provisória, sem discussão com professores e alunos e acrescentando a ela a extensão da jornada escolar para tempo integral. A proposta, posteriormente convertida em lei, gerou, na época, grande insatisfação, seja por contrariar interesses corporativos, seja por ser associada a um governo com problemas de legitimidade. Escolas foram invadidas por estudantes que se sentiram excluídos das discussões e a sociedade foi bombardeada com informações sobre o limitado interesse em se ensinar artes, filosofia ou sociologia.

A Lei nº 13.415, de 16 de fevereiro de 2017, mantém a proposta incluída na medida provisória de flexibilização da grade curricular, o que deve permitir que o aluno escolha a área de conhecimento em que deseja aprofundar seus estudos. A nova estrutura terá uma parte comum e obrigatória a todas as escolas, que será definida na BNCC, e outra parte flexível, a partir de itinerários formativos distintos, a saber: 1) linguagens e suas tecnologias; 2) matemática e suas tecnologias; 3) ciências da natureza e suas tecnologias; 4) ciências humanas e sociais aplicadas; 5) formação técnica e profissional.

As escolas, pela reforma, não são obrigadas a oferecer aos alunos todas as cinco áreas, mas deverão ofertar ao menos um dos itinerários acima. Pela lei, a carga horária será distribuída de forma que 60% sejam ocupadas obrigatoriamente por conteúdos comuns da BNCC, enquanto as demais 40% serão optativas, conforme a oferta da escola e o interesse do aluno.

A lei apresenta, também, uma meta de ampliação da carga horária para, pelo menos, mil horas anuais e posteriormente chegar a 1.400 horas para as escolas do ensino médio. Elas devem ampliar a carga horária para cinco horas diárias – atualmente são obrigatórias quatro horas por dia. A intenção é que, progressivamente, amplie-se a carga horária para sete horas diárias, a fim de ofertar educação em tempo integral. Para viabilizar essa ampliação, a lei estabelece apoio financeiro do governo federal.

A implantação da reforma dependerá da aprovação da parte relativa ao ensino médio na BNCC, prevista para 2018. Como se trata de um ano eleitoral, é possível prever algumas nuvens escuras no caminho da aprovação da base, e as chances de os sistemas se prepararem rapidamente para ofertar os diferentes itinerários formativos são pequenas.

Conclusão

O Brasil dispõe hoje de uma educação básica em que boa parte das crianças e jovens está na escola, mas não está aprendendo como deveria. Em parte como consequência dessa situação, o acesso ao ensino médio e, em proporção maior, ao ensino superior ainda é limitado. Além disso, a aprendizagem precária leva ao abandono escolar precoce mesmo nas etapas anteriores de escolaridade, à informalidade, à estagnação da produtividade do trabalho e ao aumento da desigualdade social. Com isso, restringe-se para os jovens a renda, a realização de sonhos e, para o país, a possibilidade de um desenvolvimento inclusivo e sustentável no longo prazo.

Resolver o problema da qualidade da educação é um imperativo ético, já que se trata do direito de todos à educação de qualidade e uma demanda da sociedade. Linda Darling-Hammond, da Universidade de Stanford, nos Estados Unidos, afirma em seu livro *The flat world and education* que, quando não se oferece educação de qualidade, constrói-se um duto que conduz alunos diretamente dos bancos escolares para os presídios.

No comentário da pesquisadora, tão forte quanto verdadeiro, fica clara a gênese da violência presente no país e que resulta da percepção da exclusão que consiste em permitir que crianças e jovens frequentem escolas, mas não que aprendam e desenvolvam todo seu potencial. A alternativa? O crime e a transmissão intergeracional da pobreza e da desesperança.

9. Potências e desafios da implementação da flexibilização

Ricardo Henriques*

A Lei nº 13.415/2017 gera confusão, mas tem elementos importantes para reestruturar o ensino médio. Nesse sentido, é importante apontar que a lei não estabelece como deve ser a implementação, uma vez que as definições ficaram a cargo dos sistemas de ensino. Tal falta de definições poderia tender a manter os problemas do ensino médio ou até mesmo os piorar. Porém, há muitos dilemas estruturais da desigualdade educacional brasileira que podem ser enfrentados com a reforma, mas não necessariamente estão contidos nos parâmetros que a proposta de lei trouxe.

Considera-se, por exemplo, que não deveria ter sido incorporada na lei a prerrogativa de expansão da escola em tempo integral porque manda uma mensagem errada sobre aquilo que são, de fato, elementos estratégicos para estruturar o ensino médio. Já em relação aos desafios de fluxo, de permanência e aprendizagem, que evidenciam a enorme desigualdade que há nesta etapa de ensino, dependendo da implementação, a reforma teria potência para reduzi-la.

Mesmo que experiências brasileiras mostrem que é possível fazer mudanças positivas de intensidade relevante em um curto espaço de tempo na escola pública, as melhorias aconteceram no ensino fundamental. No ensino médio, os meninos sequer chegam aos padrões internacionais esperados. Assim, há algo estrutural muito singular da realidade brasileira do ponto de vista da desigualdade, precisando ser enfrentado para incidir sobre ela.

---

* Superintendente executivo do Instituto Unibanco. Mestre em economia e gestão do ambiente pela Universidade do Porto (Portugal).

Sobre a desigualdade

A desigualdade educacional, que tem sua origem na desigualdade socioeconômica e na estrutura familiar, tem parâmetros estritos do ponto de vista da oferta. Ou seja, existem escolas que de modo informal produzem seletividade e acabam atraindo apenas os melhores alunos, gerando desigualdade educacional dentro do próprio território. Tendo essa estrutura em vista e somando o fato de a escola não fazer sentido para os jovens, ficam evidentes os impactos gerados e o respectivo aumento da desigualdade.

Nesse sentido, é imprescindível questionar como prevenir que a flexibilização proposta na reforma, interagindo com o grau de desigualdade social instalada na sociedade brasileira, termine por reproduzir ou converter as desigualdades sociais de origem em desigualdades educacionais e de destino formativo.

A experiência internacional tem indicado que a diversificação das trajetórias formativas no final da educação básica pode incidir de formas distintas sobre a questão das desigualdades de origem. Por um lado, ao conformar um sistema educacional diversificado, parte dos países conseguiu responder bem ao princípio de oferecer a cada um a melhor base mínima de competências e habilidades para a cidadania e, ao mesmo tempo, oferecer a todos opções ajustadas e adequadas às suas ambições, expectativas e possibilidades ao final da educação básica.

Por outro lado, em outros países, a flexibilização, ao ser implementada, gerou uma espécie de profecia autorrealizadora que conduzia os estudantes a destinos educacionais (e, posteriormente, sociais) que apenas confirmavam suas posições sociais de origem. Assim, não estava cumprindo a promessa – central, num sistema escolar democrático – de garantir que o direito à educação não estivesse comprometido pelas desigualdades de origem.

Se a experiência internacional aponta para as duas possibilidades, a questão-chave é identificar quais são os mecanismos que contribuem para a geração de efeitos do primeiro tipo, isto é, democratização do direito à educação, e quais são aqueles que contri-

A flexibilidade proposta na reforma gera expectativas

Considera-se necessário caminhar em direção à Base Nacional Comum Curricular (BNCC), pois ela tem um efeito de mitigação das desigualdades ao padronizar o que é comum. Dessa forma, trazendo o direcionamento de um conteúdo comum a todos, poderiam ser atenuadas estas desigualdades estruturais presentes na sociedade brasileira.

Por outro lado, a flexibilização tenderá a incidir sobre pertinência, relevância e aderência e, portanto, possibilitará escolhas factíveis que façam com que os jovens sintam mais motivação para começar e concluir os estudos. Porém, embora haja um relativo consenso sobre a importância de construir trajetórias formativas diversificadas para o ensino médio, não há unanimidade sobre o formato que a flexibilização deve adotar, e o texto da Lei nº 13.415 não fecha a questão, mas desloca para os conselhos estaduais de Educação a definição sobre os modos de oferta dos itinerários formativos.

Assim, haveria três possibilidades:
1. Uma diversificação com itinerários formativos *fixos*, predefinidos, nos quais o conjunto de disciplinas de cada itinerário formasse um (e apenas um) caminho de estudos para os estudantes, a partir das áreas de conhecimento afins.
2. Uma diversificação com itinerários formativos *compostos* por uma parte fixa, com disciplinas obrigatórias ligadas à ênfase do itinerário, e por uma parte flexível, que pudesse ser acionada pelo estudante com disciplinas de outras áreas/ênfases ou com disciplinas de caráter mais geral.
3. Uma diversificação com itinerários formativos totalmente *customizados* para cada estudante, a partir da construção de seu projeto de estudos no ensino médio, intimamente relacionado a um projeto de vida por ele construído.

A segunda possibilidade parece a mais sensata e contemporânea, podendo oferecer um equilíbrio entre o conviver e o fazer (categorias de Delors) dentro de uma mesma trajetória. Se o conselho escolher uma opção de qualquer trajetória possível (customizada) ou fixar radicalmente uma única trajetória, tenderá a aumentar as desigualdades.

Desenho curricular e oportunidades para rompermos uma lógica disciplinar

Contudo, ao permitir um modelo de flexibilização por estado da Federação, poderia se gerar um alto risco de acirramento de desigualdades que estaria contra a construção e consolidação de um sistema nacional de educação, como previsto no Plano Nacional de Educação (PNE). Uma possível solução é que o Conselho Nacional de Educação (CNE) estabeleça diretrizes para a diversificação dos itinerários formativos no ensino médio, criando uma base sólida para os diferentes estados. Isto é, organizar os currículos locais, a partir do que ficar definido na BNCC, desenvolvendo as competências comuns para todos (possibilitando adaptações ao contexto local) e aquelas específicas a cada trajetória.

A proposta de redesenho das trajetórias é uma oportunidade única para rompermos uma lógica disciplinar que engessa bastante a formação dos jovens no ensino médio. Entretanto, como propor uma organização curricular que, sem desconsiderar o campo epistêmico de cada disciplina, não aprisione o conhecimento em componentes curriculares estanques? O problema a ser enfrentado, no fundo, seria como desenhar, especialmente para a parte do currículo que está além da BNCC, uma arquitetura curricular que supere a lógica disciplinar e permita dar coerência e concretude aos princípios da interdisciplinaridade e da contextualização.

Para isso, seria necessário um esforço coletivo e colaborativo de educadores, intelectuais, técnicos e gestores dos sistemas de ensino para prototipar arquiteturas curriculares possíveis dos itinerários formativos e que essas arquiteturas sejam amplamente discutidas.

É também imprescindível que esse processo seja conduzido sob a liderança (ou ao menos com participação enfática) do Conselho Nacional de Educação e dos conselhos estaduais de Educação, órgãos que deverão traduzir em regulamentos e orientações mais específicas o princípio geral da diversificação.

Ao permitir trajetórias flexíveis, pode ser discutida também a questão do ofício do professor. A reforma proposta permite incidir sobre o campo da didática, ou seja, sobre a prática de ensino, que vai ao encontro do ofício. Assim, o professor teria de aprender a ensinar para a enorme diversidade que há na sala de aula. A questão do ofício não se resolve com a reforma, mas ao colocar a potência das trajetórias formativas, que não podem mais se ater ao campo estritamente disciplinar e precisam ter alguma qualidade integrada, pode ser repensada a formação inicial e também incidir sobre a desigualdade da oferta.

Com ou sem flexibilização de itinerários, é urgente reorientar a formação inicial dos professores, instalando no centro dela a didática e a prática de ensino como eixos estruturantes do saber docente. Dessa forma, a diversificação das trajetórias pode ser uma oportunidade única de atualizar o problema da formação docente e encará-lo sob outro prisma. Considera-se que há uma janela de oportunidade incrível e que não deve ser desperdiçada.

Evidentemente, a formação continuada dos educadores que já atuam nas redes públicas é um desafio adicional e, talvez, mais custoso em termos financeiros e técnicos. Por isso mesmo é imprescindível que haja, por parte da sociedade civil e também por parte dos governos, uma agenda clara para os processos que serão movidos nesse sentido e uma destinação adequada e justa de recursos para essa ação.

Finalmente, outra potência que a reforma traz é a discussão sobre as múltiplas matrículas, isto é, o fato de professores trabalharem em mais de duas escolas públicas. Nesse sentido, sua implementação é uma possibilidade para os estados considerarem a harmonização no território, permitindo que os professores se dediquem integralmente ou majoritariamente em, no máximo, duas instituições de ensino.

O trabalho como lugar central na construção das identidades juvenis

No campo do ensino técnico, a reforma traz um desafio contemporâneo: não fixar demais o modelo politécnico porque a tendência será a de criar jovens que aparentemente terão possibilidade de ter acesso ao mercado de trabalho, porém sem a possibilidade de alternativas ou com dificuldades de adaptação em um mercado que não existirá mais daqui a 10 anos.

Igualmente é necessário colocarmos ao menos em dúvida a ideia de que a profissionalização ao longo do ensino médio é algo que os jovens não desejam ou, numa outra compreensão, algo que só desejam por falta de opções. Por trás dessa ideia há a leitura de que o jovem que pode escolher entre profissionalizar-se ou não se profissionalizar ao longo do ensino médio (por sua condição de classe, pelas ofertas de cidadania que estão à sua disposição ou mesmo por políticas públicas que pretendem postergar sua entrada no mundo do trabalho) estaria mais propenso a não se profissionalizar e "preservar-se" ou preparar-se apenas para o ingresso no ensino superior.

As pesquisas no campo da sociologia das juventudes parecem desautorizar essa leitura. O trabalho ocupa um lugar central na construção das identidades juvenis, e os jovens – de diferentes classes e grupos sociais, com maior ou menor possibilidade de escolher – nutrem, em geral, um desejo de compor o mundo do trabalho.

Evidentemente, é preciso ter em conta que o mundo do trabalho é diversificado e oferece riscos sérios de aprofundar a vulnerabilidade de alguns jovens (quando estão à sua disposição apenas as posições precárias de trabalho) e de rivalizar com sua formação, gerando um "custo tempo" altíssimo que irá impactar suas possibilidades de mobilidade social posterior.

Todavia, justamente para que se evitem ou se mitiguem os efeitos de uma entrada no mundo do trabalho por vias precarizadas e para que haja uma adequada conexão entre a escola e o mundo do trabalho, é imprescindível trazer a formação profissional para o horizonte do ensino médio. Há mais evidências de que a formação profissional conduz à continuidade dos estudos do que o contrário. E há mais evidências de que a formação profissional amplifica de forma exponencial a permanência e o sucesso escolar do que o contrário. Então, qual o receio efetivo da profissionalização no ensino médio?

As políticas para evitar que haja segregação e concentração dos jovens mais vulneráveis apenas no itinerário profissionalizante devem, entretanto, estar na ordem do dia. E elas não estão adequadamente formuladas.

Política educacional especializada a partir da territorialização da oferta

A reforma traz em potência, pela primeira vez, a possibilidade concreta de fazer política educacional especializada a partir dos sujeitos e territórios. Pela primeira vez em anos, estaríamos repensando o sistema de ensino e sua lógica territorial, suas fronteiras municipais e regionais.

Especializando escolas em trajetórias propedêuticas e técnico-profissionalizantes e possibilitando o olhar para o território, a qualidade média da oferta das instituições com maior especialização tende a aumentar, e de forma sincrônica aumentaria a probabilidade de que os alunos não só permaneçam como aprendam mais. Esta probabilidade também aumentaria muito se, somado a isso, cada um dos estados exercesse uma política educacional para a rede de ensino médio consistente e articulada com as redes (em sua maioria municipais) do fundamental II localizadas no mesmo território.

Especializar escolas no território, ou seja, ter um foco curricular e organizar os recursos e a rotina escolar em torno dele pode ser um passo na direção da maior eficiência. Isto ampliaria em muito a efetividade das escolas porque aumenta a eficácia e eficiência da agenda didática e pedagógica que incide sobre a aprendizagem, além de aproximá-la da realidade dos alunos daquele território.

Para sua implementação, seriam necessários investimentos complementares em transporte e outros apoios para que os alunos possam se deslocar e sustentar suas escolhas por escolas espalhadas ao longo do território. Em cidades pequenas, sem possibilidade de integração em polos, seria preciso pensar em alternativas, como escolas ofertantes de todas as trajetórias, admitindo um custo por aluno mais elevado nessas localidades.

Da mesma forma, outros esforços necessários para implementar uma territorialização da oferta envolveria um trabalho de planejamento de infraestrutura, alocação e formação de professores, um desafio enorme para os gestores locais e recursos adicionais que, até o momento, não se tem clareza de onde virão, sobretudo no cenário de crise, arrocho e proximidade de término do Fundo de Manutenção e Desenvolvimento da Educação Básica e de Valorização dos Profissionais da Educação (Fundeb).

Contudo, nada disso será possível se não transformarmos a gestão das escolas, porque fortalecer a gestão pode fazer as escolas escolherem melhor também. Isto porque são as escolas e as redes que escolhem o que é mais adequado ofertar na comunidade, dadas suas características. Sem isso, a ideia de territorialização pode soar um planejamento ineficiente, construído de cima para baixo. Portanto, o itinerário não é só escolha do aluno, mas do que aquela comunidade escolar quer ofertar, levando em conta o que faz sentido para aqueles alunos, e não os interesses corporativos. Só se fala em escolha dos alunos, mas isso tudo não pode funcionar sem que haja, primeiramente, bons gestores. A reforma não estabelece nada sobre o processo seletivo dos mesmos, formação, certificação, carreira etc. Esse é um ponto muito frágil e básico. E vem na linha do que é estrutural.

Estrutura da oferta de escolas públicas de ensino médio: matrículas por município

As disparidades regionais, relacionadas, por sua vez, a questões sobre recursos dos municípios e estados brasileiros – sejam eles humanos, financeiros, logísticos ou estruturais –, figuram como um determinante central para a proposta de flexibilização no ensino médio. Isto porque a maior parte dos entes federados (4.881 municípios, correspondendo a 87% do total) possui de uma a cinco escolas, realidade que pode representar empecilho para uma oferta diversificada e que atenda às preferências dos estudantes, em termos de itinerários formativos.

Assim, alguns dados devem ser levados em consideração quando pensada uma implementação real da reforma:

Faixas	Municípios		Matrículas nos municípios	
	Quantidade	%	Quantidade	%
Número de escolas				
0	9	0	–	–
1	2.959	53	855.191	12
2	965	17	595.103	8
3	506	9	462.636	7
4	271	5	338.577	5
5	180	3	265.739	4

Fonte: Instituto Unibanco, 2017.

O reduzido número de escolas, característica da maioria das localidades brasileiras, pode comprometer a oferta de itinerários formativos aos estudantes. Considerando que todos eles devem ter direito a escolher entre todas as trajetórias, as escolas ficarão mais caras do que são. Sendo assim, deve ser levada em conta a estrutura de financiamento necessária para isso.

Considerações finais

Como apontado, a grande potência da reforma é a possibilidade de evidenciar e, em alguns casos, até mesmo enfrentar dilemas históricos e estruturais da educação brasileira. Contudo, o grande risco é aprofundar as desigualdades educacionais caso não sejam solucionados alguns desafios essenciais para viabilizar sua implementação. Além disso, é necessário avançar na definição de uma base comum a todos os itinerários, garantindo maior eficiência e equidade ao ensino.

10. Os desafios do ensino médio: os impactos da reforma na educação profissional no Brasil

Rafael Lucchesi*

A reforma do ensino médio tem ocupado papel de destaque na agenda da política educacional brasileira desde sua apresentação como medida provisória, em setembro de 2016, até a aprovação, pelo Senado Federal, da Lei nº 13.415, em fevereiro de 2017. Algumas das principais implicações estão relacionadas à flexibilização e distribuição dos conteúdos das 13 disciplinas tradicionais ao longo dos três anos do ciclo, à ampliação da carga horária e à criação de uma Base Nacional Comum Curricular (BNCC), seguida de itinerários formativos que incluem a formação técnica e profissional, o Itinerário 5.

Este capítulo irá abordar especificamente a situação atual da educação brasileira e como alguns dos aspectos relacionados à reforma do ensino médio impactam o avanço da educação profissional no Brasil, suas implicações para a população e para o setor produtivo. Note-se que, tanto em períodos de expansão e crescimento, quando a oferta de profissionais qualificados se mostra insuficiente em relação à demanda quantitativa e qualitativa dos setores produtivos, quanto em momentos de crise econômica, quando há necessidade de minimizar seus efeitos, a educação profissional contribui para a entrada, permanência e reinserção de pessoas no mercado de trabalho. Para o setor produtivo, especialmente o setor industrial, o crescimento, a adequação da oferta e os investimentos em educação profissional são apontados

---

* Diretor-geral do Serviço Nacional de Aprendizagem Industrial (Senai). Mestre em economia e em regulação da indústria de energia pela Universidade Salvador.

como fatores-chave para a produtividade. Em todos os contextos, a educação profissional assume papel fundamental para o crescimento sustentável do país.

Dessa forma, ela emerge como uma das principais alternativas para que o Brasil consiga equacionar a defasagem da produtividade de seu capital humano em relação ao desempenho apresentado pelos países mais desenvolvidos. Em que pese a educação profissional ter recebido, na última década, tratamento especial no âmbito das políticas públicas, com a ampliação de investimentos e articulação com os demais níveis e modalidades de ensino, ainda há um longo caminho a ser percorrido para que o país consiga formar pessoas capazes de responder às necessidades da sociedade do conhecimento e fazer frente aos desafios da volátil economia global. Para tanto, será necessário focar na melhoria da qualidade da educação básica e avançar rapidamente na implantação do novo ensino médio.

De maneira geral, é imperativo rever a própria matriz educacional brasileira para que possamos equacionar o déficit de conhecimentos e habilidades entre os estudantes, fruto do atual modelo de educação geral e de baixa qualidade, no qual estão ausentes as condições necessárias ao ingresso no mundo do trabalho. Como contribuição efetiva para o debate sobre o novo ensino médio, e para a sociedade, também, serão apresentadas neste texto as linhas gerais da proposta de ensino médio desenvolvida pelo Sesi e pelo Senai, já considerando os parâmetros definidos no âmbito da reforma.

Os dilemas da educação no Brasil: cenário do ensino médio e da educação profissional

A priorização dada pelo país à educação na última década possibilitou avanços importantes, mas não conseguiu equacionar os principais problemas que enfrentamos em termos de qualidade do ensino. Em relação ao acesso, o Brasil conseguiu praticamente universalizar o ensino fundamental. Em 2015, o país tinha 97,7% da população de seis a 14 anos matriculada nesse nível de ensino.

GRÁFICO 1
Percentual de crianças de seis a 14 anos matriculadas no ensino fundamental: taxa líquida de matrícula, 2007-2015

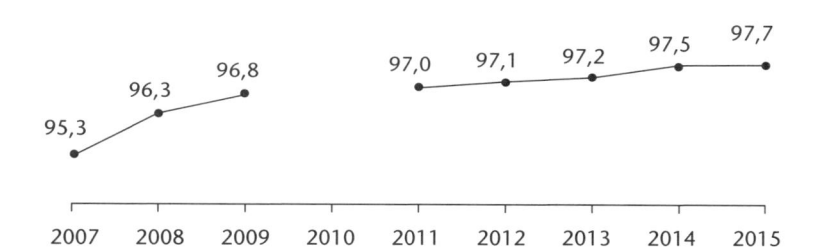

2007	2008	2009	2010	2011	2012	2013	2014	2015
95,3	96,3	96,8		97,0	97,1	97,2	97,5	97,7

Fonte: Observatório do PNE (não existem dados para 2010, pois nesse ano não foi efetuada a Pnad em função da realização do Censo Demográfico).

No entanto, o Brasil precisa avançar ainda na universalização da educação infantil e do ensino médio. Segundo o Observatório do PNE, em 2015, cerca de 2,5 milhões de crianças e adolescentes de quatro a 17 anos não estavam matriculados na escola. Essa população é constituída de crianças e jovens mais vulneráveis, incluindo pessoas com deficiência, as mais pobres e as que moram em lugares distantes dos centros urbanos. Em relação ao segmento do ensino médio, aproximadamente 1,5 milhão de jovens de 15 a 17 que deveriam estar cursando essa etapa de ensino estão fora da escola, o que corresponde a cerca de 15% da população nesta faixa etária.

GRÁFICO 2
Percentual de jovens de 15 a 17 anos matriculados na escola: taxa bruta de matrícula, 2001-2015

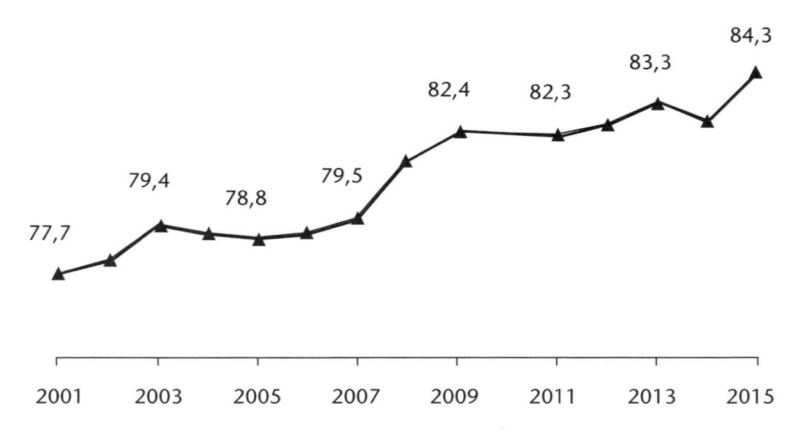

```
           79,4        79,5       82,4   82,3   83,3   84,3
                 78,8
77,7
 2001   2003   2005   2007   2009   2011   2013   2015
```

Fonte: Observatório do PNE (não existem dados para 2010, pois nesse ano não foi efetuada a Pnad, em função da realização do Censo Demográfico).

Os números revelam que o desafio imposto pela Emenda Constitucional nº 59/2009, de universalizar toda a educação básica até 2016, não foi alcançado. A melhora no fluxo escolar no ensino fundamental fez aumentar o número de matrículas do ensino médio, mas não garantiu a permanência dos alunos. Como o estudante chega mal preparado ao ensino médio, o resultado é uma taxa de abandono de 8,8% no primeiro ano. Além disso, a reprovação alcança aproximadamente 17% dos alunos. Isso significa que, logo no início do ensino médio, cerca de 1/4 deles desiste da escola ou é reprovado, o que representa um grande fator de exclusão. As altas taxas de evasão e reprovação no ensino médio indicam que o modelo curricular presente na matriz educacional brasileira, baseado em número excessivo de disciplinas e em currículos desatualizados, está ultrapassado e não desperta o interesse do jovem do século XXI.

TABELA 1
Taxas de rendimento escolar: ensino médio, 2015

Ensino médio	Reprovação (%)	Abandono (%)	Aprovação (%)
1º ano	16,6	8,8	74,6
2º ano	10,1	6,3	83,6
3º ano	5,9	4,6	89,5

Fonte: Inep/MEC, 2015.

Note-se que o ensino médio representa a etapa de ensino de maior desafio atualmente para a educação brasileira. O modelo fragmentado, cognitivista e baseado em disciplinas não dá conta dos interesses e desafios dos jovens, já amplamente conectados ao mundo, incluindo os mais pobres. Os jovens do século XXI são nativos digitais e estão imersos em ambientes com farta oferta de tecnologias, educacionais ou não. Caso a escola não acompanhe essas mudanças, torna-se um espaço enfadonho, desmotivante e retrógrado, na medida em que

> estamos diante de uma mudança cultural, onde não necessariamente a experiência significará a participação real no mundo globalizado. A Geração N-Geners deverá se abrir para o conhecimento real dos Nativos Digitais, resultado não dos padrões normais de ensino-aprendizagem das escolas ou mesmo do sentido de experiência dos "mais velhos", mas de experimentos, de curiosidade, de testes múltiplos, de tentativas, acertos, erros e trocas, característicos da juventude. É necessário dar o crédito que essa geração, nascida na internet e crescendo digital, tem muito para oferecer. É uma nova cultura que se descortina [Gobbi e Kerbauy, 2010:39].

Hoje, cerca de 77 milhões de brasileiros adultos não completaram o ensino médio. Para dar mais clareza a esse quadro, é preciso lembrar que a educação de jovens e adultos, que pode ser considerada a resultante da ineficiência do sistema educacional brasileiro, reúne hoje aproximadamente 3,5 milhões de pessoas, mesmo com o enorme *gap* de escolaridade da população, vem apresentando queda de 38% no total de matrículas na última década.

GRÁFICO 3
Matrículas em educação de jovens e adultos, 2006-2016

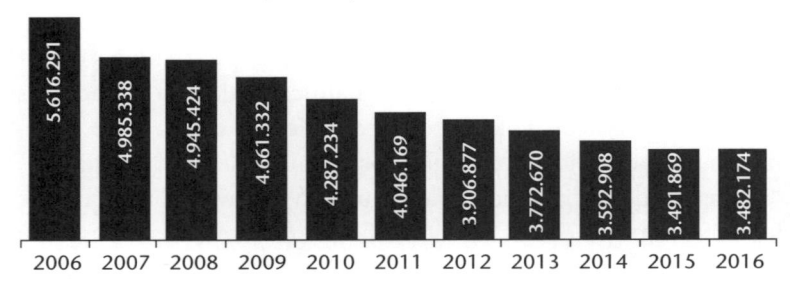

2006	2007	2008	2009	2010	2011	2012	2013	2014	2015	2016
5.616.291	4.985.338	4.945.424	4.661.332	4.287.234	4.046.169	3.906.877	3.772.670	3.592.908	3.491.869	3.482.174

Fonte: Censo da Educação Básica, MEC, 2016.

O fenômeno mais contundente nesse quadro é, na verdade, a ineficiência dessa modalidade de ensino para promover a escolarização das pessoas que não conseguiram atingir esse objetivo na idade adequada. Ou seja, para aqueles indivíduos que já foram derrotados na educação regular, o sistema de educação brasileiro não responde minimamente ao que se propõe. Vale lembrar também que o ensino médio noturno tem resultados de aprendizagem, evasão e reprovação igualmente ruins. Segundo pesquisa do Instituto Ayrton Senna, dos 7.247.776 alunos matriculados no ensino médio regular em 2013, 67% estudavam no período diurno e 33%, no período noturno. Nos últimos quatro anos, a proporção de alunos matriculados no período noturno vem diminuindo, em média, dois pontos percentuais ao ano. Ainda assim, em valores absolutos, o volume de alunos matriculados no ensino médio noturno é bastante relevante, atingindo quase 2,3 milhões de pessoas. Os resultados da pesquisa também apontam diferenças significativas no perfil dos alunos entre os turnos: os do período noturno são mais velhos, trabalham durante o dia em grande número, com abandono provável da escola durante sua trajetória. Além disso, permanecem menos tempo na escola, acompanhados por uma proporção maior de professores sem formação adequada. Essas questões se refletem no rendimento escolar e nas taxas de abandono, que apresentam médias maiores que as dos alunos do período diurno.

Aliado a isso, demandas dos setores produtivos são cada vez maiores quanto à qualificação dos profissionais que estão ingressando ou já fazem parte do mercado de trabalho formal e informal. O setor industrial é um exemplo disso. Faltam profissionais de diferentes formações, desde os com qualificação básica até aqueles com cursos técnicos de longa duração. Mesmo com a crise, a demanda por profissionais qualificados permanece e não é suprida.

A partir do ensino médio, a população de jovens brasileiros se depara com outro obstáculo, que dificulta fortemente sua inserção produtiva: o corte abrupto em relação à continuidade dos estudos no ensino superior entre jovens com idades de 18 a 24 anos, exatamente no momento de sua incorporação ao mercado de trabalho. Dos 22,4 milhões de pessoas nessa faixa etária no Brasil, apenas 18,1% estão no ensino superior.[1]

GRÁFICO 4
Taxa bruta e taxa líquida de matrícula na educação superior, 2001-2015

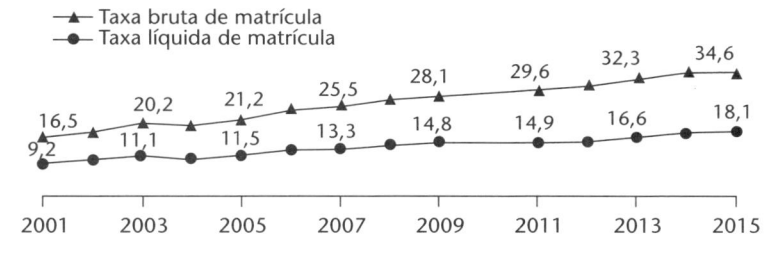

▲ Taxa bruta de matrícula
● Taxa líquida de matrícula

2001	2003	2005	2007	2009	2011	2013	2015
16,5	20,2	21,2	25,5	28,1	29,6	32,3	34,6
9,2	11,1	11,5	13,3	14,8	14,9	16,6	18,1

Fonte: Observatório do PNE.

---

[1] A taxa bruta de matrícula é obtida dividindo-se o total de matrículas pela população com idade prevista para cursar o nível. Desse modo, para obter, por exemplo, a taxa de matrícula bruta referente ao ensino superior, divide-se o total de matrículas nesse nível pela população de 18 a 22 anos. Exemplo: TMB do ensino superior: total de matrículas efetuadas x 100/população de 18 a 22 anos. A taxa líquida de matrícula indica o percentual da população em determinada faixa etária que se encontra matriculada no nível de ensino adequado à sua idade.

Um conjunto de fatores inviabiliza o acesso e a permanência no ensino superior. Entre eles, a qualidade da educação básica. Não obstante os avanços que obteve na última década, a educação brasileira está muito aquém do desempenho esperado. A proficiência dos alunos, medida por avaliações nacionais e internacionais, ainda patina. Em 2015, o Brasil ocupava a 60ª posição no *ranking* mundial de educação (OCDE, 2015) aferido entre 76 países. O *ranking* é encabeçado por países asiáticos (Cingapura, Hong Kong e Coreia do Sul).[2]

As questões relacionadas à qualidade da educação básica impactam diretamente a capacidade de ingresso e permanência nos cursos superiores e restringem a possibilidade de os alunos desenvolverem o pensamento lógico e a criatividade nos patamares exigidos, sobretudo pelos cursos superiores das chamadas "ciências duras": física, química, matemática, biologia e engenharia. Na edição de 2012 do Programa Internacional de Avaliação de Alunos (Pisa), foi incluída uma avaliação especial, focada especialmente na resolução criativa de problemas. Em relação a esse aspecto, o Brasil ficou na 38ª posição no *ranking* na avaliação realizada em um conjunto de 44 países. No teste, 47,3% dos alunos brasileiros apresentaram baixa performance em resolução criativa de problemas.[3]

E como estamos em relação aos demais países? Em termos comparativos, o Brasil é o maior país do continente sul-americano e a

---

[2] Entre os países dos Brics (Brasil, Rússia, Índia, China e África do Sul) analisados, a Rússia aparece melhor, em 34ª posição. A África do Sul está em situação pior do que o Brasil, em 76º lugar. A China e a Índia não estão na lista porque se recusam a participar da aferição da Organização para Cooperação e Desenvolvimento Econômico (OCDE). Imediatamente à frente do Brasil estão a Geórgia (59º), o Líbano (58º) e Barein (57º). Na América Latina, o país que se saiu melhor foi a Costa Rica, em 53º lugar, seguido do México, na 54ª colocação, e do Uruguai, na 55ª posição.

[3] O Programme for International Student Assessment (Pisa – Programa Internacional de Avaliação de Estudantes) é uma iniciativa de avaliação comparada, aplicada a estudantes na faixa dos 15 anos, idade em que se pressupõe o término da escolaridade básica obrigatória na maioria dos países. O programa é desenvolvido e coordenado pela OCDE. Em cada país participante há uma coordenação nacional. No Brasil, o Pisa é coordenado pelo Instituto Nacional de Estudos e Pesquisas Educacionais Anísio Teixeira (Inep). Na edição de 2012, os países asiáticos lideraram o *ranking* da avaliação sobre a resolução criativa de problemas: Cingapura (1º), Coreia do Sul (2º), Japão (3º) e Macau-China (4º).

nona maior economia do mundo. Os reflexos dessa situação para o desenvolvimento econômico e a competitividade são conhecidos: o fato de jovens de 15 a 24 anos saírem do contexto educativo diretamente para o acirrado e competitivo contexto do mundo do trabalho, em um mercado retraído e que requer qualificações imediatas, leva a altas taxas de desemprego e baixos salários.

A matriz educacional brasileira – os dilemas

A grade curricular anterior à reforma do ensino médio consagrava uma lógica academicista, sem espaço para a educação profissional. Essa matriz criou a maior cunha de exclusão social da sociedade brasileira. A lógica do aprendizado no ensino médio vigente até 2017 não inclui o ensino de transição, ou seja, o ensino com características instrumentais, capaz de conferir uma identidade profissional para aqueles que não desejam cursar ou não conseguem ingressar no ensino superior. A trajetória educacional, além de permitir a entrada no mundo do trabalho, também confere identidade social às pessoas. Essa é uma circunstância importante, do ponto de vista da lógica da inclusão: aqueles que cursaram uma faculdade tiveram sua identidade social conferida pelo sistema educacional na condição de profissional de nível superior. Esse mesmo direito não é assegurado à grande maioria dos jovens brasileiros que completaram o ensino médio e não vão cursar o ensino superior. Considero que essa situação não projeta uma lógica de direito democrático de inclusão e, se o país deseja avançar nesse quesito, será necessário atuar com urgência nas causas do problema. O Brasil precisa de um modelo de educação que favoreça efetivamente o desenvolvimento econômico e social.

Uma boa estratégia para enfrentar esse dilema é observar como os países mais desenvolvidos tratam a questão. Se compararmos a matriz educacional brasileira e a matriz educacional do resto do mundo, constatamos que, sobretudo nos países mais desenvolvidos, mais da metade dos jovens cursam algum tipo de educação técnico-profissional, que é lá denominada, de forma mais apropriada, educação vocacional. Na Áustria e na Finlândia, países com grande tradição nessa modalidade, o percentual de jovens que cursam essa modalidade de ensino é superior a 70%. Em países como Alemanha, Espanha, França e Portugal, esse percentual chega próximo dos 50% (Cedefop, 2013). No Brasil, apenas 9,3% dos jovens cursam educação profissional, o que leva a um dos maiores dilemas intrínsecos ao modelo educacional brasileiro. Note-se que, diferentemente do que ocorre no Brasil, 50,4% dos alunos do ensino secundário na União Europeia optam pela educação profissional, sendo que, na Áustria, o volume chega a 75,3%, na Finlândia a 70,1%, na Alemanha a 48,3%, na Espanha a 45,5% e em Portugal a 43,6% (Cedefop, 2013).

Os modelos de educação profissional/vocacional adotados nesses países incluem uma base comum curricular, que dura em torno de um ano, em ciclos de aproximadamente três anos completos. Nos anos posteriores, os alunos podem optar por trilhas acadêmicas ou profissionais/vocacionais.

TABELA 2
Modelos de ensino médio no mundo, 2015

Países	Base comum (anos)	Trilhas
Austrália	1	Acadêmicas Vocacionais
Coreia do Sul	1	Acadêmicas Vocacionais
Finlândia	1	Acadêmicas Vocacionais
França	–	Acadêmicas Vocacionais
Portugal	1	Acadêmicas Vocacionais
Inglaterra	1	Acadêmicas Vocacionais
Brasil	3	Única

Fontes: OCDE; Schwartzman (2015).

Nesses países, o ensino médio é diversificado e flexível, exatamente pelo seu caráter de transição, na medida em que uma parte dos alunos segue para o ensino superior e outra parte ingressa na vida profissional, com identidade social conferida pelo sistema de ensino. No Brasil, a estrutura de ensino médio vigente até 2016 não permitia esse passo.

Os desafios do novo ensino médio e seus impactos para o crescimento da educação profissional no Brasil

A reforma do ensino médio brasileiro, estabelecida por meio da Lei nº 13.415, de 16 de fevereiro de 2017, flexibiliza o conteúdo que será ensinado aos alunos, muda a distribuição do conteúdo das 13 disciplinas tradicionais ao longo dos três anos do ciclo, dá novo peso ao ensino técnico e incentiva a ampliação de escolas de tempo integral. A partir da nova lei, o currículo do ensino médio será composto pela Base Nacional Comum Curricular (BNCC) e por itinerários formativos, que serão organizados por meio da oferta de diferentes arranjos curriculares, conforme a relevância para o contexto local e a possibilidade dos sistemas de ensino. Os itinerários são: 1) linguagens e suas tecnologias; 2) matemática e suas tecnologias; 3) ciências da natureza e suas tecnologias; 4) ciências humanas e sociais aplicadas; 5) formação técnica e profissional. Note-se que as escolas não são obrigadas a oferecer aos alunos todos os cinco itinerários, apenas um. As mudanças também serão significativas em termos de carga horária: 60% da carga horária serão ministradas com conteúdos comuns da BNCC, enquanto as demais 40% serão optativas, conforme a oferta da escola e o interesse do aluno. No conteúdo optativo, o aluno poderá, caso haja mais de uma oferta, se concentrar em uma das cinco áreas dos itinerários mencionados acima.

O desafio da educação brasileira em relação ao novo ensino médio consiste em tornar o texto da lei uma experiência exitosa, alinhando o novo modelo às melhores experiências internacionais, flexibilizando efetivamente o currículo e promovendo a expansão da educação profissional. Esse movimento vem ao encontro da opinião pública do país. Segundo pesquisa realizada pela CNI/Ibope, cerca de 90% dos brasileiros concordam que os cursos de educação profissional conferem aos alunos mais oportunidades no mercado de trabalho e 82% acreditam que eles possibilitam aumentar a renda.

Cabe também ressaltar que a educação profissional é um importante fator de aumento da remuneração dos trabalhadores. Segundo os resultados da pesquisa Educação Profissional no Brasil: inserção e retorno (Senai, 2010), realizada no âmbito de convênio Senai/PUC-Rio, observou-se que, para os trabalhadores que frequentaram cursos de educação profissional, o salário-hora médio auferido superava em até 29% os daqueles que não possuíam nenhum tipo de qualificação. A relação entre instituição ministrante e média salarial também apareceu como uma variável importante: dependendo da instituição de ensino profissional, o ganho salarial médio sofria alterações. Entre os egressos do Sistema S, o salário médio aumentou 13,5%. Para os que cursaram educação profissional em escolas públicas, o ganho ficou em 6% e, nas demais instituições do setor privado, atingiu 8,9%. Apesar de os resultados não permitirem inferências absolutas sobre a eficácia relativa das diferentes instituições, os resultados do Sistema S foram significativos. Outro aspecto importante é que nos cursos cujos requisitos de educação formal eram maiores o efeito positivo nos salários ampliou-se substancialmente.

Outro efeito positivo da educação profissional reside na inserção no mercado de trabalho. Para seis de cada 10 pessoas que concluem a formação de ensino médio técnico, a inserção ocorre no primeiro ano após a conclusão do curso (Senai, 2012-2016). O Brasil tem hoje 13,5 milhões de pessoas que estão desempregadas; 5,8 milhões subempregadas e 7 milhões fora da força de trabalho, mas que poderiam e gostariam de trabalhar. Essa, seguramente, é uma conta importante, que soma mais de 26 milhões de pessoas. Se considerarmos apenas os desempregados, temos 13% da população como um todo, mas, entre os jovens de 18 a 24 anos, o desemprego chega a 27% (IBGE, Pnad Contínua, 2º trimestre 2017).

Em relação às perspectivas de emprego para pessoas portadoras de certificados de educação profissional, podemos afirmar que, especificamente no setor industrial, a expectativa por ocupações apresenta um viés de crescimento, apesar da crise atual. Note-se que mais de 13 milhões de postos de trabalho são previstos para o quadriênio 2017-2020, sendo 81% para profissionais com qualificação técnica. Também é significativa a demanda estimada para portadores de qualificação profissional obtida por meio de cursos de curta duração, de até 160 horas. Cursos relacionados a essas ocupações são efetivamente requeridos pela indústria e, se ministrados com qualidade, tornam-se fundamentais para a empregabilidade de um grande contingente de pessoas.

TABELA 3
Demanda por formação: acumulado 2017-2020

	Total	(%)
Superior	625.488	4,8
Técnico	1.836.548	14,1
Qualificação +200h	3.348.382	25,7
Qualificação -200h	7.199.949	55,3
Total	13.010.324	100,0

Fonte: Mapa do Trabalho Industrial 2017-2020, Senai.

As áreas de formação profissional com maiores demandas são encabeçadas pela indústria da construção, meio ambiente, metalmecânica e alimentos. Se observarmos esse ordenamento, podemos perceber a aderência ao movimento atual da economia brasileira e dos setores que lideram.

A questão mais recorrente no debate sobre educação profissional refere-se à atratividade salarial. Como podemos ver no quadro a seguir, o salário inicial médio está em torno de R$ 2 mil, na média da profissão, e em torno de R$ 5,5 mil para profissionais com mais de 10 anos de experiência. Em casos específicos, pode atingir até R$ 10 mil, o que permite afirmar que essas ocupações oferecem um índice de atratividade semelhante ao da maior parte das profissões de nível superior no Brasil.

TABELA 4
Salário das principais ocupações da indústria, 2015

Ocupações	Salário inicial (até um ano) R$*	Média (todos) R$	10 anos ou mais R$
Técnico em mineração	2.185,45	7.319,06	10.105,08
Supervisor de manutenção eletromecânica	2.454,24	7.129,01	8.465,47
Operador polivalente de equipamentos em indústrias químicas, petroquímicas e afins	2.443,08	6.838,06	10.115,26
Técnico de produção de indústrias químicas, petroquímicas, refino de petróleo, gás e afins	3.343,84	6.381,27	7.999,41
Operador de instalações de geração e distribuição de energia elétrica, hidráulica, térmica ou nuclear	2.446,92	6.262,00	10.314,14
Supervisor de produção em indústrias químicas, petroquímicas e afins	1.649,36	5.913,68	7.648,35
Supervisor da extração mineral	1.797,29	5.913,65	6.902,79
Supervisor da fabricação e montagem metalmecânica	1.918,43	5.815,64	7.158,75
Técnico de apoio em pesquisa e desenvolvimento	2.257,15	5.631,90	8.117,05
Técnico de apoio à bioengenharia	2.079,36	5.430,85	9.463,24

Fonte: Rais-2015 (valores de dezembro de 2015).

Dessa forma, o novo ensino médio representa uma inovação importante e também uma oportunidade histórica para alterar o cenário atual da educação brasileira.

A contribuição do Sesi e do Senai para a implantação do novo modelo de ensino médio

O Serviço Social da Indústria (Sesi) e o Serviço Nacional de Aprendizagem Industrial (Senai), entidades lideradas pela Confederação Nacional da Indústria (CNI), estão engajados na melhoria da educação, da qualidade de vida, saúde e segurança do trabalho e na qualificação dos profissionais da indústria e seus dependentes. As entidades consideram que a reforma do ensino médio é uma grande oportunidade para a formação de profissionais qualificados, com capacidade de inserção no mundo do trabalho e formação técnica capaz de impactar o aumento da competitividade do setor industrial do país.

Com esse foco, desenvolveram o projeto "Ensino médio com itinerário de formação técnica e profissional" (Sesi e Senai, 2017), que incorpora aspectos inovadores e prevê a articulação entre a Base Nacional Comum Curricular e a Base Tecnológica Nacional Comum.

FIGURA 1
Modelo básico de articulação entre a Base Nacional Comum Curricular e a Base Tecnológica Nacional

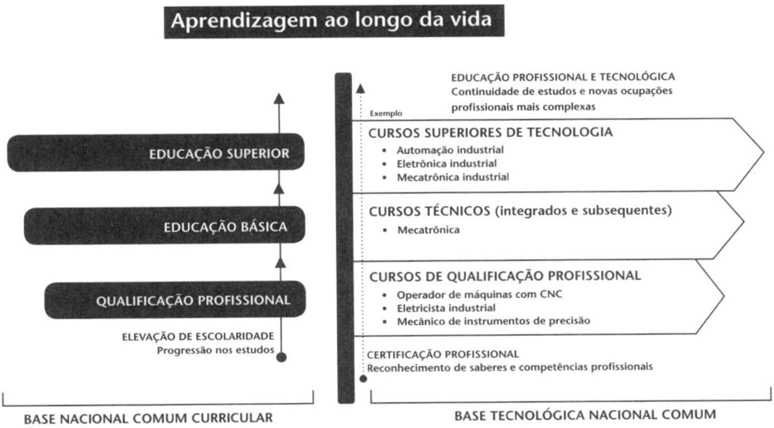

Fontes: Sesi e Senai, 2017.

O projeto "Ensino médio com itinerário de formação técnica e profissional" propõe uma experiência pedagógica que será iniciada com a área industrial de energia – habilitação profissional de técnico em eletrotécnica, pautada no art. 81 da LDB (Lei nº 9.394/1996) e atendendo às demandas da nova legislação (Lei nº 13.415/2017) que reformou a estrutura do ensino médio.

Segundo a nova legislação, essa etapa de ensino deve ter como horizonte um conjunto de conhecimentos que articule formação geral e formação técnica, de modo a favorecer a inserção do jovem no mundo do trabalho e possibilitar a continuidade de seus estudos. Para tal, a concepção da proposta Sesi e Senai considera aportes de naturezas diferenciadas, que passam pela garantia de acesso, permanência e aprendizagem, integração curricular entre a formação geral e a profissional. O projeto resguarda a sintonia das ofertas educativas (definição de cursos, metodologias e currículos) com as vocações econômicas e culturais, arranjos produtivos locais e outras condições do contexto social dos estudantes, além de pressupor o processo de formação continuada dos docentes.

A proposta pedagógica prevê um currículo de formação geral organizado nas quatro áreas de conhecimento, ou seja, linguagens e suas tecnologias, matemática e suas tecnologias, ciências da natureza e suas tecnologias e ciências humanas e sociais aplicadas, com o itinerário de formação técnica e profissional. Esse itinerário contempla a iniciação para o mundo do trabalho na indústria, os fundamentos e práticas de formação para a área industrial de energia e as unidades específicas do curso técnico de eletrotécnica.

É importante ressaltar que o projeto adota a lógica de itinerário formativo, que permite certificações intermediárias ao longo dele, o que permite ao aluno avançar em diferentes direções na sua formação profissional.

A parceria entre o Sesi e o Senai neste projeto objetiva desenvolver competências e habilidades necessárias ao mundo do trabalho nos aspectos sociais, cognitivos e científicos que preparem os adolescentes e jovens para as profissões existentes, mas que também reflitam as transformações das carreiras e os novos campos de atuação profissional que se apresentam, especialmente no setor industrial. Também visa a proporcionar aos adolescentes e jovens a construção de uma vida social, cultural e tecnológica que permita facilitar seu ingresso no mundo do trabalho e a continuidade dos estudos em nível superior.

Com experiência acumulada em educação básica articulada à educação profissional desde o ano 2000, o Sesi e o Senai conceberam um projeto que avançou para o conceito de ensino médio integrado, com matrícula única e carga horária de 3 mil horas, conforme previsto na Lei nº 13.415/2017.

O projeto contempla a identificação do perfil, elaboração do desenho curricular, plano de curso, plano de ensino, plano do livro didático, material *online*, situações de aprendizagem, desenvolvimento de *kits* e simuladores e capacitação dos docentes. Por tratar-se de um projeto de natureza inovadora, será desenvolvido um plano de monitoramento e avaliação dos resultados.

O modelo de oferta do curso prevê a combinação da formação geral (BNCC) e da formação técnica, conforme a Base Tecnológica Nacional Comum, em proporção inversa em cada ano do ciclo. O curso está organizado em 3 mil horas de 60 minutos, o que corresponde a 3.600 horas-aula de 50 minutos cada, sendo 1.800 horas-relógio (2.160 horas-aula) para a formação geral e 1.200 horas-relógio (1.440 horas-aula) para a formação profissional. A oferta está planejada em três anos, com mil horas anuais.

FIGURA 2
Anos e distribuição da carga horária

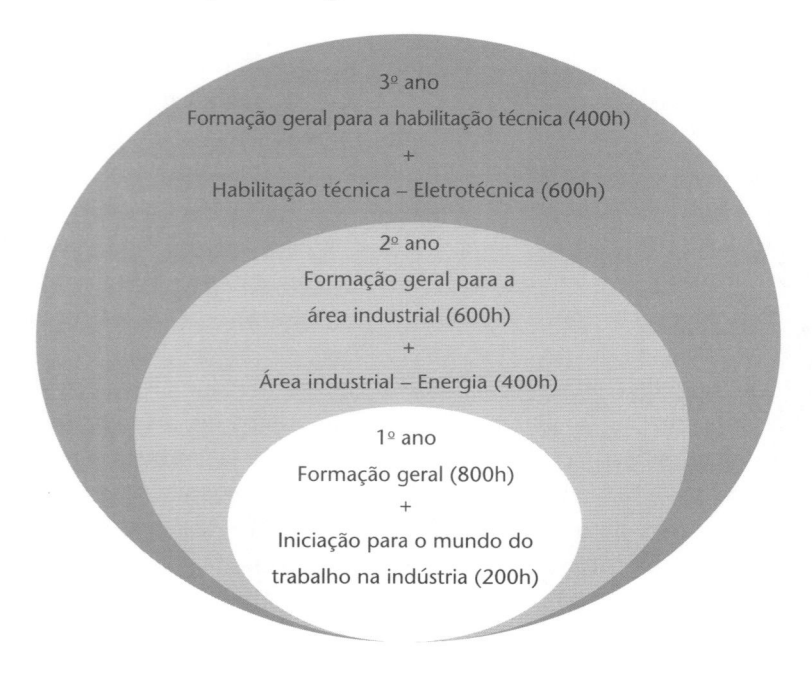

3º ano
Formação geral para a habilitação técnica (400h)
+
Habilitação técnica – Eletrotécnica (600h)

2º ano
Formação geral para a
área industrial (600h)
+
Área industrial – Energia (400h)

1º ano
Formação geral (800h)
+
Iniciação para o mundo do
trabalho na indústria (200h)

Fontes: Sesi e Senai, 2017.

A logística da oferta também é inovadora e será aplicada em projetos-piloto específicos. Serão testados quatro modelos de gestão, considerando as possibilidades de arranjos mais frequentes em relação à proximidade física e ao modelo gerencial do Sesi e Senai presente nos estados brasileiros. Esses modelos de gestão têm potencial para aplicação em outros tipos de articulação institucional, inclusive com escolas públicas e privadas, o que poderá contribuir significativamente para a construção de políticas públicas direcionadas ao ensino médio.

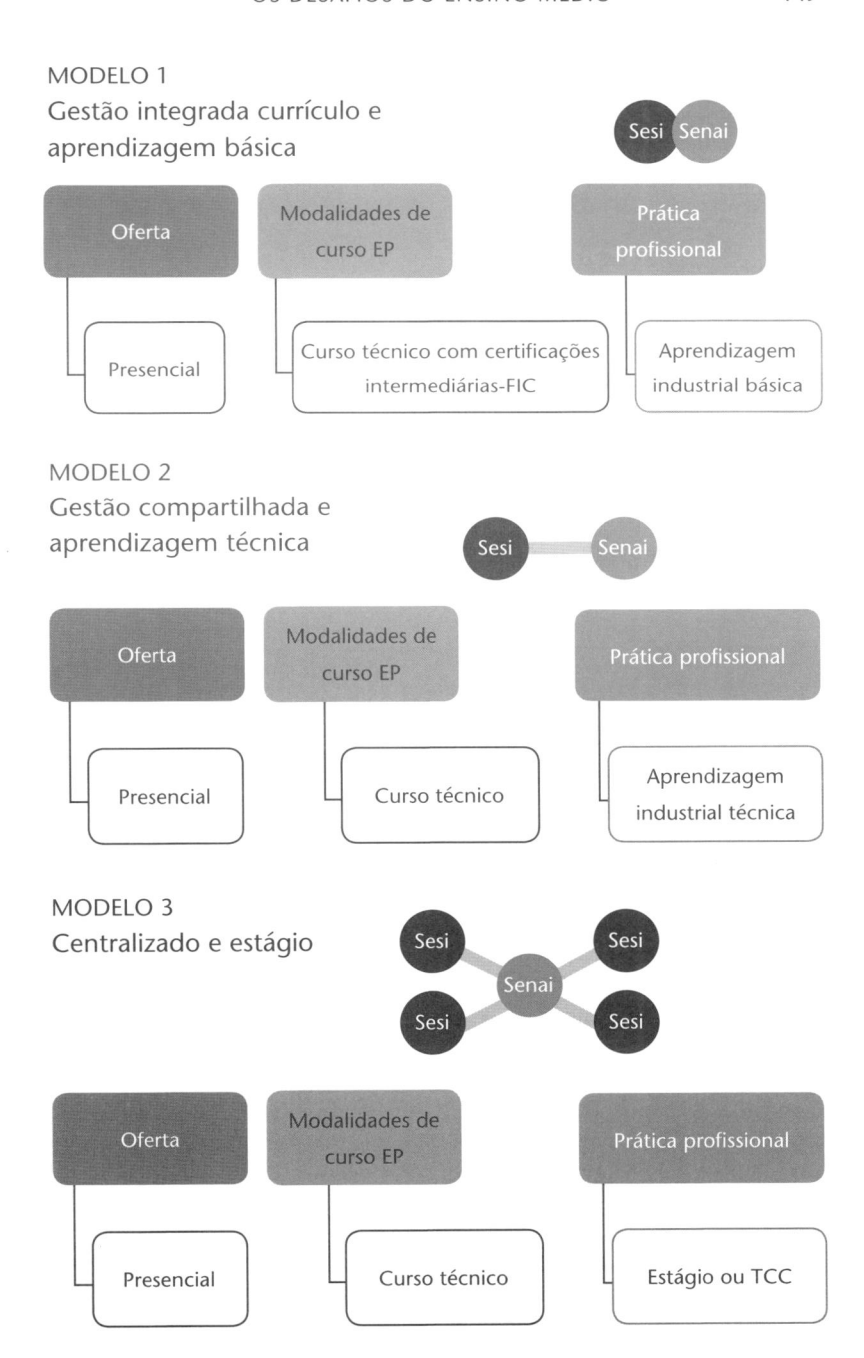

MODELO 1
Gestão integrada currículo e aprendizagem básica

- Oferta
  - Presencial
- Modalidades de curso EP
  - Curso técnico com certificações intermediárias-FIC
- Prática profissional
  - Aprendizagem industrial básica

MODELO 2
Gestão compartilhada e aprendizagem técnica

- Oferta
  - Presencial
- Modalidades de curso EP
  - Curso técnico
- Prática profissional
  - Aprendizagem industrial técnica

MODELO 3
Centralizado e estágio

- Oferta
  - Presencial
- Modalidades de curso EP
  - Curso técnico
- Prática profissional
  - Estágio ou TCC

MODELO 4
Mediado por tecnologia e estágio

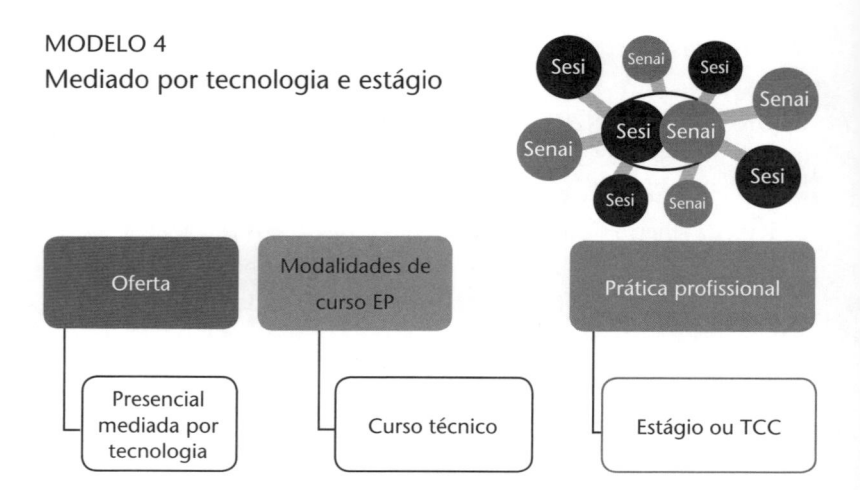

Oferta	Modalidades de curso EP	Prática profissional
Presencial mediada por tecnologia	Curso técnico	Estágio ou TCC

Considerações finais

O novo ensino médio pode ser visto como uma oportunidade para implementar efetivamente uma moderna matriz educacional no Brasil, capaz de corrigir algumas distorções históricas do nosso sistema educacional, sobretudo aquelas relativas à educação profissional. A formação de recursos humanos necessária para o aumento da competitividade do Brasil e para a inclusão social e produtiva de sua população passa pela melhoria da qualidade da educação e pela ampliação da oferta da educação profissional em todos os níveis (básico, técnico e tecnológico).

Podemos considerar que o maior desafio da reforma do ensino médio reside em tornar a lei uma experiência exitosa e alinhada às melhores práticas internacionais, com capacidade de alterar o quadro de exclusão e baixa qualidade que caracteriza a matriz educacional brasileira.

Por fim, a sociedade pode contar com a contribuição das entidades da indústria, Sesi e Senai, ambas com mais de sete décadas de existência, para a implantação e o sucesso do novo ensino médio no Brasil.

Referências

ASSUNÇÃO, J.; GONZAGA, G. *Educação profissional no Brasil:* inserção e retorno. Série Cenários, n. 3. Brasília: Senai/DN, 2010.

BRASIL. Instituto Nacional de Estudos e Pesquisas Educacionais Anísio Teixeira (Inep). *Censo da Educação Básica 2014.* Brasília: Inep, 2014.

CEDEFOP (European Centre for Development of Vocational Training). *Global national qualifications framework.* XX: Cedefop, 2013.

CNI (Confederação Nacional da Indústria). *Mapa estratégico da indústria 2013-2022.* Brasília: CNI, 2013.

____. *Nota econômica 1:* indústria brasileira perde competitividade há uma década. Brasília: CNI, 2015.

EUROFOND (European Foundation for the Improvement of Living and Working Condition). *Fifth European Working Conditions Survey 2010.* Irlanda: Eurofond, 2010.

GOBBI, M. C.; KERBAUY, M. T. M. (Org.). *Televisão digital:* informação e conhecimento [on-line]. São Paulo: Editora Unesp; São Paulo: Cultura Acadêmica, 2010.

IBGE (Instituto Brasileiro de Geografia e Estatística). *Pesquisa Nacional por Amostra de Domicílios 2013 – Pnad 2013.* Brasília: IBGE, 2013.

____. *Pesquisa de inovação 2011.* Rio de Janeiro: IBGE, 2013.

____. *Pesquisa Nacional por Amostra de Domicílios Contínua – Pnad 2015.* Brasília: IBGE, 2015.

INSTITUTO AYRTON SENNA. *Ensino médio noturno:* uma análise da disparidade entre o aprendizado dos alunos e a qualidade de ensino no período da noite em comparação com o turno matutino. 2015.

MTE. *Observatório do PNE.* Todos pela Educação, 2014. Disponível em <www.observatoriodopne.org.br>.

OECD (Organization for Economic Cooperation and Development). *Avaliação internacional das competências dos adultos,* Ciclo 1, 2013.

____. *Education at a Glance 2014:* OECD indicators. Paris: OECD, 2014.

____. *Universal basic skills:* what countries stand to gain. Paris: OECD, 2015.

SESI; SENAI. *Projeto pedagógico de curso de ensino médio com itinerário de formação técnica e profissional:* projeto piloto área industrial de energia, habilitação profissional em técnico de eletrotécnica. Brasília: Serviço Social da Indústria/Serviço Social de Aprendizagem Industrial, 2017. Versão preliminar.

UNESCO. *Liberar o potencial*: transformar a educação e a formação técnica e profissional. Brasília: Unesco Publishing, 2015.

WEF (World Economic Forum). *The Global Competitiveness Report 2014-2015*. Geneva: WEF, 2014.

11. Ensino médio: entre a reforma e a mão de tinta

Binho Marques*
Flávia Nogueira**

A grave situação do ensino médio é de conhecimento de todos e tem sido intensamente denunciada (MTPE, 2007; Unicef, 2014; CNTE, 2011 e 2017). Se o ensino médio fosse uma casa, estaria prestes a desabar. Teria rachaduras, vazamentos, goteiras e curto-circuito por todos os lados. Jardim? Nem pensar.

A comparação não é um exagero. Com raras exceções, em geral, traduz-se como uma etapa escolar que não prepara para a vida nem atrai quem está fora da escola. O quadro se agrava ainda mais porque expulsa grande parte dos poucos representantes dos grupos mais vulneráveis, especialmente os jovens de baixa renda, deficientes, negros e mulheres, que com muito sacrifício chegaram até esse nível de ensino. Os mais prejudicados continuam sendo, geração após geração, aqueles que a Constituição Cidadã incluiu em 1988 como sujeitos de direitos.

A gravidade é tão visível quanto uma casa em ruínas, isto é, qualquer pessoa pode ver. No Brasil, uma parcela de 1,7 milhão de jovens de 15 a 17 anos está fora da escola, o que equivale a 16% de todos os jovens desta faixa etária (IBGE/Pnad/PNE em Movimento).[1] Dezoito em cada 100 estudantes do ensino médio são reprovados por ano e somente 67% dos jovens o concluem na idade adequada. Entre os

---

* Graduado em história pela Universidade Federal do Acre (Ufac), com especialização em história econômica da Amazônia e mestrado em educação pela Universidade Federal do Rio de Janeiro (UFRJ). Ex-governador do Acre e ex-secretário de Articulação com os Sistemas de Ensino (Sase/MEC).
** Universidade Federal do Mato Grosso (UFMT), Instituto de Biociências.
[1] Ver: <http://pne.mec.gov.br/monitorando-e-avaliando/monitoramento-das-metas-do-pne-2014-2024>.

poucos que conseguem terminar essa etapa, não passam de 27% os que alcançam um aprendizado minimamente satisfatório em português e 9% em matemática (IBGE/Pnad/PNE em Movimento). Portanto, não há dúvida sobre a gravidade do problema e a urgência de uma intervenção do poder público para que o quadro comece a mudar. Divergências aparecem, porém, quando se discute qual ou quais caminhos deve se tomar para realizar tal mudança.

Olhando uma casa em condições muito precárias, as opções certamente ficariam entre a ousadia de uma reconstrução total – cujos custos e exigências poderiam inviabilizar o projeto – e uma reforma modesta, que, mesmo solucionando alguns problemas estruturais, talvez ainda fosse insuficiente para garantir que a casa ficasse de pé.

Uma posição intermediária talvez pudesse se concretizar por meio de uma reforma ousada, porém viável. Esse tipo de reforma, tratado aqui como *reforma ampla* (Fullan, 2007), é aquela que diz respeito a um sistema inteiro, em todas as suas dimensões, reformulação curricular, avaliação, formação e valorização dos professores, tratadas no contexto da organização do financiamento, da melhoria das condições de oferta e da governança. Cabe lembrar que alguns sistemas estaduais foram capazes de realizar esse tipo de reforma, mesmo em condições extremamente adversas (Almeida Junior, 2006).

A chamada reforma do ensino médio brasileiro, amplamente anunciada, gerou expectativa na sociedade. O Ministério da Educação (MEC) poderia ter feito uma escolha mais ou menos ousada no gradiente de opções disponíveis. Porém o que se viu, guardadas as devidas proporções, foi como se o responsável pela obra de uma casa em ruínas, após rigorosa vistoria, recomendasse pintura das paredes e mudança dos móveis de lugar.

A opção pela *mão de tinta* exige da sociedade brasileira uma reflexão: que consequências terá essa chamada "reforma" para o ensino médio e para a já fragilizada educação do país? O resultado é sempre previsível quando se escondem rachaduras com pintura e enfeites: a situação tende a piorar. Por esse motivo, não se pode apoiar a chamada "reforma" apenas em função de uma real necessidade de reforma.

Uma reforma educacional pode não ser completa e, mesmo assim, ter grandes chances de sucesso. Isso depende de uma condição: não deixar escapar nenhum dos aspectos que geram as principais dificuldades para os desafios que se pretende enfrentar.

Essa reflexão se sustenta em um conjunto considerável de evidências, entre as quais as mais relevantes são consideradas a seguir.

Vazamentos

Os problemas do ensino médio não estão restritos a ele. Alguns são "vazamentos", isto é, atingem toda a educação básica. Essa é uma conclusão simples, já que o ensino médio é a última etapa da trajetória e, até alcançar o primeiro ano deste nível de ensino, o jovem estudante completou 11 anos de ensino obrigatório, caso não tenha sofrido nenhuma reprovação.

Diante do óbvio negligenciado, é necessário reafirmar que parte significativa dos graves problemas do ensino médio tem origem em tortuosas trajetórias escolares. Sequer a universalização do ensino obrigatório (dos quatro aos 17 anos) foi alcançada, mesmo com uma emenda constitucional (EM nº 59/2009) estabelecendo como prazo limite o ano de 2016. O ensino fundamental, especialmente seu segundo ciclo (do 6º ao 9º ano), onde os problemas são mais graves, carece de intervenção programada no radar do Ministério da Educação. Cabe a pergunta: é possível solucionar os problemas do ensino médio sem "fechar a torneira" dos mais graves problemas que nascem no fundamental e mesmo na educação infantil?

Os resultados da Prova Brasil confirmam essa insustentável situação. Apenas 1/3 dos alunos do 9º ano (600 mil de 2 milhões) chegam no ensino médio com aprendizado adequado para leitura e interpretação de textos, e somente 14% conseguem resolver problemas matemáticos exigidos para esta fase.[2]

---

[2] Ver: <http://www.qedu.org.br/brasil/aprendizado>.

A educação básica brasileira, portanto, é tratada de forma completamente fragmentada. Agravando ainda mais essa abordagem que desconecta melhorias no ensino médio das necessárias melhorias nas etapas anteriores, a chamada "reforma" tende a reduzir duplamente os recursos da educação infantil e do ensino fundamental. Nesse contexto, dois indicadores apontam para os problemas que virão. O primeiro indicador é a inclusão na lei de uma nova categoria capaz de alterar os fatores de ponderação do Fundo Nacional de Desenvolvimento da Educação Básica e de Valorização dos Profissionais da Educação (Fundeb). Isso abre caminho para distribuir os mesmos e insuficientes recursos do fundo para mais matrículas. Na prática, vai reduzir o valor mínimo nacional por aluno/ano das demais etapas e modalidades da educação básica. Diz a Lei nº 13.415/2017, em seu art. 9º:

> Art. 9º. O *caput* do art. 10 da Lei nº 11.494, de 20 de junho de 2007, passa a vigorar acrescido do seguinte inciso XVIII:
> Art. 10. [...]
> XVIII - formação técnica e profissional prevista no inciso V do *caput* do art. 36 da Lei nº 9.394, de 20 de dezembro de 1996.

A medida pode até ser necessária e válida, especialmente considerando o fato de se tratar de uma categoria já prevista na Lei de Diretrizes e Bases (LDB). Mas a decisão não vem acompanhada de medidas compensatórias para as demais etapas e modalidades da educação básica, que certamente serão prejudicadas. Se é grave a falta da categoria "formação técnica e profissional" na lei que regulamenta o Fundeb, mais grave será, por exemplo, a limitação ainda maior de recursos atribuídos às creches.

O segundo indicador é a definição de prioridade para o ensino médio nos mecanismos de financiamento voluntário. Situação semelhante aconteceu no passado recente, quando a prioridade era o ensino fundamental: as demais etapas da educação básica ficaram sem investimentos. Os recursos dependiam de acordos de cooperação internacional, com regras engessadas e programas inviáveis para a diversidade brasileira. Mais uma triste história a ser revivida pela educação do país.

Rachaduras

Qualquer reforma educacional será insustentável se não levar em consideração o problema da desvalorização dos profissionais do magistério e seu impacto na qualidade do ensino. Este é, sem dúvida, um elemento central dos problemas do ensino médio, solenemente desconsiderado pela chamada "reforma".

No Brasil, apenas dois em cada 100 estudantes do ensino médio querem entrar no mundo do trabalho como professor (Gatti e Barreto, 2009). Este é um indicador do desprestígio profissional a que chegou o magistério no país. Não bastasse a ausência absoluta de qualquer incentivo à valorização dos professores na chamada "reforma", há um viés de piora.

A chamada "reforma" foi aprovada no mesmo momento em que a Lei do Piso Salarial Profissional Nacional para os Profissionais do Magistério Público da Educação Básica está sendo destruída pela Emenda Constitucional nº 95/2016. Além de diminuir recursos para a educação, a emenda congela o teto de gastos por 20 anos. As consequências são previsíveis. Os salários dos professores, depreciados diante das demais categorias profissionais, tendem a tornar a carreira ainda menos atraente, provocando a migração dos seus melhores profissionais para outras carreiras ou o aumento da desmotivação daqueles que permanecem. Só acreditando em mágica será possível imaginar a melhoria do ensino médio com professores que têm um rendimento médio em torno de 52% daquele das demais categorias profissionais com o mesmo nível de formação, segundo o monitoramento da meta 17 do PNE.[3]

---

[3] Ver: <http://pne.mec.gov.br/monitorando-e-avaliando/monitoramento-das-metas-do-pne-2014-2024>.

Para não dizer que a chamada "reforma" deixou de fazer qualquer menção aos profissionais da educação, é importante frisar que, com extrema originalidade, ela inaugura a possibilidade de contratação de professores sem formação adequada, por meio do dispositivo do chamado "notório saber". O que pudesse, talvez, ser uma solução possível para condições específicas e extraordinárias, será uma estratégia utilizada em larga escala, sem um padrão de racionalidade mínimo, desprestigiando ainda mais as carreiras e ampliando as situações de precarização de trabalho. Pela chamada "reforma", o "notório saber" será regulamentado em cada conselho estadual de Educação, com completa liberdade.

Diante da grave situação econômica e do subfinanciamento da educação, é evidente que as secretarias estaduais tenderão a reduzir ainda mais os custos e estabelecer modelos mais baratos de contratação de pessoal. Isso leva a crer que os conselhos estaduais podem ser pressionados pelos gestores dos sistemas a flexibilizar ao máximo as normas que credenciam os tais professores com "notório saber". Considerando a heterogeneidade dos 27 conselhos do país e os históricos problemas culturais e políticos, é de se esperar que muita coisa saia do mínimo aceitável. A pergunta, nesse caso, é: qual será o papel da União, cuja competência se define constitucionalmente como aquele que deve zelar para que parâmetros nacionais de qualidade sejam efetivamente garantidos?

Goteiras

O Brasil adotou, tanto na Constituição Federal quanto na Lei de Diretrizes e Bases, o conceito de padrão mínimo de qualidade. É um conceito forte, apropriado para um verdadeiro federalismo cooperativo. Mas adotar o conceito, mesmo na lei maior, é insuficiente, pois não se traduz automaticamente em efetivos mecanismos de equalização.

O padrão mínimo de qualidade é uma espécie de proteção. Mesmo em um país desigual como o nosso, a existência de um padrão básico na educação deve assegurar a existência de uma condição próxima do que foi chamado de *escola única* pelo Manifesto dos Pioneiros da Educação Nova. Essa escola única, assim como o padrão básico, não pode ser confundida com a oferta de uma escola uniforme, como muito bem esclareceu Fernando de Azevedo no próprio Manifesto, lá em 1932.

No entanto, apesar de se tratar de uma necessidade de garantia de direitos iguais para todos, o MEC nunca cumpriu esse dispositivo legal. Nunca desenvolveu metodologicamente um mecanismo capaz de dar efetividade ao conceito. Na verdade, o ministério sequer foi capaz de calcular o custo aluno/ano das diversas etapas e modalidades da educação básica no Brasil. Não seria de se estranhar que a chamada "reforma" também negligenciasse esse conceito.

Um padrão básico para o ensino médio garantiria oportunidades educacionais minimamente equalizadas para todos os jovens. A partir disso, cada sistema iria agregar suas opções de escolha conforme suas características, o potencial socioeconômico e cultural do lugar e as demandas específicas de seus jovens.

A lei da "reforma", infelizmente, deu de ombros para tudo isso. A qualidade ou a falta de qualidade da escola, na realidade de cada estado e município, vai continuar a ser determinada pelo endereço de cada jovem candidato a cidadão. Assim, o país continuará com escolas de primeira, segunda ou quinta categoria. É um sistema que, no lugar de reduzir as desigualdades, as cristaliza e reproduz através das gerações.

Os defensores da chamada "reforma" certamente contestam essas afirmações. Provavelmente devem alegar que a lei vai equalizar a qualidade da oferta ao definir padrões de desempenho, conforme o § 6º do art. 3º: "A União estabelecerá os padrões de desempenho esperados para o ensino médio, que serão referência nos processos nacionais de avaliação, a partir da Base Nacional Comum Curricular" (Lei nº 13.415/2017).

Esse enunciado é um autoengano. Como equalizar os resultados se não forem asseguradas medidas de discriminação positiva para que todos tenham pelo menos as oportunidades educacionais básicas? Conhecendo a baixa qualidade da gestão dos sistemas de ensino, mesmo entre os sistemas estaduais, não é difícil imaginar as consequências do extremo grau de liberdade assegurado pela lei da chamada "reforma". É um telhado definitivamente injusto, cheio de goteiras. Protege uns e goteja noutros.

A ausência de padrões mínimos de oferta também vai dificultar uma avaliação justa das escolas e mesmo dos sistemas de ensino. Não havendo parâmetros comparativos básicos para as condições de oferta, o país continuará comparando banana com laranja. O Instituto Nacional de Estudos e Pesquisas Educacionais Anísio Teixeira (Inep) vai continuar medindo apenas os resultados de desempenho de estudantes, sem considerar as condições de oferta, caracterizadas por extrema desigualdade. Como sempre, um injusto sistema de avaliação como esse não é suficiente para o monitoramento e a avaliação das redes de ensino que permitam ao Ministério da Educação assumir sua função de coordenação da educação nacional, prestando apoio técnico e financeiro aos que de fato mais necessitam.

Para agravar o quadro, a Lei nº 13.415/2017, que instituiu a chamada "reforma", fragmenta ainda mais as oportunidades educacionais na medida em que transfere decisões que deveriam ser nacionais para os sistemas estaduais de ensino, usando termos como "a critério dos sistemas de ensino" ou "conforme a disponibilidade das redes". Mais uma vez a qualidade das escolas de ensino médio dependerá mais da qualidade e da disposição dos governos do que das condições institucionais de uma política de Estado.

É triste reconhecer que os recursos públicos, mesmo escassos, escorrem pelo ralo com ações e projetos desastrosos. Mesmo assim, o país se nega a realizar estudos sobre o custo aluno, não estabelece parâmetros de qualidade e não cria um sistema nacional de avaliação para monitorá-los. Essa falta de balizamento, característica da educação brasileira, em que quase tudo é permitido, infelizmente tende a tornar os desafios para o ensino médio ainda maiores.

Sem ventilação

Muitas casas são construídas de tal forma que, mesmo com muitas janelas e portas, o vento não circula. Estão sempre abafadas e com o ar parado. Uma reforma é a oportunidade para corrigir, ou pelo menos amenizar, esse indesejável problema. Criando caminhos para o vento entrar, sair e circular livremente, a sensação será muito mais agradável. Mas a chamada "reforma" do ensino médio não é do tipo que se atreve a quebrar uma parede e nem mesmo utilizar uma solução tecnológica muito simples, como os brasileiríssimos *cobogós*, para deixar o ensino médio menos "abafado".

Mesmo reconhecendo a baixa qualidade da gestão e o desperdício característico na maioria dos sistemas de ensino, não se pode deixar de admitir também que o subfinanciamento é um dos graves problemas da educação nacional. Pior que a falta de dinheiro novo para financiar as necessidades atuais é a redução do pouco que se tem. Na educação, isso é como uma casa sem circulação de ar.

Não é de hoje a grita para que o MEC assuma mais fortemente sua responsabilidade no financiamento da educação básica. O Fundeb, por exemplo, principal mecanismo de equalização do financiamento, é bancado quase que integralmente pelos próprios estados e municípios. Na soma total dos recursos do Fundeb, a participação da União não passa dos 10%. Esse ar viciado, que vem desde o Fundef, precisa ser renovado.

A chamada "reforma", no entanto, não aponta um avanço significativo sequer no financiamento da educação. Como já foi dito anteriormente, a única iniciativa voltada ao financiamento faz o que de pior pode ser feito: desloca recursos de uma etapa para outra, sem aumentar o montante geral.

Os defensores da chamada "reforma" podem alegar que a principal novidade da Lei nº 13.415/2017 está no financiamento para o ensino médio, como a criação do Programa de Fomento às Escolas de Tempo Integral. Aliás, sendo justo, quase 50% do texto da lei se dedica a instituir tal programa. Porém, como adequadamente foi nomeado, é um programa de "fomento". E isso difere diametralmente de um programa de financiamento. Com recursos absolutamente insuficientes para financiar a expansão de escolas de ensino médio de tempo integral, a chamada "reforma" apenas tenta induzir os sistemas estaduais a criarem novas escolas.

Segundo o próprio Ministério da Educação, estima-se um volume de investimentos da ordem de R$ 4,9 bilhões, em cinco anos, para serem aplicados em cinco eixos: construção da base curricular; formação profissional; material didático; infraestrutura e desenvolvimento; e itinerários formativos.[4] Não é preciso fazer muitos cálculos para reconhecer que um valor inferior a R$ 1 bilhão por ano para tantas demandas é insuficiente para motivar os sistemas de ensino, em grande parte incapazes de honrar a folha de pagamento no final do mês.

Outra fragilidade do programa é a ausência de uma obrigatoriedade de repasse. Inicialmente, conforme planejamento do próprio MEC, havia a expectativa de financiar, por exemplo, os estados com as maiores redes de ensino com um número máximo de 14 ou 15 escolas. A pergunta, nesse caso, seria: o que significa esse número para São Paulo, Minas Gerais, Bahia ou qualquer outro estado com redes especialmente grandes? O programa é, na realidade, uma gota de solução em um oceano de problemas.

O Plano Nacional de Educação traz como meta fazer com que o país tenha 25% de suas escolas com tempo integral até 2024. Mesmo com prazo bastante estendido, esse modelo de fomento, com poucos recursos e somado ao teto constitucional de gastos, indica que essa meta dificilmente será cumprida.

Curto-circuito

O *choque* entre as diferentes esferas de governo é inerente ao federalismo. Porém, nenhuma nação no planeta tem uma organização federativa como o Brasil, onde existem três esferas de governo com

---

[4] Ver: <http://educacao.estadao.com.br/noticias/geral,mec-preve-r-4-9-bi-para-ensino-medio,70001935119>.

igual autonomia, o município é constitucionalmente um ente federativo, sem contar a condição ímpar do Distrito Federal. Esse fato faz com que o resultado positivo ou não de uma política pública de caráter nacional dependa de, pelo menos, um grau mínimo de pactuação no momento de sua formulação. Essa regra, importante para qualquer política pública num país como o nosso, é extremamente importante na educação, e absolutamente indispensável na formulação de políticas para o ensino médio.

A gestão dos sistemas de ensino dos estados, de quem o ensino médio é atribuição, conta com uma vulnerabilidade adicional: o desalinhamento com as gestões educacionais das demais esferas de governo. Isso acontece porque o ensino médio sucede a educação fundamental, com oferta predominante dos sistemas municipais, e antecede o ensino superior, de responsabilidade do governo federal. Os resultados dos sistemas de ensino geridos pelas secretarias estaduais de Educação dependem da qualidade do fluxo e do aprendizado dos estudantes vindos das redes municipais. Por outro lado, o modelo de ensino ofertado na rede estadual é fortemente influenciado pelas expectativas dos jovens e das famílias em relação ao processo seletivo e às oportunidades educacionais do ensino superior.

Não havendo um sistema nacional, como é a realidade de áreas como a saúde, assistência social e meio ambiente, a educação padece da falta de regras e normas básicas nacionais. Nessa condição, o diálogo e a negociação são mais que fundamentais para que os projetos e as políticas de fato se efetivem.

O Ministério da Educação, no entanto, prefere impor projetos extremamente padronizados para a educação básica de todo o país, mesmo não sendo responsável por este nível de ensino. Os sistemas de ensino (contraditoriamente autônomos, pela lei), independentemente de suas particularidades, são levados a aderir a esses programas, mesmo que inadequados, sob risco de não acessar os recursos federais.

A ausência de espaços efetivos e transparentes de participação e pactuação agrava o quadro. No caso da chamada "reforma" do ensino médio, apesar do diálogo com secretários estaduais, a sociedade pouco se inteirou do processo. O projeto nasceu como medida provisória, transformada em lei pelo Congresso Nacional. Por este motivo, a chamada "reforma" do ensino médio não é sustentável. Ela não pode se dizer resultado do regime de colaboração entre os sistemas de ensino da União, dos estados, do Distrito Federal e dos municípios. Uma federação cooperativa como a nossa, que opta por ter uma *educação nacional* em um país tão desigual como o Brasil, não pode dispensar a articulação, a negociação e a cooperação entre as esferas de poder. A sustentabilidade de reformas educacionais depende de um sistema vinculante e de decisões verdadeiramente nacionais. Dificilmente uma reforma educacional se concretiza baseada apenas em programas construídos unilateralmente pelo MEC, especialmente nas etapas e modalidades da educação básica, pelas quais a esfera federal não é a principal responsável pela oferta.

Enquanto não existir diálogo federativo, o MEC continuará pautando sua atuação pela imposição de programas fragmentados e adornados por uma aparente adesão voluntária. Dessa maneira, os fios que poderiam alimentar de energia e conectar as relações governamentais, indispensáveis para a boa governança e governabilidade, desencapados, continuam apenas a provocar choques.

Em poucas palavras, um país como o Brasil só terá uma reforma educacional efetiva e profunda quando instituir um verdadeiro sistema nacional de educação. Sem isso, as chamadas reformas educacionais não passarão de mudanças cosméticas.

Um jardim sem flores

Infelizmente, uma das características mais graves dessa chamada "reforma" é desconsiderar aqueles que deveriam ser os verdadeiros protagonistas do processo: os jovens, e particularmente aqueles que mais dependem da escola pública. O que dizer da exclusão dos jovens na discussão de uma chamada "reforma" feita a pretexto de atender às suas necessidades? A verdade é que, ao contrário do que se propagandeou, os possíveis beneficiários serão poucos, muito poucos: os poucos de sempre.

O aspecto mais preocupante se situa no debate sobre os itinerários formativos, que foram fundamentais na argumentação da urgência e da priorização dos interesses dos jovens. Quando os dispositivos da lei são trocados em miúdos, o que se pode aferir é que os estudantes serão os últimos na cadeia dos detentores de poder de escolha. Quem de fato definirá os itinerários formativos disponíveis serão os sistemas de ensino, com critérios em que, evidentemente, irão prevalecer as opções de menor custo.

A promessa de que os jovens teriam livre escolha entre cinco itinerários formativos (linguagens e suas tecnologias; matemática e suas tecnologias; ciências da natureza e suas tecnologias; ciências humanas e sociais aplicadas; e formação técnica e profissional) cai por terra. A Lei nº 13.415/2017, depois de expor os itinerários de livre escolha, finda abrindo a possibilidade de, a critério dos sistemas, fazer um itinerário integrado. Este talvez seja o caminho de pelo menos 53% dos municípios brasileiros, que possuem uma única escola de ensino médio.

A lógica das escolas, diante das condições até aqui dadas pela chamada "reforma", será de modelos mais compromissados com a redução de custos pelos sistemas de ensino e, até mesmo, com os interesses de um crescente mercado de serviços educacionais.

Aos jovens, se nada for feito, essa história pretende reservar um papel secundário. São muitos os elementos que reforçam essa avaliação. Ao estruturarem os itinerários formativos, os sistemas de ensino sofrerão pressão para comprar os "produtos" disponibilizados pelo mercado, quadro ainda mais agravado pela crise, que os impulsiona pela necessidade de barateamento do serviço educacional.

Certamente haverá uma tendência crescente de oferta de formação técnica profissional. Mas certamente também essa ampliação corre o risco de ser de baixa qualidade, já que serão contratados professores sem licenciatura e se ampliará a possibilidade de trabalho articulado com o setor privado, o que nem sempre traz vantagens para a escola pública.

O Programa de Fomento à Educação de Tempo Integral, por sua vez, tem limitações que vão além do baixo volume de recursos assegurados. Por se tratar de recurso de transferência voluntária, o risco é o de uma negociação com critérios pouco claros e com grande liberdade para a volta do antigo balcão de negociações políticas.

Acrescentam-se às suas limitações a ausência de mecanismos garantidores de acesso, permanência e aprendizagem para os jovens em condições mais acentuadas de vulnerabilidade. Em um país onde 19% dos jovens não estudam nem trabalham, qualquer pretensão de uma verdadeira reforma jamais poderia deixar de fora esse grupo.

Uma proposta de reforma do ensino médio que não dialoga com os jovens e esquece os mais fragilizados é como um jardim sem flor. Jardim sem flor, de fato, nem é jardim.

Uma mão de tinta e não uma reforma

Assim se resume a chamada "reforma" do ensino médio. Não se pode prever todas as consequências, mas os princípios que a norteiam, claramente presentes na medida provisória original e na lei que a confirmou, nos obrigam a refletir e a nos preparar.

Diferentemente dos propósitos propalados, no lugar de adaptar as escolas aos interesses dos jovens, a dita "reforma" tende a adaptar os jovens às escolas. A diferença é que os jovens terão de se adaptar a novos modelos de escola, e não às escolas que eles já conhecem. As "novas" escolas, porém, não guardarão qualquer semelhança com aquelas sonhadas durante as ocupações por eles lideradas em 2016.

O futuro nos aguarda com escolas flexíveis? Depende do que se chama de flexível. Do ponto de vista da liberdade dos estudantes para montar seu próprio percurso formativo, é uma aposta que não vale a pena ser feita. Do ponto de vista da liberdade dos gestores de ensino e do mercado, a probabilidade é quase absoluta.

O que parece particularmente perigoso é a sofreguidão com que essa chamada "reforma" envereda pelo caminho da desregulamentação. Isso, sim, é uma verdadeira flexibilização. Um exemplo dessa situação é o provável uso abusivo do ensino a distância. Pela chamada "reforma", os cursos podem ser dados via EaD, em parceria com "instituições especializadas", que, por sua vez, podem aproveitar os créditos dos alunos em um futuro curso superior.

A análise do processo ausente de debate, via medida provisória, e a leitura do texto final da lei *causam espécie*. Esta antiga expressão é uma das que melhor expressam a indignação provocada. Mas como transformar a indignação em ação propositiva? Que fazer com um Congresso corrompido, organizações da sociedade e instituições acadêmicas fragilizadas e um Ministério da Educação inflexível?

Mesmo com uma situação tão adversa, há tarefa para todos que desejam resistir às consequências negativas de chamada "reforma". Há um campo vasto que vai além da resistência.

O Brasil tem uma agenda urgente, que é instituir o sistema nacional de educação (Ribeiro, Costa e Almeida Junior, 2015). Os gestores dos sistemas de ensino, por exemplo, podem avançar com um conjunto de ações de ajustes subnacionais, criando massa crítica para a construção de um futuro sistema nacional de educação. Situação semelhante aconteceu com o sistema de saúde. O SUS nasceu depois de inúmeras experiências subnacionais. Gestores estaduais e municipais, juntos, podem e devem avançar na territorialização das políticas educacionais, repensando as estruturas regionais de ensino e fortalecendo o regime de colaboração, sem esperar pela iniciativa da União. Nesse processo, é possível avançar na definição de padrões mínimos de qualidade para a unidade da Federação, por meio da promoção de amplo debate, da realização de estudos técnicos e da pactuação bipartite entre a secretaria estadual e a seccional Undime, ouvindo conselhos e fóruns de educação, que devem ser cada vez mais fortalecidos e mais afastados de ingerências políticas menores, que não favoreçam avanços republicanos.

Também é fundamental fazer com que o debate da Base Nacional Curricular Comum seja realizado de maneira profunda, a ponto de motivar a construção democrática dos projetos dos sistemas de ensino e das escolas. Nessas condições, a chamada "reforma" do ensino médio terá de se ajustar ao protagonismo de cada estado e de seus municípios, e não o contrário.

Neste momento de dificuldades, é preciso pensar o futuro e as possibilidades ainda não imaginadas, como fizeram os jovens nas ocupações de 2016. O sentido para a existência de um sistema, por intermédio de uma nova forma de organização da educação nacional, é a garantia do direito de acesso e qualidade à educação a todos os brasileiros, com padrões nacionais e políticas efetivamente capazes de levar o país a superar as desigualdades históricas no campo educacional.

Trata-se de uma tarefa por muitas vezes adiada e que, a cada dia não cumprida, subtrai direitos e impede avanços. Enquanto não há um sistema instituído, é fundamental trabalhar na construção dos avanços possíveis. A maior força virá, sempre, de um projeto verdadeiramente democrático e da coerência para colocá-lo em movimento.

Referências

ALMEIDA JUNIOR, A. M. *O planejamento estratégico e a reforma educacional do Acre*. 2006. 145 f. Dissertação (Mestrado em Educação) – Faculdade de Educação, Universidade Federal do Rio de Janeiro, Rio de Janeiro, 2006.

_____. *Instituir um sistema nacional de educação*: agenda obrigatória para o país. Texto elaborado com a contribuição de Carlos Augusto Abicalil (OEI), Carlos Roberto Jamil Cury (PUC/MG), Luiz Fernandes Dourado (UFG e CNE) e Romualdo Luiz Portela de Oliveira (USP). 2015. 5 p. Disponível em: <http://pne.mec.gov.br/images/pdf/SNE_junho_2015.pdf>.

CNTE. Ensino médio e educação profissional. *Revista Retratos da Escola*, Brasília, v. 5, n. 8, 2011.

____. A reforma do ensino médio em questão. *Revista Retratos da Escola*, Brasília, v. 11, n. 20, 2017.

FULLAN, M. *The new meaning of educational*. 4. ed. Nova York, Toronto: Teachers College Press, 2007.

GATTI, B.; BARRETO, E. S. (Coord.). *Professores do Brasil:* impasses e desafios. Brasília: Unesco, 2009.

MTPE. *Ensino médio:* o que querem os jovens? São Paulo: Movimento Todos pela Educação, 2007.

RIBEIRO, R. J.; COSTA, L. C.; ALMEIDA JUNIOR, A. M. A agenda urgente do Brasil. *Folha de S.Paulo*, São Paulo, 5 de agosto de 2015. Opinião, Tendências e debates. Disponível em: <http://www1.folha.uol.com.br/fsp/opiniao/228407-a-agenda-urgente-do-brasil.shtml>.

UNICEF. *Dez desafios do ensino médio no Brasil:* para garantir o direito de aprender de adolescentes de 15 a 17 anos. Brasília: Unicef, 2014.

12. Reforma do ensino médio: desafios ou ameaças para a construção de uma escola pública democrática?

Carmen Teresa Gabriel*

> Diferentes autores defendem o quanto o currículo vem assumindo centralidade nas políticas educacionais no mundo globalizado. Ou seja, as reformas educacionais são constituídas pelas mais diversas ações, compreendendo mudanças nas legislações, nas formas de financiamento, na relação entre as diferentes instâncias do poder oficial (poder central, estados e municípios), na gestão das escolas, nos dispositivos de controle da formação profissional, especialmente na formação de professores, na instituição de processos de avaliação centralizada nos resultados. As mudanças nas políticas curriculares, entretanto, têm maior destaque, a ponto de serem analisadas como se fossem em si a reforma educacional [Lopes, 2004:110].

Como aponta Lopes (2004) na citação trazida como epígrafe, entre as diferentes ações que configuram as reformas educacionais no cenário político contemporâneo, as relacionadas diretamente com as mudanças nas políticas curriculares assumem um maior destaque, muitas vezes sendo utilizadas como metonímia para toda e qualquer reforma no campo educacional. Os debates sobre a reforma do ensino médio sancionada pelo atual governo no início de 2017 não são exceções à regra e reforçam, portanto, essa afirmação. A despeito dos discursos formulados pelos defensores dessa

---

* Professora titular de currículo da Faculdade de Educação da Universidade Federal do Rio de Janeiro (UFRJ); atualmente exerce o cargo de diretora na mesma instituição. Doutora em educação pela Pontifícia Universidade Católica do Rio de Janeiro (PUC-Rio), realizou pós-doutorado na Université des Sciences Humaines de Lille.

reforma ou pelos seus críticos ferrenhos, as questões curriculares são impreterivelmente mobilizadas na formulação e sustentação dos seus respectivos argumentos.

Discutir a reforma do ensino médio em tela não significa, no entanto, apenas se posicionar nos debates atuais internos ao campo curricular, mas também, e sobretudo, entrar na disputa, sempre aberta, por projetos de sociedade nos quais são mobilizados diferentes sentidos/concepções de *educação, escola, docência, juventudes, ciência*, entre outros. Como qualquer texto político, ela pode ser vista como mais uma tentativa de regular dispersões, de controlar e hegemonizar, universalizar sentidos particulares, isto é, que atenda a interesses de grupos particulares *do que é/do que deveria ser/do que gostaríamos que fosse* o ensino médio em nosso país.

Essas pontuações iniciais são importantes, pois explicitam logo de saída o reconhecimento da estreita articulação entre educação e política que orienta o enfoque aqui assumido. Existem várias maneiras de entrar nessa discussão, em função do lugar da fala que ocupamos e os interesses que, deste lugar, defendemos. Neste texto, interessa-me falar do lugar não apenas de pesquisadora do campo curricular e/ou de professora formadora de professores da educação básica, mas igualmente do cargo que ocupo nesse momento, como diretora da Faculdade de Educação da Universidade Federal do Rio de Janeiro, uma instituição cuja trajetória de quase 50 anos é marcada pelo compromisso com a formação inicial e continuada dos professores da educação básica. Afirmar esse lugar de fala não significa reivindicar o lugar da verdade científica inconteste, e sim explicitar alguns pressupostos e apostas políticas no que diz respeito a entendimentos de *escola pública* e *docência* em uma ordem social desigual como a nossa e em uma conjuntura política marcada pelo retorno de discursos autoritários, de acirramento do ataque às instituições públicas, e pelo recrudescimento do conservadorismo.

Este texto está organizado em três momentos. No primeiro, explicito os pressupostos epistemológicos e apostas políticas que subjazem as reflexões aqui propostas sobre a reforma do ensino médio. No segundo, abordo temas ou teses mais gerais que atravessam os debates sobre essa reforma. Por fim, no terceiro momento, sublinho alguns aspectos que, entendo, se apresentam menos como desafios do que como ameaças para a construção ou consolidação de um sistema de ensino público democrático.

Alguns pressupostos e apostas político-epistemológicas

Nesta primeira seção, destaco quatro pontos que permitem compreender o campo discursivo no qual ocorrem as lutas pela significação de termos como *escola* e *docência*. O primeiro ponto diz respeito ao próprio entendimento da interface orçamento público-educação pública. Nunca é demais reafirmar que educação não é gasto e, sim, investimento. Essa afirmação não pressupõe a negação da necessidade de discutir planejamento e/ou estabelecer parâmetros para o orçamento. O que está em jogo é a importância da distinção, na área da educação, entre essas duas lógicas econômicas – gasto e investimento – que influenciam na forma de pensar e conceber o próprio planejamento e orçamento nessa área.

O entendimento de escola pública é o segundo ponto que gostaria de destacar. Isso significa recolocar no jogo de linguagem o próprio sentido de *público* que adjetiva essa instituição. Na contramão dos fluxos de sentido hegemonizados pelo senso comum e muitas vezes reatualizados nos discursos políticos, este texto se inscreve em movimentos de defesa da escola pública que combatem sua associação direta a uma instituição pensada e direcionada exclusivamente para as classes mais desfavorecidas. Outro sentido para o termo *público* mobilizado, de forma recorrente, nos debates do campo educacional, e sobre o qual entendo ser igualmente necessário problematizar, refere-se àquele que reduz sua definição à oposição frontal à ideia de *privado* ou *particular*. Como venho discutindo (Gabriel, 2015), essas "significações" (Leite, 2010) de *público* não contribuem para a afirmação de uma escola pública laica e democrática para todos e todas. Para tal, importa problematizar a articulação entre espaço público e mundo comum, introduzindo nessa cadeia discursiva os significantes *visível* e *visibilidade*. Nos limites dos objetivos deste texto, não cabe aprofundar teoricamente essa questão. Trago apenas a afirmação de Tassin (1992/1) como provocação ou disparador de futuras reflexões:

> o bem público não pode ser apanágio de nenhuma comunidade particular, não pode consistir na afirmação e na preservação de uma pretensa identidade comunitária: ele é a preservação do espaço político e da visibilidade que dá lugar a um mundo comum [Tassin, 1992/1:36].

O terceiro ponto diz respeito à forma como compreendemos as funções social e política da escola pública, nomeadas por Biesta (2012) de *qualificação, socialização* e *subjetivação*, bem como a relação estabelecida entre elas. Para esse autor, essas três funções justificam a existência de toda e qualquer instituição escolar. A função de qualificação consiste em proporcionar conhecimento, habilidades e entendimento e também, quase sempre, disposições e formas de julgamento que permitam aos sujeitos escolarizados "fazer alguma coisa". Importa sublinhar que essa função não se limita à preparação para o mundo do trabalho. Afinal, a ação de "proporcionar conhecimento e habilidades" carrega um potencial político que pode ser explorado tanto no sentido de manutenção como de subversão de uma ordem social hegemônica. A socialização diz respeito "às muitas formas pelas quais nos tornamos membros e parte de ordens sociais, culturais e políticas por meio da educação" (Biesta, 2012:818). A função de subjetivação funciona em oposição à função de socialização na medida em que, para esse autor, "não se trata precisamente da inserção de recém-chegados às ordens existentes, mas das formas de ser que sugerem independência dessas ordens" (Biesta, 2012:819). O reconhecimento dessas funções é crucial para combater visões mercadológicas e tecnicistas que atravessam o debate.

Por fim, o quarto ponto a ser destacado diz respeito ao entendimento da docência como profissão e seus efeitos sobre a formação de professores da educação básica. Formar professores é propiciar sua inscrição na especificidade da cultura profissional docente. Em trabalhos anteriores (Gabriel, 2015, 2016), tenho insistido na importância de explorarmos o sentido da singularidade deste ofício, destacando a *relação com o conhecimento* como o aspecto que melhor a define.

Como já mencionado, não cabe aqui aprofundar esses quatro pressupostos e apostas político-epistemológicas. O propósito em apresentá-los, ainda que brevemente, foi o de explicitar a minha leitura "interessada" sobre a reforma curricular do ensino médio, bem como as considerações que trago para o debate. Interessa-me mais particularmente explorar os efeitos dessa reforma na construção de uma escola pública para todos e todas. Afinal, em que medida esse texto de lei participa da construção de uma sociedade democrática mais justa? Que concepções de sujeito-estudante-jovem ou de sujeito-docência ele veicula? O que ele define e legitima como conhecimento a ser ensinado nesse nível de formação?

A seguir, problematizo algumas teses que circulam com muita frequência nos debates e que, considero, tendem a ser assumidas de forma naturalizada.

Teses presentes no debate sobre reforma do ensino médio em curso

Entre as teses ou discursos naturalizados que subjazem os argumentos dos defensores da reforma do ensino médio, destaco: (i) a tese da necessidade e da urgência em repensar e implementar essa reforma; (ii) a crença desmesurada nos efeitos positivos da mudança curricular na definição da qualidade do ensino médio; (iii) a descontextualização da reforma do ensino médio em relação ao conjunto de políticas que afetam a educação brasileira; e (iv) o entendimento da política curricular como reduzida às ações do Estado.

Em relação à primeira tese, não se trata de negar a necessidade de melhorar o ensino médio ou o sistema de ensino brasileiro em sua globalidade. Os desafios que se apresentam para esse nível de ensino têm sido objeto de reflexão há décadas, suscitado debates acirrados no campo educacional e motivado propostas de mudanças visando superar os obstáculos identificados como entraves para sua melhoria. No entanto, o reconhecimento dessa necessidade não sugere assumir ou validar certos discursos aos quais ela vem sendo articulada para justificá-la. Refiro-me, por exemplo, às ideias de *urgência* e de *qualidade*. A própria maneira pela qual foi conduzido o processo dessa reforma deixa entrever o caráter de urgência que lhe foi atribuído. Diferentemente de outras reformas curriculares, essa se apresentou sob a forma de medida provisória antes de ser sancionada por lei.

Caberia perguntar: o que justifica essa urgência, em meio a tantos outros desafios que se apresentam hoje para a educação brasileira, a ponto que isso seja feito dessa maneira? Essa pergunta se torna mais pertinente quando sabemos que a questão da reforma do ensino médio foi objeto de discussão e sua expansão e melhoria, metas do Plano Nacional da Educação (2014-2024), aprovadas por lei no governo da presidente Dilma Rousseff e à espera de serem cumpridas. A despeito das críticas que possam ser endereçadas a esse plano, ao contrário da referida reforma do ensino médio, ele foi resultante de um debate muito intenso ao longo de mais de três anos, envolvendo diferentes setores da sociedade brasileira.

Alguns aspectos tanto no diagnóstico quanto nas soluções apontadas para a saída da crise na qual sucumbe o ensino médio são questões que vêm sendo pautadas talvez há décadas por estudiosos da área, com outros enfoques ou perspectivas teórico-políticas, mas suficientemente potentes para desestabilizar as ideias de *urgência* e *ineditismo*. A quem interessa, na conjuntura política atual, essa rapidez na implementação dessa reforma tal como formulada em texto de lei sancionado[1] em 16 de fevereiro de 2017?

---

[1] Esse conjunto de diretrizes voltadas para o ensino médio, antes de ser sancionado em lei, foi apresentado pelo governo federal em 22 de setembro de 2016 sob a forma de medida provisória.

Entre os argumentos que sustentaram e sustentam esse caráter de urgência destacam-se as críticas severas e veementes à qualidade da educação pública, e do ensino médio em particular. Frequentemente apoiado em dados estatísticos – que tendem a ser tomados como evidências inquestionáveis – e/ou em comparações com sistemas educacionais de outros países – sem muitas vezes considerar as suas trajetórias históricas e suas condições materiais diferenciadas –, esse nível de ensino é caracterizado como de baixa qualidade, com elevada taxa de evasão escolar e excesso de disciplinas, sem estrutura e apresentando discrepância entre os conteúdos da sala de aula e a realidade dos alunos. Sem negar os graves problemas e desafios enfrentados pelo sistema educacional brasileiro, importa sublinhar que a luta pela melhoria de sua qualidade não é apanágio, tampouco monopólio, de um grupo ou setor particular da sociedade. Não é por acaso que o termo *qualidade* seja objeto de disputas e mobilizado em diferentes arranjos discursivos que definem as políticas curriculares contemporâneas. Qual o sentido de *qualidade* que tende a ser hegemonizado nos discursos favoráveis à implementação desta reforma curricular do ensino médio? Reconhecendo a impossibilidade de estabelecer sentidos unívocos entendidos como "o mais verdadeiro" ou "mais correto" para qualquer termo, defendo que o jogo político consiste igualmente em disputar, em meio aos múltiplos processos de significação em torno do termo qualidade, a hegemonização de um sentido particular em função dos interesses que sustentam os projetos de escola, de universidade e de sociedade pelos quais apostamos e lutamos.

A leitura atenta dos argumentos desenvolvidos para a defesa desta reforma curricular não terá dificuldade em perceber que as articulações privilegiadas para fixar um sentido particular do termo *qualidade* o colocam em oposição antagônica ao sentido de *público*, de escola e universidade *públicas*. Essas instituições são percebidas como inoperantes, incapazes de cumprir suas funções, em particular a de qualificação para o mercado de trabalho. Como já mencionado, longe de fazer a apologia do espaço público e/ou a demonização do espaço privado, argumento que, face à gravidade dos problemas a serem enfrentados na sociedade brasileira, torna-se crucial uma reflexão sobre o próprio entendimento do termo público que adjetiva, no caso deste texto, as instituições de formação. Um entendimento que não o coloque como o "exterior constitutivo" (Laclau e Mouffe, 2004) de um sentido de qualidade, mas sim que garanta as múltiplas possibilidades abertas para nos inscrevermos e agirmos no mundo.

Outra tese bastante difundida nesses debates diz respeito à reafirmação da crença desmesurada – que atravessa o próprio campo educacional – nos efeitos positivos de uma mudança curricular para a melhoria da qualidade de ensino. Interessante observar que essa afirmação não se pauta em estudos científicos e evidências empíricas que permitam articular diretamente mudança no currículo (aqui tomado no sentido restrito da seleção e distribuição dos conhecimentos, conteúdos legitimados e validados como objeto de ensino) e melhoria da aprendizagem e, por tabela, melhor rendimento escolar e, portanto, melhoria no sistema de educação. Por que a reforma curricular tem sido uma estratégia recorrente das políticas educacionais para "solucionar" crises nessa área (para além da reforma do ensino médio, importa sublinhar a elaboração da Base Nacional Comum Curricular (BNCC) ou a produção de diretrizes para o curso de licenciaturas)? Embora reconheça e defenda em meus estudos e pesquisas (Gabriel e Castro, 2013; Gabriel, 2016) o lugar político incontornável do conhecimento escolar nas políticas educacionais, essa associação deve ser analisada de forma mais complexa e contextualizada com as diferentes variáveis que contribuem para a reflexão sobre o sistema educacional brasileiro.

Outras tantas necessidades e situações precárias diagnosticadas e denunciadas há tempos por diferentes setores de nossa sociedade que afetam diretamente a qualidade da educação, como as condições objetivas dos professores da educação básica para exercer com qualidade e dignidade seu ofício, não merecem a mesma atenção quando a discussão gira em torno de melhoria do ensino médio? Não se trata de fugir da temática da reforma do ensino médio, tampouco negar a importância e o lugar do currículo nessa discussão, mas sim de problematizar certas naturalizações que escamoteiam vontades políticas bem definidas. Pensando do lugar de gestores das políticas de educação em escala nacional, por que o investimento com tanto afinco em determinadas ditas "soluções" para a superação da crise em detrimento de outras? Esses questionamentos remetem à terceira "tese" que, considero, precisa ser problematizada. Refiro-me ao que nomeei como a "descontextualização" da reforma do ensino médio em relação ao conjunto de políticas em curso em nossa contemporaneidade que afetam a educação brasileira. A hipótese com a qual trabalho consiste em afirmar que o isolamento dessa temática nos argumentos desenvolvidos pelos seus defensores traduz paradoxalmente seu grau de imbricação e dependência em relação às demais políticas que vêm sendo implantadas. Argumentar a favor da reforma sem articulá-la de forma contundente com as demais políticas, como a BNCC[2] e a Proposta de Emenda à Constituição nº 241,[3] não deixa de ser uma estratégia de apagamento das prioridades e dos interesses que estão sendo defendidos. A reforma do ensino médio seria, assim, mais um dispositivo, entre tantos outros acionados, para a consolidação da hegemonia de um sentido particular de "educação de qualidade".

---

[2] Como previsto no texto de lei da reforma do ensino médio, 60% do currículo serão ocupados pelas disciplinas obrigatórias e 40% corresponderão aos itinerários formativos escolhidos pelos estudantes (a chamada flexibilidade curricular). No que diz respeito às disciplinas obrigatórias, seus respectivos conteúdos dependem diretamente das orientações fixadas na BNCC. Quando sabemos das polêmicas que envolvem a construção de uma base comum, fica difícil pensar de forma isolada essas duas políticas.

[3] Essa proposta de emenda à Constituição trata diretamente da contenção dos gastos públicos por meio de medidas que reduzem de forma drástica o orçamento público previsto para a área educacional. Impossível não se interrogar: como viabilizar uma reforma que exige um investimento financeiro significativo (implementação de tempo integral, possibilidades de oferta de múltiplos itinerários formativos, por exemplo) no sistema educacional e, simultaneamente, está inscrita em uma lógica de contenção de gastos públicos na área da educação?

Por último, a quarta tese diz respeito ao próprio entendimento de política educacional ou curricular privilegiado nos debates sobre essa temática, que tendem a reduzi-la às ações do Estado. É comum, entre os defensores dessa reforma, escolher, como porta de entrada nos debates, os desafios para sua implementação. Partindo da aceitação acrítica tanto do diagnóstico catastrófico quanto das soluções "inovadoras" veiculadas, restaria investir nas condições para a efetivação destas últimas. Esse tipo de argumentação, ao se centrar na ideia de implementação, opera com um sentido de política que a reduz às ações do Estado. Essa percepção tem sido criticada pelas contribuições teóricas do campo do currículo, em particular pelos estudos de política curricular que incorporaram as contribuições de Ball (1998, 2001), em particular, da categoria de análise *ciclo de políticas*, entendida como chave de leitura potente para ampliação do foco das análises políticas para além da visão estadocêntrica. Nessa perspectiva, o Estado não é o único contexto produtor de políticas, as escolas e universidades são contextos nos quais as políticas são igualmente produzidas e reconfiguradas. Desse modo, a despeito do desejo em acelerar a execução das orientações contidas no texto de lei que legitima essa reforma, o processo efetivo de sua "implementação" assumirá ritmos e movimentos imprevistos em função das características e dos interesses dos diferentes contextos de produção envolvidos.

Reforma do ensino médio: notas críticas sobre o texto de lei

A partir dos pressupostos, apostas e críticas mencionados nas duas seções anteriores, apresento a seguir uma leitura dos debates suscitados pelo texto da lei, destacando alguns vestígios ou pistas que reforçam o argumento de que o mesmo emerge mais como ameaça do que como desafio e representa, portanto, um retrocesso na forma de pensar o sistema educacional. São eles: (i) a articulação hegemonizada entre *escola pública* e *conhecimento escolar*; (ii) a ideia de flexibilização curricular; e (iii) a concepção de docência.

A primeira pista está intrinsecamente vinculada ao sentido de escola pública fixado e hegemonizado nos argumentos favoráveis a essa reforma. Embora já mencionado, nunca é demais insistir nesse aspecto. Com efeito, a responsabilidade da fragilidade e da precariedade do ensino médio atribuída às escolas públicas desse nível de ensino que temos hoje funcionando pelo país está na base de todos os demais argumentos e soluções propostos nos discursos oficiais que a defendem. Nesses discursos, a escola pública do ensino médio não estaria apenas "sob suspeita" (Gabriel, 2008), mas condenada pelo seu conteudismo, arcaísmo, obsoletismo, desvinculada da vida, com excesso de disciplinas obrigatórias, sem articulação com as demandas dos nossos jovens. Por que aceitar sem questionar ou problematizar esse diagnóstico? Qual o entendimento de conteúdo fixado nessa proposta curricular? Qual a fronteira entre a crítica ao conteudismo e a adesão à perspectiva conteufóbica? Nem vilão, tampouco panaceia, importa perceber o potencial político que ele carrega em um contexto de injustiça social cognitiva – tanto em termos de acesso como do tipo de relação com o conhecimento estabelecido nessas instituições – e seu papel para a efetivação das funções de qualificação e de socialização exercidas pela escola.

Que demandas de conhecimento são valorizadas e incorporadas nessa reforma do ensino médio? Apenas as que interferem na qualificação entendida como inserção no mercado de trabalho? O que dizer sobre as demandas de diferença e de igualdade formuladas no seio dos movimentos sociais e que interpelam há décadas instituições como a escola e a universidade? Em que medida uma proposta de reforma curricular que silencia ou secundariza, em nome da urgência de suprir as necessidades do mercado de trabalho, suas funções de socialização e de subjetivação pode, efetivamente, contribuir para fazer avançar os debates sobre a democratização do sistema de ensino?

Essas interrogações apontam a importância de incorporar, nesse debate, as discussões acumuladas no campo educacional que envolvem a questão dos processos de produção e distribuição do conhecimento escolar. Que critérios são mobilizados para selecionar os conteúdos e disciplinas? Isso significa, talvez, não apenas pensar na seleção de um conhecimento disciplinar objetivado a partir de um padrão de objetividade hegemonizado ao longo da modernidade e que se encontra, hoje, no alvo das críticas às leituras essencialistas e deterministas de mundo, mas, sobretudo, explorar o tipo de relação com o mundo, com os diferentes sujeitos e consigo mesmo que esses saberes/conhecimento escolar/universitário permitem estabelecer.

Nesta perspectiva, é possível pensar que, em vez de investir em um conhecimento mais ou menos teórico, mais ou menos prático ou mais ou menos crítico "em si", problematizar a natureza ou o tipo de relações com o mundo – teórica, prática ou crítica – que os diferentes conhecimentos/saberes disponíveis podem propiciar. Relações essas que não são contraditórias, tampouco dicotômicas. Isso permite pensar tanto os currículos da educação básica quanto os das licenciaturas não apenas em termos de inclusão ou de exclusão de saberes ou disciplinas escolares de uma grade curricular, mas também em termos de interrogação sobre quais tipos de relação com o mundo, com os outros e consigo mesmo interessa investir nos processos ou percursos formativos.

O segundo vestígio refere-se à ideia de flexibilidade curricular que atravessa a organização curricular da referida reforma. Divulgada por diferentes canais midiáticos como um verdadeiro avanço e solução inovadora para tornar a escola do ensino médio mais adequada às demandas e expectativas dos jovens, a flexibilidade dos itinerários formativos, tal como formulada, tende a acarretar efeitos opostos aos proclamados. Inscrita em um contexto marcado por uma acentuada distribuição desigual dos bens culturais, pela implementação de políticas econômicas pautadas em cortes orçamentários do setor educativo, pelo desmantelamento sistemático das instituições educacionais públicas, a flexibilização curricular poderá produzir dois efeitos bastante nocivos para a efetivação de uma escola pública democrática: o reforço das desigualdades regionais e a reatualização de uma estrutura educacional dualista

– propedêutico e profissionalizante – em um sistema de saberes historicamente construído como hierárquico. Como afirmar a possibilidade de ofertas de diferentes percursos formativos pelas diversas escolas do país em função dos interesses dos estudantes sem garantir o investimento financeiro necessário para que essa oferta seja factível? Afinal, trata-se de flexibilidade da oferta de percursos em função das condições objetivas de cada região/município/escola ou da flexibilidade de escolhas entre os diferentes percursos disponíveis de forma equitativa em todas as regiões em função dos interesses de cada estudante? A resposta a esta última questão é fundamental para compreendermos os impactos reais de tal proposta de organização curricular na melhoria do ensino médio.

Em relação ao segundo efeito nocivo, o que está em jogo é a concepção de ensino profissionalizante na sua articulação com os demais percursos formativos disponibilizados. Oferecido como um entre tantos outros possíveis percursos,[4] o ensino profissionalizante corre o risco de continuar a ser percebido como um percurso de menor valor, menor prestígio, aligeirado e voltado principalmente para as classes populares. Dito de outra maneira, um percurso formativo que, em vez de ser escolhido, é percorrido por aqueles que não têm outra opção. Para os mais ricos, os mais abastados, o caminho para a universidade; para os mais pobres, o ensino profissionalizante. Esse tipo de dualismo já foi experimentado e duramente combatido no campo educacional. O desafio consiste em criar condições objetivas para que o ensino profissionalizante não seja uma falta de opção, mas sim uma opção qualificada.

A terceira pista concerne ao sentido de docência e/ou de formação docente da educação básica fixado no texto da reforma. Apesar de este texto normativo não abordar diretamente esses aspectos, de forma semelhante à fixação de um sentido particular de escola

---

[4] No texto da lei que sancionou a reforma do ensino médio são identificados cinco itinerários formativos diferentes: linguagens e suas tecnologias; matemática e suas tecnologias; ciências da natureza e suas tecnologias; ciências humanas e sociais aplicadas; e formação técnica e profissional.

pública, ele participa das lutas pela significação do termo docência e, por conseguinte, de formação docente por meio da reatualização de visões negativas desse ofício. Essa afirmação se sustenta tanto no diagnóstico que justifica a implementação dessa reforma quanto nas soluções propostas. Nas análises que subsidiam sua formulação e defesa, não é apenas a escola pública que é ineficaz, os professores da educação básica também são malformados. Além desse diagnóstico sombrio e generalizante sobre a qualidade dos professores, importa destacar o uso, no texto da lei, da expressão *notório saber*. O uso dessa expressão nesse documento de lei não é anódino. Ele pode ser interpretado como uma estratégia de reafirmação de um discurso de desqualificação do professor como profissional. Se considerarmos as disputas históricas pela definição e legitimação desse ofício, o emprego de uma expressão que deixa a possibilidade de questionarmos a singularidade dos saberes docentes emerge como ameaça ou retrocesso em relação aos avanços já conquistados.

Que sentido particular de docente e/ou uma formação docente "de qualidade" a referida reforma contribui para fixar e hegemonizar? Uma formação que capacite, treine os licenciandos a transmitir o que, por exemplo, essa reforma curricular ou a própria Base Nacional Comum Curricular considera o conteúdo legitimado a ser ensinado na educação básica? Retorno ao tecnicismo pedagógico? Ou uma formação que assuma as funções social e política de uma instituição como a universidade pública e permita que os futuros professores aprendam a enfrentar, do ponto de vista político e epistemológico, as questões de estabilidade ou de continuidade da cultura profissional docente, tanto em seus aspectos desejáveis quanto indesejáveis? Isto é, uma formação que garanta a socialização profissional docente, processo no qual o currículo de licenciatura é um dos dispositivos acionados?

Espero que os argumentos aqui desenvolvidos tenham contribuído para a reflexão proposta sob a forma de interrogação que aparece no título atribuído a este texto. Essas breves considerações sobre a reforma do ensino médio evidenciam o papel que ela desempenha nas lutas em curso pela significação de escola pública e docência para a educação básica de "qualidade". As interrogações formuladas ao longo do texto não são apenas retóricas. Afinal, como nos lembra Burity (2010), "há sim uma disputa pelo que há, pelo que está acontecendo, pelo para onde vão as coisas, em suma, mais do que uma guerra de interpretações, uma disputa hegemônica pelo mundo em que vivemos" (Burity, 2010:8).

Referências

BALL, S. Cidadania global, consumo e política educacional. In: SILVA, L. H. *A escola cidadã no contexto da globalização*. Petrópolis: Vozes, 1998. p. 121-137.

_____. Diretrizes políticas globais e relações políticas locais em educação. *Currículo sem Fronteiras*, Rio de Janeiro, v. 1, n. 2, p. 99-116, jul./dez. 2001.

BIESTA, G. Boa educação na era da mensuração. *Caderno de Pesquisa*, São Paulo, v. 42, n. 147, p. 808-825, set./dez. 2012

BURITY, J. Teoria do discurso e educação: reconstruindo vínculo entre cultura e política. *Revista Teias [online]*, n. 22, p. 1-23, 2010.

GABRIEL, C. T. Conhecimento escolar, cultura e poder: desafio para pensar o campo do currículo em "tempos pós". In: MOREIRA, A. F.; CANDAU, V. M. *Multiculturalismo*. Diferenças culturais e práticas pedagógicas. Petrópolis: Vozes, 2008.

_____. Didática, currículo, docência: articulações possíveis em torno do significante "conhecimento". In: CRUZ, G.; OLIVEIRA, A. T. de C. C.; NASCIMENTO, M. das G. C. de A; NOGUEIRA, M. A. (Org.). *Ensino de didática*: entre recorrentes e urgentes questões. Rio de Janeiro: Quartet, 2014.

_____. Docência, demanda e conhecimento escolar: articulações em tempos de crise. *Currículo Sem Fronteiras*, v. 15, n. 2, p. 425-444, maio/ago. 2015.

_____. Quando "nacional" e "comum" adjetivam o currículo da escola pública. *Retratos da Escola*, v. 9, p. 283-297, 2015.

_____. Conhecimento escolar e emancipação: uma leitura pós-fundacional. *Caderno de Pesquisa*, São Paulo, v. 46, n. 159, p. 104-130, jan./mar. 2016.

_____; CASTRO, M. M. Conhecimento escolar: objeto incontornável da agenda política educacional contemporânea. *Revista Educação em Questão*, Natal, v. 45, n. 31, p. 82-110, jan./abr. 2013.

LACLAU, E.; MOUFFE, C. *Hegemonía y estratégia socialista*. Hacia una radicalización de la democracia. Buenos Aires: Fondo de Cultura Económica de Argentina, 2004.

LEITE, M. S. Adolescência e juventude no ensino fundamental: significações no contexto da prática curricular. *Revista Teias*, v. 11, n. 22, p. 55-74, maio/ago. 2010.

LOPES, A. C. Políticas curriculares: continuidade ou mudança de rumos? *Revista Brasileira de Educação*, São Paulo, n. 26, p. 109-118, 2004.

TASSIN, E. Espace commun ou espace public? L'antagonisme de la communauté et de la publicité. *Hermès, La Revue*, n. 10, p. 23-37, 1992/1.

13. Os desafios do médio na Idade Mídia

Francisco Aparecido Cordão*

O ensino médio no Brasil sempre tem oscilado entre uma orientação acadêmica e outra de natureza profissionalizante. Ora está orientado essencialmente para a continuidade de estudos em nível superior, ora objetiva a preparação para o trabalho. Quase sempre, a valorização de uma das orientações acaba inevitavelmente prejudicando a outra. Tenho insistido à exaustão que a educação profissional não substitui o ensino médio e nem com ele concorre. Entendo que a valorização de uma das orientações não representa a negação da importância da outra, até porque a melhoria da qualidade da educação profissional pressupõe, necessariamente, uma educação básica de qualidade. Esta, por sua vez, é uma das condições indispensáveis para o êxito profissional em um mundo do trabalho como o nosso, cada vez mais pautado pela contínua exigência de qualidade na produção de bens e serviços.

Qualidade e produtividade são requisitos essenciais de sobrevivência nesse mundo do trabalho que está ficando cada vez mais complexo, competitivo e exigente de novos saberes e competências profissionais. Não dá mais para ficar cultivando um ensino médio espremido entre o ensino fundamental e a educação superior, sem direção clara de seus objetivos. Alguns caracterizam sua finalidade centrada na preparação do educando para a continuidade de estudos em níveis superiores. Outros bradam que ele deve garantir ao jovem seu preparo para ingresso no mundo do trabalho. É preciso

---

* Titular da cadeira 28 da Academia Paulista de Educação, filósofo e especialista em educação profissional, com acentuada participação em conselhos de educação no estado e município de São Paulo e na Câmara de Educação Básica do Conselho Nacional de Educação.

alterar profundamente esse cenário atual marcado pela indefinição, fruto de séculos de descaso, indecisões e preconceitos. Não existe mais tempo para adiar a mudança. Ou o novo ensino médio atende aos interesses das juventudes que o frequentam, iluminando seus sonhos e trilhas da aprendizagem, ou está fadado ao fracasso. Este desafio de alteração profunda em relação à oferta do ensino chamado secundário ou médio não é só do Brasil. O desafio é mundial, pois o nosso "Planeta Azul"[1] está ficando cada vez menor. Efetivamente, nos dias atuais, já não passamos de uma grande e miúda "aldeia global".[2] Nesta aldeia global, onde as tradicionais categorias de espaço e de tempo estão sendo significativamente alteradas, os mundos do trabalho e da produção de bens e serviços também passam por profundas modificações e são cada vez mais exigentes de qualidade e produtividade para ganharem força de competitividade em mercados cada vez mais globalizados e complexos, acompanhando o vertiginoso desenvolvimento científico que solidifica contínua inovação tecnológica. É neste contexto que estamos sendo chamados a analisar e enfrentar os desafios do ensino médio. Ainda ouso acrescentar: ensino médio na Idade Mídia.

Para analisar os novos desafios do ensino médio na Idade Mídia, neste primeiro quartil do século XXI, em um Brasil que ainda ostenta enorme dívida social em matéria de educação de seu povo, tomo como ponto de partida os dispositivos definidos pela Constituição Federal de 1988[3] e pela atual Lei de Diretrizes e Bases da Educação Nacional, aprovada em 1996 como Lei nº 9.394/1996,[4] que já se encontra bastante alterada. Destaco duas leis que modifi-

---

[1] O russo Yuri Gagarin foi o primeiro astronauta a viajar pelo espaço e, em 12 de abril de 1961, viajando ao redor da terra a bordo de sua nave Vostok 1, olhando para o nosso planeta e vendo-o envolto em sua atmosfera, exclamou admirado: "A Terra é azul". Ver: <http://www.aeb.gov.br/a-terra-e-azul-yuri-gagarin/>.
[2] "Aldeia global" é um termo criado pelo filósofo canadense Herbert Marshall McLuhan, na década de 1960, como forma de explicar os efeitos da comunicação de massa sobre a sociedade contemporânea em todo o mundo, encurtando espaços. Ver: <https://aboutmarshallmcluhan.wordpress.com/category/aldeia-global/>.
[3] Ver: <http://www.planalto.gov.br/ccivil_03/constituicao/constituicaocompilado.htm>.
[4] Ver: <http://www.planalto.gov.br/ccivil_03/leis/L9394.htm>.

caram importantes dispositivos ligados ao ensino médio: a Lei nº 11.741/2008, que incluiu dispositivos sobre a educação profissional técnica de nível médio, e a Lei nº 13.415/2017, que institui a Política Nacional de Fomento à Implantação de Escolas de Ensino Médio em Tempo Integral, atendendo a determinações do novo Plano Nacional de Educação, aprovado pela Lei nº 13.005/2014.[5] Diferentemente das constituições anteriores, o art. 205 da Constituição Federal de 1988 define que "a educação, direito de todos e dever do Estado e da família, será promovida e incentivada com a colaboração da sociedade, visando ao pleno desenvolvimento da pessoa, seu preparo para o exercício da cidadania e sua qualificação para o trabalho". A LDB aprovada em 1996, ao reproduzir o mesmo artigo como dispositivo infraconstitucional, define em seu art. 2º que "a educação, dever da família e do Estado, inspirada nos princípios de liberdade e nos ideais de solidariedade humana, tem por finalidade o pleno desenvolvimento do educando, seu preparo para o exercício da cidadania e sua qualificação para o trabalho", deixando bem claro que uma só é a finalidade da educação nacional: "pleno desenvolvimento do educando, seu preparo para o exercício da cidadania e sua qualificação para o trabalho".

A Constituição Federal de 1988, na redação dada ao art. 208 pela Emenda Constitucional nº 59/2009, define que "o dever do Estado com a educação será efetivado mediante a garantia de educação básica obrigatória e gratuita dos 4 (quatro) aos 17 (dezessete) anos de idade, assegurada inclusive sua oferta gratuita para todos os que a ela não tiveram acesso na idade própria". Dispositivo do próprio art. 208, em redação dada pela Emenda Constitucional nº 14/1996, já orientava para a "progressiva universalização do ensino médio gratuito". Finalmente, é oportuno destacar que o inciso VI do mesmo art. 208, desde o início previa a "oferta de ensino noturno regular, adequado às condições do educando".

Por outro lado, não é possível desconsiderar que o § 1º do mesmo artigo define com muita clareza que "o acesso ao ensino obri-

---

[5] Ver: <http://www.planalto.gov.br/ccivil_03/_ato2011-2014/2014/lei/l13005.htm>.

gatório e gratuito é direito público subjetivo" e seu § 2º esclarece que "o não oferecimento do ensino obrigatório pelo Poder Público, ou sua oferta irregular, importa responsabilidade da autoridade competente". Esses dispositivos constitucionais são retomados e detalhados pela Lei nº 9.394/1996, com redação alterada pela Lei nº 12.796/2013. Não resta a menor dúvida quanto ao ensino obrigatório e gratuito, com padrões mínimos de qualidade às atividades de ensino, na perspectiva do zelo pela aprendizagem dos educandos, como direito público e subjetivo, tanto dos quatro aos 17 anos como também para todos aqueles que não o concluíram na idade própria. O inciso VII do art. 4º da LDB define com clareza, inclusive, a exigência de "oferta de educação escolar regular para jovens e adultos, com características e modalidades adequadas às suas necessidades e disponibilidades, garantindo-se aos que forem trabalhadores as condições de acesso e permanência na escola", completando, assim, o que já estava definido no inciso anterior, em termos de "oferta de ensino noturno regular, adequado às condições do educando".

O § 5º do art. 5º da LDB, para não deixar margem alguma para dúvida quanto ao cumprimento do preceito constitucional por ela reafirmado, define que "para garantir o cumprimento da obrigatoriedade de ensino, o poder público criará formas alternativas de acesso aos diferentes níveis de ensino, independentemente da escolarização anterior".

Especificamente em relação ao ensino médio, o art. 35 da LDB de 1996 define:

O ensino médio, etapa final da educação básica, com duração mínima de três anos, terá como finalidades:
I - a consolidação e o aprofundamento dos conhecimentos adquiridos no ensino fundamental, possibilitando o prosseguimento de estudos;
II - a preparação básica para o trabalho e a cidadania do educando, para continuar aprendendo, de modo a ser capaz de se adaptar com flexibilidade a novas condições de ocupação ou aperfeiçoamento posteriores;

III - o aprimoramento do educando como pessoa humana, incluindo a formação ética e o desenvolvimento da autonomia intelectual e do pensamento crítico;
IV - a compreensão dos fundamentos científico-tecnológicos dos processos produtivos, relacionando a teoria com a prática, no ensino de cada disciplina.

Esse mesmo art. 35 da LDB continua, em sua versão original, marcando que o ensino médio é efetiva etapa de consolidação da educação básica e de aprofundamento dos saberes desenvolvidos no ensino fundamental, em termos de "preparação básica para o trabalho e a cidadania do educando". Até a conclusão do ensino médio, o estudante, ao aprender, deverá desenvolver sua capacidade de aprender a aprender, para continuar aprendendo ao longo da vida. Esta orientação básica não foi alterada. Entretanto, a Lei nº 13.415/2017, de conversão da Medida Provisória nº 746/2016, inseriu na LDB um art. 35-A, com a seguinte redação:

A Base Nacional Comum Curricular definirá direitos e objetivos de aprendizagem do ensino médio, conforme Diretrizes do Conselho Nacional de Educação, nas seguintes áreas do conhecimento:
I - linguagens e suas tecnologias;
II - matemática e suas tecnologias;
III - ciências da natureza e suas tecnologias;
IV - ciências humanas e sociais aplicadas.
§ 1º. A parte diversificada dos currículos de que trata o *caput* do art. 26, definida em cada sistema de ensino, deverá estar harmonizada à Base Nacional Comum Curricular e ser articulada a partir do contexto histórico, econômico, social, ambiental e cultural.
§ 2º. A Base Nacional Comum Curricular referente ao ensino médio incluirá obrigatoriamente estudos e práticas de educação física, arte, sociologia e filosofia.
§ 3º. O ensino da língua portuguesa e da matemática será obrigatório nos três anos do ensino médio, assegurada às comunidades indígenas, também, a utilização das respectivas línguas maternas.

§ 4º. Os currículos do ensino médio incluirão, obrigatoriamente, o estudo da língua inglesa e poderão ofertar outras línguas estrangeiras, em caráter optativo, preferencialmente o espanhol, de acordo com a disponibilidade de oferta, locais e horários definidos pelos sistemas de ensino.

§ 5º. A carga horária destinada ao cumprimento da Base Nacional Comum Curricular não poderá ser superior a mil e oitocentas horas do total da carga horária média, de acordo com a definição dos sistemas de ensino.

§ 6º. A União estabelecerá os padrões de desempenho esperados para o ensino médio, que serão referência nos processos nacionais de avaliação, a partir da Base Nacional Comum Curricular.

§ 7º. Os currículos do ensino médio deverão considerar a formação integral do aluno, de maneira a adotar um trabalho voltado para a construção de seu projeto de vida e para sua formação nos aspectos físicos, cognitivos e socioemocionais.

§ 8º. Os conteúdos, as metodologias e as formas de avaliação processual e formativa serão organizados nas redes de ensino por meio de atividades teóricas e práticas, provas orais e escritas, seminários, projetos e atividades online, de tal forma que ao final do ensino médio o educando demonstre:

I - domínio dos princípios científicos e tecnológicos que presidem a produção moderna;

II - conhecimento das formas contemporâneas de linguagem.

As grandes novidades em termos de alterações curriculares do ensino médio, em sua oferta articulada com a educação profissional técnica de nível médio, apareceram, inicialmente, no bojo da Lei nº 11.741/2008. A Lei nº 13.415/2017, de conversão da Medida Provisória nº 746/2016, em termos de organização curricular, deu nova redação ao art. 36 da LDB, prevendo que o currículo do ensino médio seja composto pela Base Nacional Comum Curricular associada a itinerários formativos organizados segundo a oferta de diferentes arranjos curriculares ditados pela relevância dos mesmos para o contexto local, bem como as possibilidades de cada sistema de ensino, a quem cabe estabelecer os critérios para sua implantação.

Esse mesmo art. 36 já havia sido alterado pela Lei nº 11.741/2008, ao incluir toda uma seção dedicada à educação profissional técnica de nível médio. Assim, o art. 36-A define que "o ensino médio, atendida a formação geral do educando, poderá prepará-lo para o exercício de profissões técnicas". O parágrafo único do mesmo artigo define que "a preparação geral para o trabalho e, facultativamente, as habilitações profissionais poderão ser desenvolvidas nos próprios estabelecimentos de ensino médio ou em cooperação com instituições especializadas em educação profissional".
De acordo com o art. 36-B, "a educação profissional técnica de nível médio será desenvolvida nas seguintes formas: articulada com o ensino médio; e subsequente, em cursos destinados a quem já tenha concluído o ensino médio". O parágrafo único do mesmo artigo define que "a educação profissional técnica de nível médio deverá observar: os objetivos e definições contidos nas diretrizes curriculares nacionais estabelecidas pelo Conselho Nacional de Educação; as normas complementares dos respectivos sistemas de ensino; as exigências de cada instituição de ensino, nos termos de seu projeto pedagógico".

Este assunto foi muito estudado e debatido no âmbito da Câmara de Educação Básica do Conselho Nacional de Educação desde o ano de 1998, que realizou inúmeras audiências públicas nacionais e regionais sobre a matéria. Ainda em 1998, o CNE aprovou as Diretrizes Curriculares Nacionais para o ensino médio.[6] Na sequência, em 1999, foram aprovadas as Diretrizes Curriculares Nacionais para a educação profissional de nível técnico.[7] Com a aprovação do Decreto nº 5.154/2004, substituindo o Decreto nº 2.208/1997, a CEB/CNE aprovou novo parecer e nova resolução atualizando as Diretrizes Curriculares Nacionais definidas para o

---

[6] Parecer CNE/CEB nº 15/1998: <http://portal.mec.gov.br/cne/arquivos/pdf/1998/pceb015_98.pdf>. Resolução CNE/CEB nº 3/1998: <http://portal.mec.gov.br/cne/arquivos/pdf/rceb03_98.pdf>.
[7] Parecer CNE/CEB nº 16/1999: <http://portal.mec.gov.br/cne/arquivos/pdf/1999/pceb016_99.pdf>. Resolução CNE/CEB nº 4/1999: <http://portal.mec.gov.br/dmdocuments/rceb004_99.pdf>.

ensino médio e a educação técnica de nível médio.⁸ Em 2010, a Câmara de Educação Básica do CNE aprovou Diretrizes Curriculares Nacionais Gerais para a educação básica.⁹ Na sequência, a mesma Câmara aprovou pareceres e resoluções definindo Diretrizes Curriculares Nacionais para cada etapa e modalidade de educação e ensino no âmbito da educação básica.

Nessa perspectiva, foram definidas as Diretrizes Curriculares Nacionais para o ensino médio,¹⁰ bem como Diretrizes Curriculares Nacionais para a Educação Profissional Técnica de nível médio.¹¹ Antes desses atos normativos, entretanto, o plenário do Conselho Nacional de Educação já havia aprovado um parecer específico sobre proposta de experiência curricular inovadora do ensino médio, que ficou mais conhecida como do ensino médio inovador.¹² Este assunto, portanto, já foi exaustivamente debatido no âmbito da comunidade educacional, por proposta do Conselho Nacional de Educação, em regime de colaboração com o próprio Ministério da Educação, o Fórum Nacional de Conselhos Estaduais de Educação e o Conselho Nacional de Secretários Estaduais

---

⁸ Parecer CNE/CEB nº 39/2004: <http://portal.mec.gov.br/cne/arquivos/pdf/ceb39.pdf>. Resolução CNE/CEB nº 1/2005: <http://portal.mec.gov.br/cne/arquivos/pdf/rceb001_05.pdf>.
⁹ Parecer CNE/CEB nº 7/2010: <http://portal.mec.gov.br/cne/arquivos/pdf/ceb39.pdf>. Resolução CNE/CEB nº 4/2010: <http://portal.mec.gov.br/index.php?option=com_docman&view=download&alias=5916-rceb004-10&category_slug=julho-2010-pdf&Itemid=30192>.
¹⁰ Parecer CNE/CEB nº 5/2011: <http://portal.mec.gov.br/index.php?option=com_docman&view=download&alias=8016-pceb005-11&category_slug=maio-2011-pdf&Itemid=30192>. Resolução CNE/CEB nº 2/2012: <http://portal.mec.gov.br/index.php?option=com_docman&view=download&alias=9864-rceb-002-12&category_slug=janeiro-2012-pdf&Itemid=30192>.
¹¹ Parecer CNE/CEB nº 11/2012: <http://portal.mec.gov.br/index.php?option=com_docman&view=download&alias=10804-pceb011-12-pdf&category_slug=maio-2012-pdf&Itemid=30192>. Resolução CNE/CEB nº 6/2012: <http://portal.mec.gov.br/index.php?option=com_docman&view=download&alias=-11663-rceb006-12-pdf&category_slug=setembro-2012-pdf&Itemid=30192>.
¹² Parecer CNE/CP nº 11/2009: <http://portal.mec.gov.br/index.php?option=com_docman&view=download&alias=1685-pcp011-09-pdf&category_slug=documentos-pdf&Itemid=30192>.

de Educação. A necessidade, agora, está em juntar esforços para efetivamente cumprir os preceitos constitucionais, legais e normativos sobre a matéria, no âmbito das instituições educacionais e seus educadores, de modo especial professores e estudantes. Não podemos deixar de considerar que os atuais educandos são constituídos, prioritariamente, por jovens que nasceram, cresceram e se desenvolveram na chamada Idade Mídia. Existe, neste particular, um sério conflito de gerações em curso e que precisa ser atentamente considerado.

A linguagem da grande maioria dos educadores ainda é prioritariamente analógica, enquanto grande parte dos estudantes do ensino médio já é detentora de uma linguagem primeira que é digital, ao passo que esta é, no máximo, a segunda língua dos educadores. Será necessário desenvolver urgente processo de aprendizagem que permita uma conversação mais amigável entre essas duas distintas linguagens. Facilitar ao máximo esse diálogo entre diferentes códigos de linguagem torna-se cada vez mais essencial para que haja verdadeira comunicação entre essas duas gerações e consequente melhoria da aprendizagem para ambos. Este é o desafio maior, uma vez que as atividades de ensino inevitavelmente devem ser avaliadas pelos resultados de aprendizagem. Este é um dos dramas, se não o maior, do atual ensino médio: os resultados de aprendizagem não estão acompanhando o esforço que tem sido despendido nos últimos anos, após a Constituição Federal de 1988 e a LDB de 1996.

O desafio se apresenta maior ainda caso o ponto de partida para a análise dessa realidade e das perspectivas futuras do ensino médio seja o preceito definido no art. 205 da Constituição Federal, que assume a educação republicana como verdadeiramente democrática, na qualidade de direito de todos e dever do Estado e da família, devendo ser "promovida e incentivada com a colaboração da sociedade, visando ao pleno desenvolvimento da pessoa, seu preparo para o exercício da cidadania e sua qualificação para o trabalho". A finalidade última da educação nacional é concebida pela nossa LDB em apenas dois níveis de oferta, isto é, o da educação básica e o da educação superior. O ensino médio é a etapa final e conclusiva da educação básica.

Na tradição brasileira, o ensino médio ou secundário tem sido encarado pela grande maioria dos educadores como uma espécie de ritual de passagem entre a educação básica e a educação superior. Entretanto, essa concepção é enganosa, pois dados estatísticos disponíveis nos advertem que menos de 20% dos formandos no ensino médio procuram a educação superior. Todos, entretanto, de uma ou outra forma, procuram a correspondente inserção ou seu aprimoramento no mercado do trabalho e emprego. Entretanto, como herança maldita de nosso colonialismo, cultivamos enorme preconceito contra o trabalho manual, como se este fosse desprovido de conhecimento ou seu saber fosse de segunda categoria.

Por outro lado, é sabido que, neste século, a evolução tecnológica e as lutas sociais têm modificado significativamente as relações no mundo do trabalho e, principalmente, a manutenção do emprego. Devido a essas tensões, não se admite mais a existência de trabalhadores que desempenhem apenas tarefas mecânicas e rotineiras, garantidas por um bom treinamento operacional, muito embora certos automatismos facilitem um exercício profissional competente. Entretanto, atualmente, quem executa um trabalho é chamado também a planejar e avaliar o próprio desempenho profissional. Por isso mesmo, quando a atual LDB, ao indicar, no inciso II do art. 35, como o ensino médio irá cumprir sua finalidade de preparação básica para o trabalho, enfatiza que o estudante, ao aprender, deverá aprender a aprender, para continuar aprendendo ao longo da vida, de sorte que seja "capaz de se adaptar com flexibilidade a novas condições de ocupação ou aperfeiçoamento posteriores". Para tanto, complementa no inciso IV do mesmo artigo, deverá desenvolver a "compreensão dos fundamentos científico-tecnológicos dos processos produtivos, relacionando a teoria com a prática, no ensino de cada disciplina".

Portanto, para continuar atuantes no mundo do trabalho, todos são convidados a desenvolver um permanente esforço de aperfeiçoamento do seu fazer, a partir da contínua mobilização e articulação dos saberes, para responder criativamente aos novos desafios profissionais. Com muita frequência, os desafios profissionais planejados, para os quais foram cuidadosamente treinados, são substituídos por outros inéditos e até mesmo totalmente desconhecidos. Com essa complexidade, muitas vezes só assim conseguem desempenhar um exercício profissional competente.

De um lado, a própria natureza do trabalho está passando por profundas alterações, a partir do momento em que o avanço científico e tecnológico, em especial com a mediação da microeletrônica, abalou profundamente as formas tayloristas e fordistas de organização e gestão laboral, com reflexos diretos nas formas de organização da própria educação profissional e tecnológica e, por via de consequência, do ensino médio, enquanto etapa de conclusão da educação básica e de consolidação dos saberes desenvolvidos ao longo do ensino fundamental.

A nova realidade do mundo do trabalho, decorrente, sobretudo, da substituição da base eletromecânica pela base microeletrônica, passou a exigir que a educação básica e, em especial, a educação profissional propiciem ao trabalhador o desenvolvimento de conhecimentos, competências profissionais e saberes cada vez mais complexos. Além disso, essa educação básica e, em seu bojo, a educação profissional e tecnológica são consideradas pela atual Constituição Federal e pela Lei de Diretrizes e Bases da Educação Nacional sobretudo como um direito social inalienável do cidadão, em termos de direito ao trabalho e à educação.

A Constituição Federal, em seu art. 6º, ao elencar os direitos sociais do cidadão brasileiro, relaciona esses direitos à educação e ao trabalho. O art. 227 da mesma Constituição destaca o direito à profissionalização entre os direitos fundamentais que devem ser assegurados com absoluta prioridade pela família, pela sociedade e pelo Estado. A formação para o trabalho, nos termos do inciso IV do art. 214 da Constituição Federal, é um dos resultados a serem obtidos pelo Plano Nacional de Educação, aprovado pela Lei nº 13.005, de 25 de junho de 2014, para o período de 2014 a 2024, que abarca o ano do bicentenário da Independência do Brasil.

Por outro lado, não pode ser esquecido, também, o que define o art. 170 da Constituição Federal ao tratar da ordem econômica. Ele determina com clareza que esta deve estar fundada na valorização do trabalho humano e na livre iniciativa, tendo por finalidade assegurar a todos e a cada um dos cidadãos brasileiros uma existência digna, conforme os ditames da justiça social, observando como princípios, entre outros, a função social da propriedade, a redução das desigualdades regionais e sociais e a busca do pleno emprego. O parágrafo único do mesmo artigo ainda prevê que "é assegurado a todos o livre exercício de qualquer atividade econômica, independentemente de autorização de órgãos públicos, salvo nos casos previstos em lei". Assim, o inciso XIII do art. 5º da Constituição Federal, aquele que encabeça a definição dos direitos e das garantias individuais dos direitos e deveres individuais e coletivos, estabelecendo que "todos são iguais perante a lei, sem distinção de qualquer natureza", define claramente que "é livre o exercício de qualquer trabalho, ofício ou profissão, atendidas as qualificações profissionais que a lei estabelecer".

Assim, a própria LDB, em seu art. 2º, ao reafirmar o princípio constitucional da finalidade da educação nacional em termos de "pleno desenvolvimento do educando, seu preparo para o exercício da cidadania e sua qualificação para o trabalho", o faz "inspirada nos princípios de liberdade e nos ideais de solidariedade humana". Entendo que este é o motivo pelo qual a LDB, no § 2º do art. 1º, define que "a educação escolar deverá vincular-se ao mundo do trabalho e à prática social". Da mesma forma, no inciso XI do art. 3º, ao definir os princípios a serem assegurados nas atividades de ensino, identifica "a vinculação entre a educação escolar, o trabalho e as práticas sociais".

Esta é uma questão das mais delicadas quando são examinados os desafios do ensino médio na Idade Mídia, principalmente quando este ensino médio é orientado para organizar o currículo escolar, nos termos do art. 36 da LDB, na redação dada pela Lei nº 13.415/2017, por itinerários formativos, ofertando "diferentes arranjos curriculares, conforme a relevância para o contexto local e as possibilidades dos sistemas de ensino", contemplando "linguagens e suas tecnologias, matemática e suas tecnologias, ciências da natureza e suas tecnologias, ciências humanas e sociais aplicadas, formação técnica e profissional". Esses itinerários formativos e seus diferentes arranjos curriculares devem considerar, necessariamente, que a evolução tecnológica e as lutas sociais têm modificado significativamente as atuais relações no mundo do trabalho. Em especial, o uso das modernas tecnologias de comunicação e da informação tem transformado o trabalho em algo menos sólido. Já convivemos com trabalhos feitos em rede ou em casa, bem como com trabalhos terceirizados e até quarterizados, sem carteira assinada e sem direitos trabalhistas legalmente protegidos.

O trabalho no mundo virtual é uma realidade cada vez mais presente nesta era da Idade Mídia. Convivemos, também, com a valorização cada vez maior das profissões que não geram produtos industriais, como artes, saúde, comunicação, educação e lazer. Espera-se, também, que o mundo do trabalho, ao final desse doloroso processo de transformação, ao menos acabe avançando na direção de relações trabalhistas mais justas. Isso implica maior participação dos trabalhadores nos destinos e nos processos de trabalho. Entretanto, para que isso aconteça, será necessário que o trabalhador tenha conhecimento da tecnologia, da ciência e dos processos necessários à produção. Neste contexto é que devem ser contemplados os tais itinerários formativos e seus consequentes múltiplos arranjos curriculares, incluindo a formação técnica e profissional como uma das alternativas. Efetivamente, é de fundamental importância o reconhecimento do necessário vínculo entre a educação escolar e a qualificação profissional para atuação competente no mundo do trabalho, pela apreensão do saber tecnológico, valorização da cultura do trabalho e mobilização dos valores necessários à tomada de decisões profissionais consequentes.

Os desafios que efetivamente se apresentam aos educadores brasileiros que atuam com as diferentes juventudes nesta chamada Idade Mídia chegam a assumir ares assustadores. De um lado, convivemos com um verdadeiro conflito de linguagens, com profissionais analógicos por formação tentando incorporar, da melhor maneira possível, a linguagem digital como sua segunda língua, de caráter eminentemente tecnológico. De outro lado, ao mesmo tempo, esses profissionais estão sendo chamados à adoção de uma concepção educacional que desconsidere a educação como a única variável de salvação da pátria e que deixem de considerar a formação técnica e profissional sob a ótica da porta estreita da empregabilidade, até porque nunca houve e nem haverá congruência direta entre curso realizado e emprego obtido ou trabalho garantido. Para aumentar a complexidade do desafio, torna-se cada vez mais evidente que a educação profissional e tecnológica não é uma condição individual necessária para o ingresso e a permanência do trabalhador no mercado de trabalho. Portanto, esta alternativa não pode ser considerada de responsabilidade única e exclusiva dos trabalhadores, como se houvesse relação causal direta entre a formação técnica e profissional com o nível de empregabilidade do trabalhador certificado.

Isto exige, ao mesmo tempo, um específico esforço intencional voltado para a desmistificação da pretensa correspondência direta entre qualificação ou habilitação profissional e emprego ou oportunidades de trabalho. Esta relação linear é fictícia, embora seja fortemente disseminada pela mídia e assumida por políticos e governantes como o eixo central dos seus discursos políticos. Ela chega a ser considerada de fundamental importância quando da definição das políticas públicas de trabalho e renda, contribuindo para uma explosão da oferta de cursos e programas chamados ilusoriamente de profissionalizantes, muitas vezes desconectados da realidade de um mundo do trabalho em estado de permanente evolução e complexificação, passando por momentos de profundas alterações estruturais e conjunturais.

É sabido que nas sociedades pós-industriais, na era da informação e da revolução da alta tecnologia, o deslocamento tecnológico impacta pesadamente em todas as áreas da produção. Resulta daí um significativo declínio da oferta de empregos, que acaba acarretando mudanças relevantes no mundo do trabalho, especialmente relacionadas com os fenômenos do contínuo deslocamento dos trabalhadores e da precarização das relações de trabalho. Diferentemente de períodos históricos anteriores e vivenciados até o final do século passado, que podem ser caracterizados muito mais por inovações que passaram a substituir o trabalho em alguns setores, mas que eram compensados em outros, no momento atual a situação é bem diferente. Nesta chamada Idade Mídia, a transformação tecnológica atinge praticamente todos os setores da produção, promovendo uma verdadeira crise global na sociedade do trabalho. Infelizmente, esta realidade não está sendo levada muito a sério em grande parte dos debates que estão sendo realizados, alimentados por motes desconectados da realidade, tanto no mundo político e econômico quanto nos mundos da educação, do trabalho, emprego e renda.

O desafio é muito maior do que parece e, se não for levado a sério, as soluções que se apresentam podem resultar em venda de ilusões. O emprego está deixando de ser o eixo seguro em torno do qual se fixam identidades e projetos de vida, reduzindo a importância do trabalho formal tradicional, embora este ainda mantenha especial relevância. O uso das tecnologias de comunicação e da informação tem transformado o trabalho em algo menos sólido. O sociólogo polonês Sygmund Bauman,[13] recentemente falecido, referia-se à "modernidade líquida" como uma metáfora para ilustrar esse estado de mudanças que está sendo vivenciado em um mundo do trabalho cada vez mais vulnerável e fluido, quase incapaz de manter a mesma identidade por muito tempo. Tudo é transitório e temporário. Já se fala, inclusive, em "modernidade gasosa", como pensa o filósofo americano Marshall Bermann,[14] para quem "tudo o que é sólido se desmancha no ar". Convivemos com trabalhos feitos em rede ou em casa, bem como trabalhos desenvolvidos inteiramente no mundo virtual. Convivemos, também, com o fenômeno da terceirização e da chamada uberização da economia e do mundo do trabalho. Cada

---

[13] Ver: <http://guiadoestudante.abril.com.br/estudo/a-filosofia-de-zygmunt-bauman-o-pensador-da-modernidade-liquida/>.
[14] Ver: <http://super.abril.com.br/cultura/marshall-berman/>.

vez mais o modo Uber de organizar e de remunerar a força de trabalho está se distanciando da regularidade do trabalho assalariado, com carteira profissional assinada e garantia de direitos sociais e trabalhistas. Está se tornando cada vez mais difícil vislumbrar se isso tudo é um sonho ou um pesadelo no mundo do trabalho.

Para sair desse pesadelo e começar a viver efetivamente a era do sonho e da utopia, cada vez mais será necessário que o trabalhador tenha conhecimento da tecnologia, da ciência e dos processos indispensáveis em sua produção e prestação de serviços profissionais. Neste particular, um ensino médio de organização interdisciplinar e contextualizada, concebido como etapa final da educação básica, intencionalmente assumido como de Direito Público Subjetivo, que seja democraticamente garantido, com a adequada qualidade requerida pelo mundo contemporâneo e pela Idade Mídia neste planeta azul que já foi transformado em aldeia global, é um belíssimo desafio a ser enfrentado por todos nós, educadores brasileiros, como uma questão de honra e de brio profissional, até mesmo para termos o que comemorar nos festejos do bicentenário da Independência do Brasil.

Para responder a esses desafios, o relatório produzido para a Unesco por parte da Comissão Internacional sobre Educação para o Século XXI, denominado "Um tesouro a descobrir",[15] destaca quatro pilares da educação nesta nova era do conhecimento. Resumidamente: aprender a conhecer, aprender a fazer, aprender a conviver e aprender a ser.

A dimensão *aprender a conhecer* contempla a resolução de problemas, em termos de o estudante ser capaz de mobilizar-se diante de um problema, identificando e articulando conhecimentos e estratégias diversas para resolvê-lo; o desenvolvimento do pensamento crítico, na perspectiva de saber analisar e sintetizar ideias, fatos e situações, assumindo posicionamentos devidamente fundamentados; bem como a curiosidade investigativa, em termos

---

[15] Ver: <www.unesco.org/.../educacao_um_tesouro_a_descobrir_relatorio_para_a_unesco/>.

de interesse e persistência para explorar, experimentar, aprender e reaprender sobre si, o outro e o mundo.

A dimensão *aprender a fazer* contempla a gestão da informação, na perspectiva de se capacitar para acessar, selecionar, processar e compartilhar informações em contextos e mídias diversas; a gestão de processos, em termos de saber planejar, executar e avaliar os processos de aprendizagem, trabalho e convivência; a criatividade, enquanto tornar-se capaz de fazer novas conexões a partir de conhecimentos prévios e outros saberes já estruturados, trazendo contribuições de valor para si mesmo e para o mundo.

A dimensão *aprender a conviver* contempla a colaboração, enquanto capacidade de atuar em sinergia e responsabilidade compartilhada, respeitando diferenças e decisões comuns; a comunicação, como habilidade para compreender e fazer-se compreender em situações diversas, respeitando os valores e atitudes envolvidos nas interações; bem como a liderança, em termos de desenvolvimento da capacidade de ser capaz de mobilizar e orientar as pessoas em direção a metas e objetivos compartilhados, liderando-os e sendo por eles liderados.

Finalmente, a dimensão do *aprender a ser* com autonomia, sabendo fazer escolhas e tomar decisões acerca de questões pessoais e coletivas, fundamentadas no autoconhecimento e em seu projeto de vida, de forma responsável e solidária. Em última instância, todos somos responsáveis por nossas escolhas, que ditam os rumos trilhados na vida, orientados pelo respectivo quadro de valores que referencia princípios éticos, estéticos e políticos.

Respeito aos valores estéticos, políticos e éticos são princípios institucionais que devem estar presentes nas organizações curriculares de toda a educação básica, em especial do ensino médio e da educação técnica e profissional, na perspectiva comum do desenvolvimento de aptidões para a vida social e produtiva, que se traduzem pela estética da sensibilidade, pela política da igualdade e pela ética da identidade.

A *estética da sensibilidade* orienta para uma organização curricular de acordo com valores que fomentem a criatividade, o espírito inventivo e a liberdade de expressão, a curiosidade pelo inusitado e a afetividade para facilitar a constituição de identidades capazes de suportar a inquietação, assim como conviver com o incerto, o imprevisível e o diferente. Está relacionada diretamente com os conceitos de qualidade e de respeito ao outro, o que implica o desenvolvimento de uma cultura centrada no gosto pelo trabalho bem-feito, belo e acabado.

A *política da igualdade* dá sentido a um ensino médio e uma educação técnica e profissional situados na conjunção de dois direitos fundamentais do cidadão: o direito à educação e o direito ao trabalho, cujo exercício permite às pessoas prover a própria subsistência e, com isso, alcançar dignidade, autorrespeito e reconhecimento social como seres produtivos. Ela impõe ao trabalho educacional a constituição de valores de mérito, competência e qualidade de resultados como os balizadores da competitividade no mercado de trabalho. Por outro lado, conduz à superação das várias formas de discriminação e de privilégios no âmbito do trabalho, enfatizando os valores da solidariedade, do trabalho em equipe, da responsabilidade e do respeito ao bem comum.

A *ética da identidade* centra-se na constituição de saberes que orientam o desenvolvimento da autonomia no gerenciamento da vida profissional e de seus itinerários formativos e de profissionalização, em condições de monitorar desempenhos, julgar competências, trabalhar em equipe, eleger e tomar decisões, discernir e prever resultados de distintas alternativas, propor e resolver problemas e desafios, bem como prevenir disfunções e corrigi-los. Ela supõe trabalho contínuo e permanente com os valores do mérito, da capacidade de fazer bem-feito, em contraponto aos favoritismos, privilégios e discriminações de toda e qualquer ordem e espécie, fundamentados em testemunhos de solidariedade, responsabilidade, integridade e respeito ao bem comum.

A educação requerida pela contemporaneidade, na Idade Mídia que estamos vivendo, de acordo com as Diretrizes e Bases da Educação Nacional, ditadas pela Lei nº 9.394/1996, altera radicalmente o foco do trabalho escolar, subordinando as atividades de ensino pelos resultados da aprendizagem. Sem aprendizagem dos estudantes não é possível referir-se a ensino eficiente e muito menos eficaz e efetivo. Nessa perspectiva, o negócio do professor não é o tradicional "dar aulas", mas orientar seus educandos nas trilhas da aprendizagem – para isso, os professores ministram aulas valendo-se das modernas tecnologias colocadas à sua disposição para melhor motivar seus estudantes no gosto pela aprendizagem e pelo desenvolvimento de saberes autônomos, críticos e criativos, na perspectiva da constituição de competências cognitivas, profissionais, culturais e socioemocionais. Esta intencionalidade orienta para uma radical alteração da ação educacional, deslocando-a da transmissão do conhecimento para a constituição de competências.

Cada vez mais se exige dos professores que atuam com jovens na Idade Mídia que objetivem conduzir claramente os seus educandos, a partir da sala de aula, para o desenvolvimento e a constituição de esquemas mentais que os orientem para a mobilização, articulação e integração de saberes e competências em termos de conhecimentos, habilidades, atitudes, valores e emoções necessários para ver a realidade com perspicácia, pensar com autonomia e espírito crítico em relação aos objetos do saber, em condições de julgar, decidir e orientar suas ações profissionais, pessoais e sociais, no mundo do trabalho e na vida em sociedade, na condição de cidadão trabalhador, para fazer frente tanto a problemas rotineiros e planejados quanto inéditos e inusitados. Assim, o foco na aprendizagem pressupõe encarar o estudante como um agente ativo do processo educacional, que age, pergunta, pesquisa, participa, debate, descobre, cria e aprende. Mais do que isso tudo: ao aprender, aprende a aprender, para continuar aprendendo ao longo da vida.

Por outro lado, pressupõe que o professor atue como organizador de oportunidades diversificadas de aprendizagem, que orientem e guiem seus educandos nas trilhas da aprendizagem. Neste sentido, mais do que um administrador de informações a serem transmitidas em escolas caracterizadas como auditórios da informação, pede-se que o docente seja um estimulador e mediador do processo de aprendizagem em escolas caracterizadas precipuamente como laboratórios de aprendizagem. Para tanto, a escola deve estabelecer relações dinâmicas com as comunidades de seu entorno e com o setor produtivo, o que exige dela um projeto pedagógico e cultural alinhado com o setor produtivo e os anseios sociais de seus estudantes e respectivas comunidades.

O resultado de todo esse esforço, obviamente, será contar com egressos altamente preparados para se tornarem cidadãos trabalhadores competentes e capazes de enxergar o mundo com perspicácia e nele atuar, mantendo-se constantemente incluídos e produtivos. Objetiva-se, com isto, obter desempenho eficiente e eficaz nas atividades requeridas pela prática social e pelo mundo do trabalho, em condições de responder aos novos desafios socioculturais da vida diária do cidadão trabalhador de maneira original e criativa. Por isso mesmo, o compromisso ético do educador em relação ao desenvolvimento e à constituição de competências implica poder decidir, sabendo julgar, analisar, avaliar, observar, interpretar, correr riscos, corrigir fazeres, antecipar soluções, escolher, resolver e responder a desafios, convivendo com o incerto e o inusitado.

A concretização dessa ação educacional inovadora exige que as instituições educacionais que se dedicam à oferta do ensino médio e da formação técnica e profissional na Idade Mídia estejam eticamente comprometidas com o desenvolvimento permanente de competências profissionais que conduzam seus egressos ao efetivo preparo para continuamente articular, mobilizar e colocar em prática seus saberes e conhecimentos, habilidades e atitudes, valores e emoções, a fim de atender aos requerimentos da sociedade e do mundo do trabalho com eficiência (nos processos), eficácia e efetividade (nos resultados), dando respostas novas e criativas aos inusitados, originais, complexos e, simultaneamente, exigentes desafios profissionais, pessoais e sociais. Esse compromisso exige a concepção do trabalho como princípio educativo e base para a organização e o desenvolvimento curricular em seus objetivos, conteúdos e métodos de ensino-aprendizagem e a adoção da pesquisa como essencial princípio pedagógico, sempre presente em todo o processo destinado à formação profissional para um mundo permanentemente mutável.

Concluindo, é oportuno ressaltar que as mudanças sociais e a revolução científica e tecnológica, assim como o processo de reorganização do trabalho, demandam uma completa revisão dos currículos escolares, tanto da educação básica como um todo quanto do ensino médio e da educação profissional, uma vez que é exigido dos trabalhadores, em doses cada vez mais crescentes, maior capacidade de raciocínio, autonomia intelectual, pensamento crítico, iniciativa própria e espírito empreendedor, capacidade de visualização e resolução de problemas. Isso exige novas políticas públicas que contemplem oferta mais flexível de cursos e programas objetivamente destinados à profissionalização dos trabalhadores, de acordo com itinerários formativos que lhes possibilitem contínuo e articulado aproveitamento de estudos e de conhecimentos, saberes e competências profissionais já constituídas. O que se exige é uma educação para a vida, em sentido lato, na perspectiva do "pleno desenvolvimento da pessoa, seu preparo para o exercício da cidadania e sua qualificação para o trabalho".

Essa nova visão educacional poderá propiciar aos jovens que estão ingressando no mundo do trabalho ou se preparando para estudos posteriores o desenvolvimento de conhecimentos, saberes e competências que os habilitem efetivamente a analisar, questionar e entender os fatos do dia a dia com mais propriedade e perspicácia, dotando-os, também, da necessária capacidade investigativa diante da vida da forma mais criativa e crítica possível, tornando-os mais aptos para identificar necessidades e oportunidades de melhorias para si, suas famílias e a sociedade na qual vivem e atuam como cidadãos, em um novo mundo cada vez mais globalizado e complexo, até mesmo superando tradicionais limitações espaçotemporais para ver o mundo com perspicácia e nele viver seus sonhos e projetos.

14. Para que a reforma do ensino médio possa avançar

Pedro Flexa Ribeiro*

A sociedade brasileira está mobilizada na discussão de dois temas correlatos: a Base Nacional Comum Curricular (BNCC) e a reforma do ensino médio. Entram em jogo projetos de país, diferentes possibilidades de futuro para a sociedade brasileira. Como não poderia deixar de ser, a questão é permeada por atravessamentos, motivações e perspectivas de ordem política e ideológica.

O debate tem sido acalorado. Na tentativa de superação das divergências, as discussões e algumas argumentações por vezes parecem enveredar pela busca de um consenso pleno. Nesses momentos, percebe-se que o debate arrisca enveredar por caminhos equivocados. Alguns interlocutores parecem partir do pressuposto de que as famílias não seriam capazes de discernir o tipo de escolaridade que convém aos próprios filhos. Outros argumentos parecem pretender "blindar" a escolarização contra os riscos da má gestão ou remediar um suposto pouco engajamento do magistério. Embora bem-intencionados, pressupostos como esses revelam ainda certa nostalgia de um "currículo unitário" e arriscam dar ensejo a um cenário em que qualquer solução dependeria de um Estado onisciente, onipresente e controlador.

Não há dúvida de que o estabelecimento legal de direitos de aprendizagem a serem assegurados a todas as crianças brasileiras implica de forma inarredável todas as escolas do país. À definição desse direito a ser assegurado aos alunos corresponde, de

---

* Integra a diretoria do Sindicato dos Estabelecimentos de Ensino no Estado do Rio de Janeiro (Sinepe) e é diretor-geral do Colégio Andrews. Tem doutorado em pedagogia pela Pontifícia Universidade Católica do Rio de Janeiro (PUC-Rio).

forma direta, a obrigação de o sistema educacional assegurar sua efetividade. Isso convoca todos, e em especial os gestores das redes oficiais. Afinal, a exigência do legislador deve ser plenamente atendida pelos responsáveis por prover educação e escolaridade de qualidade às crianças brasileiras em todo o território nacional, de forma irrestrita e sem exceção. Naturalmente, pressupõe-se que a exequibilidade e a viabilidade de assegurar esses direitos mínimos de aprendizagem foram consideradas pelo legislador, inclusive no estabelecimento dos contornos e na extensão do núcleo comum da BNCC.

Não convém, no entanto, que se instale um cenário monocrômico de currículos homogêneos, padronizados, pasteurizados. É sempre oportuno termos em mente que a perspectiva de diversidade e de pluralidade se nutre justamente da existência de diferenças. Em uma sociedade democrática, na qual os cidadãos podem fazer escolhas, o ponto de equilíbrio não resolve nem elimina as diferenças, mas permite e encoraja que elas existam. Por isso, a melhor equação a que se pode chegar deve ser flexível a ponto de permitir a coexistência de currículos diferentes.

De modo geral, as escolas reconhecem a pertinência das mudanças. Mas a questão será mais bem encaminhada na medida em que os interlocutores partam do reconhecimento da capacidade de discernimento dos cidadãos, das famílias e dos jovens brasileiros, assim como deve-se também partir do pressuposto de empenho, engajamento, competência e comprometimento do magistério e dos gestores. No entanto, pairam ainda certas indefinições que deveriam ser esclarecidas.

As avaliações em larga escala

O currículo praticado pelas escolas é determinado por dois fatores: de um lado, pelas prescrições legais: LDB, PCN, DCN, BNCC e pela reforma do ensino médio; de outro lado, pelas avaliações externas que cercam os diferentes níveis de ensino. Entre um e outro, o peso das avaliações externas tende a ser cada vez mais preponderante. O seu efeito é muito mais efetivo do que qualquer recomendação legal. Desde os anos 1990, o país desenvolveu um complexo sistema de avaliação em larga escala, que investiga diferentes níveis de ensino. Saeb, Prova Brasil, Enem, Enad etc. Para que a discussão avance, será importante que a sociedade discuta a matriz que compõe os exames de cada uma dessas avaliações.

Para a reforma de fato avançar, convém que fique claro de que modo se darão os processos externos de avaliação, como a certificação do ensino médio e, sobretudo, os exames de acesso ao nível superior. Haverá uma diversificação do Enem? O atual exame de ingresso à universidade será desdobrado em quatro diferentes versões, cada uma correspondendo a determinada trilha? Que exame certificará a conclusão do ensino médio do jovem que não pretende ingressar de imediato na graduação?

Sobre as trilhas

Entre os pontos a serem decididos, sobressai o contorno das diferentes "trilhas" que deverão ser oferecidas aos alunos. O art. 36 estabelece:

> O currículo do ensino médio será composto pela Base Nacional Comum Curricular e por itinerários formativos, que deverão ser organizados por meio da oferta de diferentes arranjos curriculares, conforme a relevância para o contexto local e a possibilidade dos sistemas de ensino [...].

O texto deixa muitas possibilidades em aberto. A lei não é autoaplicável: precisará ser regulamentada em ao menos dois momentos. Por um lado, no que se refere ao núcleo comum, obrigatório para todos, pela definição da BNCC; por outro lado, também pelo Conselho Nacional de Educação, especialmente no que se refere aos contornos de cada um dos diferentes "itinerários formativos".

No viés propedêutico, a lei prevê a possibilidade de quatro diferentes trilhas, mas não esclarece que margem de liberdade terá cada escola de introduzir inflexões que melhor contemplem as conveniências de seus alunos e a perspectiva de seu projeto educativo. Complica ainda mais a confusão feita pelo legislador ao atribuir a cada trilha curricular os mesmos recortes que o das áreas de conhecimento. Essa transposição não funciona de forma direta: não faz sentido, por exemplo, uma "trilha" curricular que repouse exclusivamente sobre uma única disciplina, como seria o caso de um itinerário como o da "matemática e suas tecnologias".

Essa situação sugere algumas perguntas: que liberdade terá cada escola de, redesenhando essas trilhas, amenizar os excessos do legislador? A lei permitirá que seja oferecido ao jovem um leque realmente variado de opções curriculares ou engessará as escolas, impondo ao estudante apenas uma "múltipla escolha" entre alternativas sempre idênticas em todos os colégios?

O "aprofundamento": conveniências e limites

Depois de décadas de excessos, o currículo do ensino médio está inchado, saturado de conteúdos cuja pertinência na educação básica é muito discutível. No fundo, são desnecessários, não cabem nem no núcleo comum nem na parte diversificada do currículo. A educação básica deve ter como compromisso a formação geral do jovem brasileiro. Não é papel da escola iniciar desde o ensino médio a formação do futuro médico ou engenheiro. Essa atribuição deve ser da universidade e do ciclo básico que cada graduação venha a constituir. Para que o excesso de conteúdos que atualmente sobrecarrega os currículos do ensino médio venha a ter algum alívio, convém que certos pontos dos programas sejam redirecionados para as graduações.

Na vertente propedêutica, as diferentes trilhas por área para aprofundamento de cada ênfase trazem perspectivas promissoras. Um dos sentidos pretendidos para cada uma dessas diferentes trilhas seria a possibilidade de "aprofundamento" em áreas específicas, a critério do aluno. De fato, convém que ele possa escolher e veja seus interesses e vocações contemplados pelo currículo. No entanto, por mais pertinente que seja essa ideia, convém assegurar o sentido de formação geral que deve ter a educação básica.

O art. 36, § 16, prevê a possibilidade de, a critério das universidades, determinados componentes de algumas trilhas do ensino médio virem a ser considerados "créditos" em algumas graduações:

> Os conteúdos cursados durante o EM poderão ser convalidados para aproveitamento de créditos no ensino superior, após normatização do Conselho Nacional de Educação e homologação pelo ministro de Estado da Educação.

A redação desse artigo abre a perspectiva de a universidade reconhecer que a educação básica tenha antecipado conteúdos próprios das graduações. Ao que tudo indica, essa possibilidade pressupõe que o domínio desses específicos conteúdos e dessas competências venha a ser investigado e avaliado pelo exame de ingresso. Isso pode induzir a que sejam incluídos na matriz do exame de seleção como pré-requisitos e condição para ingresso na graduação. Essa possibilidade pode trazer de volta o risco de que a reforma venha a perpetuar o acúmulo de conteúdos desnecessários na educação básica.

Em que instância podem ser assegurados contornos e limites para que esse "aprofundamento" não resulte em uma antecipação descabida de conteúdos na educação básica? Isso pode ficar caracterizado desde a matriz dos exames de seleção?

A gestão do banco de itens

A reforma do currículo, a BNCC e a liberdade de escolha de cada escola e de cada estudante serão definidas pelo Conselho Nacional de Educação. A reforma do ensino médio e a BNCC são gêmeas siamesas da reforma dos exames de avaliação. Uma questão delicada é a da matriz desses exames e, em especial, a da curadoria desse banco de itens. No fundo, para além da BNCC e da reforma do ensino médio, é ele quem ditará as práticas e os currículos escolares. O Inep tem se empenhado em desenvolver e consolidar um importante banco de itens, que compõe as questões de cada um desses exames de larga escala. É um investimento grande que o país tem feito. Esse acervo de itens constitui um patrimônio que pertence à sociedade, ao povo brasileiro. Deve ser cuidado, preservado e aperfeiçoado. Essa forma de condução será determinante para a implantação da reforma em curso, mas, para além desse momento inaugural, deve implicar também perspectivas de longo prazo.

É grande o interesse de educadores e de escolas em oferecer aos alunos uma escolaridade eficaz, pertinente e atual. É inegável o papel que as avaliações externas podem ter como indutoras de mudanças. Trata-se de importante função estratégica, muito necessária para que o país possa avançar em termos da escolaridade que é oferecida às novas gerações de brasileiros. Por essa razão, educadores e escolas de todo o país empenham-se em acompanhar as sinalizações feitas pelo Inep. Isso implica certo rigor no emprego de determinados conceitos e nas descrições de cada aprendizagem a ser realizada. Afinal, o adequado domínio de determinados conteúdos constitui direito inalienável do aluno, a ser garantido pela escola de educação básica. O cuidado em corresponder a essas expectativas leva gestores e professores a considerarem com grande atenção cada sinalização feita pelo Inep, tanto por ocasião da publicação de editais quanto na análise dos gabaritos e, sobretudo, na oportunidade da divulgação dos resultados de cada exame. Cabe às escolas dar a esses resultados um uso que gere impacto nas práticas pedagógicas, que influencie ajustes e revisões dos futuros planejamentos.

Assim, ao longo dos últimos 20 anos, acompanhamos com grande atenção e interesse cada sinalização feita pelo Inep. Entre elas, destaca-se a busca por um ensino voltado para o desenvolvimento de habilidades e competências. Uma reorientação como essa traz profundas implicações para as atividades escolares de todo o país. Demanda inflexões nas práticas docentes e convoca instituições a ajustes no planejamento pedagógico e na formação continuada proporcionada aos professores. Envolve garantias de aprendizagem a serem asseguradas às crianças brasileiras, em um movimento que abrange todos os professores e escolas do país. Requer persistência, foco e coerência: há um investimento a ser sustentado em longo prazo.

No entanto, é oportuno registrar que a experiência vivenciada ao longo dos últimos 20 anos não foi a de manutenção de uma mesma orientação. Ao contrário do que seria desejável, durante esse tempo, escolas, educadores e professores de todo o país acompanharam sucessivas mudanças e oscilações nas orientações e sinalizações feitas pelo Inep. Entre elas, destacam-se o abandono da matriz original do Enem e os novos papéis que passaram a ser atribuídos ao exame, sobrecarregando-o com funções incompatíveis e irreconciliáveis.

A inconstância do avaliador na manutenção dos critérios e enquadres dos exames desnorteia o sistema de ensino e abala a credibilidade nas mudanças anunciadas. As alternâncias de comando à frente do MEC/Inep parecem ter sido motivadas por intencionalidades político-ideológicas. O foco aparenta ter deslizado da promoção de um ensino de qualidade para a estratégia de indução e controle em âmbito nacional. No entanto, explicação como essa não justifica nem legitima o uso que se passou a fazer das avaliações.

Educadores que somos, devemos extrair algumas aprendizagens da experiência vivida ao longo dos últimos anos. A lição deixa evidente que a política de avaliações em larga escala deve ser objeto da mais ampla atenção e discussão, por parte de todo o sistema de ensino, e que a gestão e a "curadoria" do banco de itens devem merecer especial cuidado. Como se trata de um patrimônio da sociedade brasileira, convém que se constitua e aprimore um acervo perene, que ultrapasse oscilações políticas. Afinal, alternâncias de poder são próprias das democracias. Não convém que esse acervo de itens caduque a cada eleição. Cada vez mais as práticas educacionais tenderão a ser definidas pelas avaliações em larga escala e pelo uso que se fizer do banco de itens gerenciado pelo Inep. É importante que essa gestão seja conduzida como política de Estado, e não de governo.

Ao que tudo indica, teremos eleições em 2018: que garantias de longo prazo o MEC/Inep pode oferecer hoje às escolas e aos professores?

As expectativas das universidades

As práticas de sala de aula do ensino médio decorrem também das expectativas da universidade. Os critérios estabelecidos como condição para ingresso na graduação têm forte influência sobre o currículo e o que mais se passa nas escolas. Nesse sentido, o êxito da reforma do ensino médio depende também, em larga medida, da universidade. É importante que cada instituição de ensino superior tenha consciência da influência determinante que exerce sobre a educação básica.

A percepção dessa realidade não se distribui de forma homogênea entre todos os departamentos. Cada universidade tem um departamento de educação, que poderia liderar essa reflexão, tanto internamente, entre os diferentes departamentos, quanto externamente, em diálogo direto com as escolas de ensino médio. Essas instâncias são interlocutores aptos a dialogar diretamente, sem intermediação do Estado. No Rio de Janeiro, as escolas viveram uma gratificante experiência nesse sentido ao longo das décadas de 1990 e até o ano de 2010.

No entanto, quando se retoma em perspectiva a atuação do MEC/Inep, fica evidente a crescente centralização com que tem sido controlado o ensino no país. Desde 2010, as universidades federais foram levadas a abrir mão do controle sobre o processo de ingresso nas graduações, que foi transferido e concentrado em Brasília. Hoje, o acesso à graduação nas universidades federais de todo o país se reduz ao Sisu, sendo todo ele centralizado no MEC. As universidades já não detêm mais o controle sobre o perfil do candidato ingressante em seus cursos de graduação.

A experiência do Sisu já é antiga, dura seis anos. Esse nível de concentração cria afastamento e distanciamento, dificulta interações locais e impede que os interessados encontrem soluções regionais. Priva tanto as universidades quanto as escolas de autonomia e de autoria. O momento torna oportuno perguntar: existe alguma perspectiva de revisão do Sisu? O governo estuda a possibilidade de restituir às universidades federais o controle sobre o perfil do candidato ingressante em seus cursos de graduação?

A tutela do Estado

Alguns fatores podem contribuir para que a reforma curricular conduza a uma escolaridade mais adequada. A discussão da reforma deve supor que os alunos e suas famílias têm a capacidade de discernir. Os cidadãos brasileiros são capazes de fazer escolhas. O público envolvido – adolescentes, jovens, suas famílias, a sociedade em geral – tem capacidade de discernimento e sabe o que lhe convém. Ele não precisa da tutela do Estado para lhe dizer como deve ser a escolaridade dos filhos. É importante reconhecer a seriedade, o compromisso, a boa-fé e a competência dos professores, dos educadores e das escolas, inclusive nas redes municipais e estaduais. Toda a discussão em pauta será mais bem conduzida se partirmos desses pressupostos.

Estamos falando de educação básica. Quem trabalha em escola lida com modalidades de ensino e de aprendizagem. Percebe, portanto, que a capacidade de autoria e autonomia não é importante apenas para os alunos, mas também para professores, instituições e redes de ensino.

É pelas avaliações em larga escala que o Estado exerce sua crescente tutela sobre o ensino. Em que medida a sociedade brasileira poderá obter do Estado-avaliador prestações de contas acerca das avaliações que empreende? Que liberdade terão os estudantes para efetivamente fazerem escolhas dignas do nome? Que grau de liberdade o legislador concederá aos brasileiros para exercerem seu discernimento acerca do tipo de escolaridade e currículo que convém aos seus filhos? Na medida em que pontos como esses puderem ser esclarecidos, as escolas terão segurança para efetivar a reforma pretendida. As famílias e os jovens brasileiros têm capacidade de discernimento para estabelecer o tipo de escolaridade que lhes convém. Uma vez assegurados certos direitos de aprendizagem, comuns a todos, convém que possam exercer o direito de escolha. Para tal, é necessário que tenham ao alcance uma rede escolar diversificada, composta por diferentes projetos educativos, trajetórias e trilhas curriculares. Quanto mais variadas forem as opções disponíveis para as famílias e os jovens brasileiros, mais bem atendida estará a sociedade como um todo. Assim, a qualidade do sistema de ensino decorre em larga medida de sua diversidade. Afinal, a liberdade curricular e de ensino conduzem à liberdade de pensamento e de expressão, fatores promotores da própria democracia.

15. Avanços, limites e possibilidades no ensino médio

José Henrique Paim*

A análise apressada e superficial sobre a situação da educação básica pública no Brasil é perversa e injusta com os verdadeiros educadores. De forma reducionista, costuma-se creditar aos gestores, professores e profissionais da educação, que durante anos se esforçaram muito pelo ensino deste país, o baixo desempenho do sistema educacional. Mas não se pode negar a história de lutas, desde os tempos do Manifesto dos Pioneiros, a Constituinte de 1988 e as conquistas recentes até o Plano Nacional de Educação (PNE). Também não se pode deixar de valorizar os esforços e as iniciativas nacionais, regionais e locais.

Ao mesmo tempo, é preciso reconhecer que o Brasil começou tardiamente a se preocupar com a educação de seus cidadãos. Países como os Estados Unidos, por exemplo, iniciaram o movimento de mudanças a partir do século XIX, quando o Estado americano passou a promover ações de desenvolvimento regional, como construção de ferrovias, articuladas com a implantação de escolas secundárias e criação de universidades regionais. Efetivamente, o Brasil paga um preço muito alto por isso. Os processos de reforma do Estado, industrialização e modernização da agricultura não trataram a educação como um elemento fundamental para o desenvolvimento do país.

A partir de uma perspectiva de planejamento e gestão, é sabido que a continuidade das políticas públicas é essencial. A opção dos constituintes de 1988 – sem nenhuma intenção de fazer juízo de valor – foi tornar obrigatória a educação pública dos sete aos 14 anos de idade, ou seja, dar prioridade ao ensino fundamental. Mesmo com altos e baixos, com a União nem sempre cumprindo

---

* Professor da FGV/Ebape e consultor do Banco Interamericano de Desenvolvimento (BID). Foi ministro da Educação (2014-2015) e diretor do BNDES (2015-2016).

adequadamente seu papel supletivo previsto no regime de colaboração, houve continuidade. Houve melhoria no acesso, avanço na equidade e na qualidade. Isto não foi obra de um engenheiro só e tampouco está pronta. Os números analisados de forma evolutiva demonstram avanços significativos, como revelam os gráficos 1 a 4.

GRÁFICO 1
Evolução do acesso ao ensino fundamental I e II

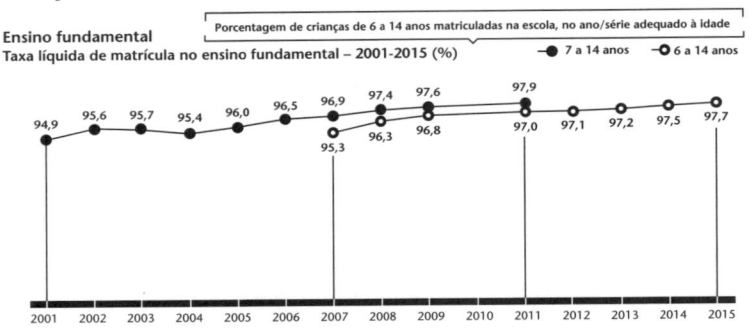

Ensino fundamental
Taxa líquida de matrícula no ensino fundamental – 2001-2015 (%)

Porcentagem de crianças de 6 a 14 anos matriculadas na escola, no ano/série adequado à idade

● 7 a 14 anos   ○ 6 a 14 anos

94,9 · 95,6 · 95,7 · 95,4 · 96,0 · 96,5 · 96,9 · 97,4 · 97,6 · 97,9 · 97,0 · 97,1 · 97,2 · 97,5 · 97,7
95,3 · 96,3 · 96,8

2001 2002 2003 2004 2005 2006 2007 2008 2009 2010 2011 2012 2013 2014 2015

Fonte: IBGE/Pnad – Anuário brasileiro da educação básica, 2017.

GRÁFICO 2
Situação da equidade no ensino fundamental I e II

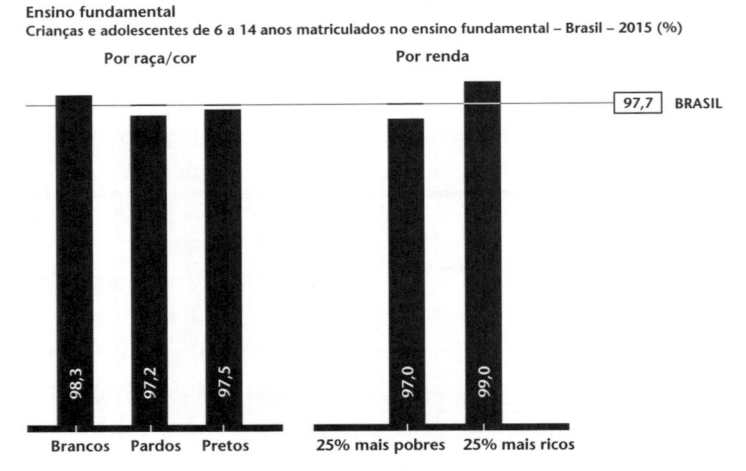

Ensino fundamental
Crianças e adolescentes de 6 a 14 anos matriculados no ensino fundamental – Brasil – 2015 (%)

Por raça/cor   Por renda

97,7 BRASIL

Brancos 98,3   Pardos 97,2   Pretos 97,5   25% mais pobres 97,0   25% mais ricos 99,0

Fonte: IBGE/Pnad – Anuário brasileiro da educação básica, 2017.

GRÁFICO 3
Evolução do Ideb nos anos iniciais do ensino fundamental

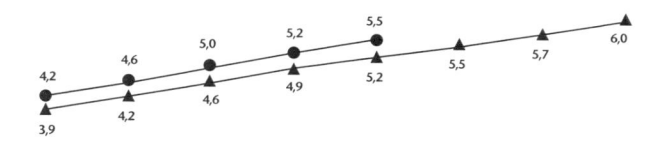

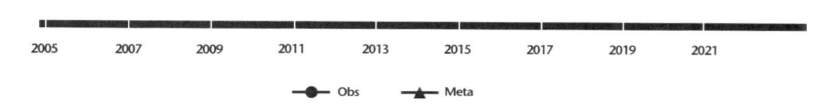

```
        4,6   5,0   5,2   5,5
  4,2                            5,5   5,7   6,0
                     4,9   5,2
              4,6
        4,2
  3,9
```

2005 2007 2009 2011 2013 2015 2017 2019 2021

●— Obs   ▲— Meta

Fonte: MEC/Inep

GRÁFICO 4
Evolução do Ideb nos anos finais do ensino fundamental

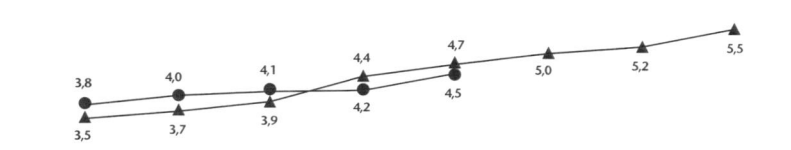

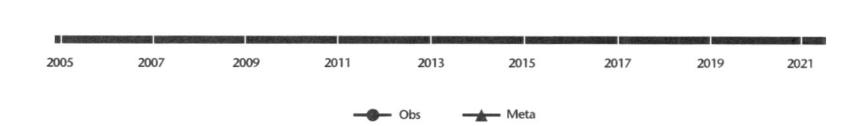

```
                          4,4   4,7
                    4,1                 5,0   5,2   5,5
        3,8   4,0                 4,5
                          4,2
                    3,9
              3,7
  3,5
```

2005 2007 2009 2011 2013 2015 2017 2019 2021

●— Obs   ▲— Meta

Fonte: MEC/Inep

Foram vários anos de implementação de políticas públicas estruturantes de financiamento, gestão, avaliação, práticas pedagógicas e formação de professores. A título de exemplo, vale destacar a criação do Fundo de Manutenção e Desenvolvimento do Ensino Fundamental e de Valorização do Magistério (Fundef) e o Fundo de Manutenção e Desenvolvimento da Educação Básica e de Valorização dos Profissionais da Educação (Fundeb). O primeiro inaugurou o princípio redistributivo e o segundo manteve o caráter redistributivo, acentuou sobremaneira o papel supletivo da União e, em consequência, reduziu as desigualdades em termos de valor/aluno de cada estado. Na avaliação, o Sistema de Avaliação da Educação (Saeb) teve uma importância muito grande e, como continuidade, a Prova Brasil permitiu o estabelecimento de metas de qualidade para escolas e sistemas de ensino.

GRÁFICO 5
Valor por aluno/ano, por UF, e valor mínimo nacional por aluno/ano – 2017

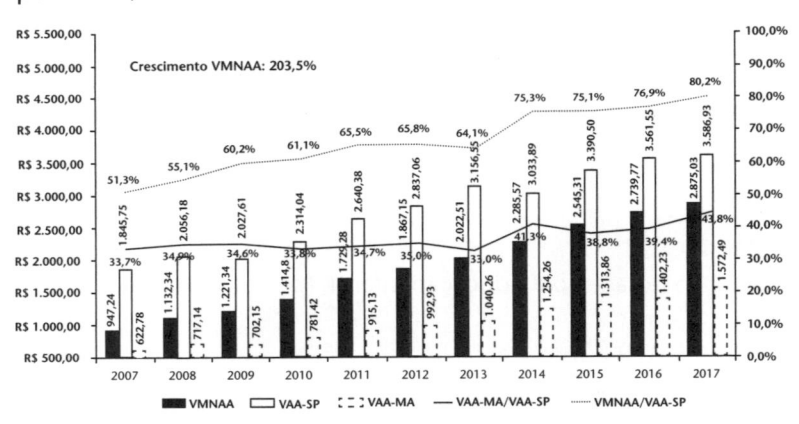

Fonte: FNDE/Fundeb.

Portanto, pode-se afirmar que a continuidade, a mobilização e o esforço dos governos, com erros e acertos, trouxeram resultado positivo para o ensino fundamental. Agora, há o desafio das duas pontas da educação básica: a educação infantil e o ensino médio.

Na educação infantil, considerando crianças de quatro e cinco anos, ocorreram resultados expressivos quanto ao acesso e à equidade, sendo possível, inclusive, num prazo razoável, vislumbrar a universalização. Na faixa de zero a três anos, aconteceram avanços no acesso, mas há um importante desafio na equidade, conforme demonstrado nos gráficos 6 e 7. É obvio que esses resultados também foram fruto de esforços dos municípios e de um conjunto de iniciativas no âmbito federal.

GRÁFICO 6
Evolução do acesso à educação infantil (creche), 2001-2015

Creche
Crianças de 0 a 3 anos que frequentam escola – Brasil – 2001-2015 (%)

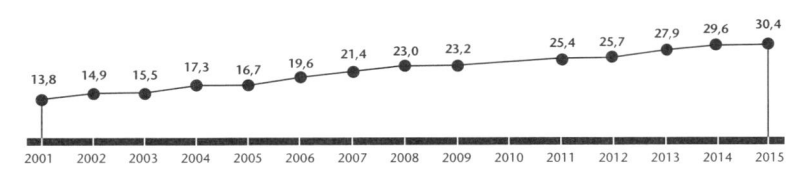

2001	2002	2003	2004	2005	2006	2007	2008	2009	2010	2011	2012	2013	2014	2015
13,8	14,9	15,5	17,3	16,7	19,6	21,4	23,0	23,2	25,4	25,7	27,9	29,6	30,4

Fonte: IBGE/Pnad – Anuário brasileiro da educação básica, 2017.

GRÁFICO 7
Evolução do acesso à educação infantil (pré-escola), 2001-2015

Pré-escola
Crianças de 4 e 5 anos que frequentam escola – Brasil – 2001-2015 (%)

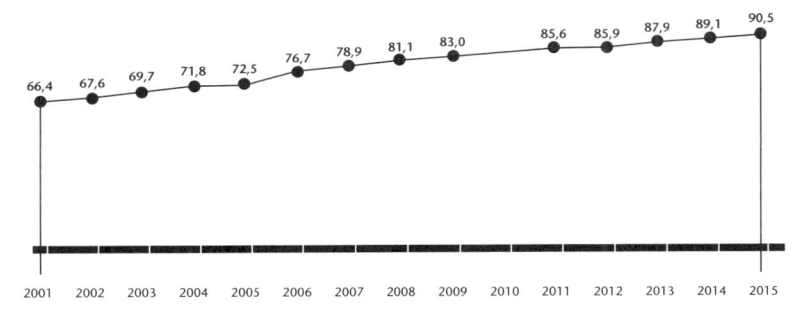

2001	2002	2003	2004	2005	2006	2007	2008	2009	2010	2011	2012	2013	2014	2015
66,4	67,6	69,7	71,8	72,5	76,7	78,9	81,1	83,0	85,6	85,9	87,9	89,1	90,5

Fonte: IBGE/Pnad – Anuário brasileiro da educação básica, 2017.

GRÁFICO 8
Situação da equidade na educação infantil (creche), 2015

Creche
Crianças de 0 a 3 anos que frequentam escola – Brasil – 2015 (%)

Por raça/cor — Por renda

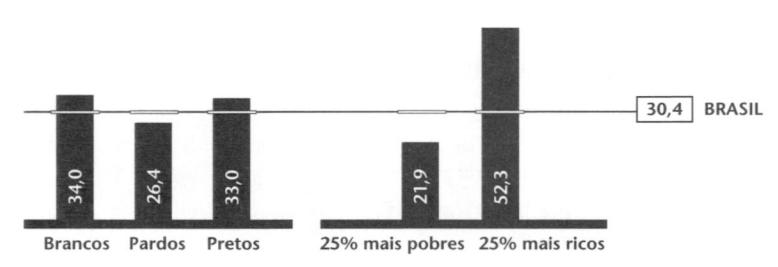

- Brancos: 34,0
- Pardos: 26,4
- Pretos: 33,0
- 25% mais pobres: 21,9
- 25% mais ricos: 52,3
- BRASIL: 30,4

Fonte: IBGE/Pnad – Anuário brasileiro da educação básica, 2017.

GRÁFICO 9
Situação da equidade na educação infantil (pré-escola), 2015

Pré-escola
Crianças de 4 e 5 anos que frequentam escola – Brasil – 2015 (%)

Por raça/cor — Por renda

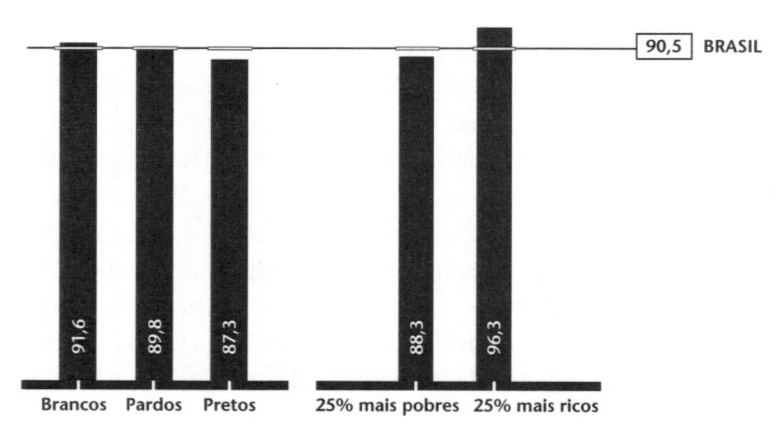

- Brancos: 91,6
- Pardos: 89,8
- Pretos: 87,3
- 25% mais pobres: 88,3
- 25% mais ricos: 96,3
- BRASIL: 90,5

Fonte: IBGE/Pnad – Anuário brasileiro da educação básica, 2017.

O ensino médio é, sem dúvida, o grande desafio educacional brasileiro. Não só pelos problemas de acesso, equidade e qualidade, mas, sobretudo, pelo futuro dos jovens brasileiros e, consequentemente, do próprio país.

Ensino médio e a visão sistêmica da educação

Alinhada a uma visão sistêmica de educação, tendo como marco as emendas constitucionais nº 53 e nº 59, pode-se afirmar que a política educacional brasileira mudou de patamar, passando a considerar importante e relevante a etapa do ensino médio na educação básica.

Políticas estruturantes no ensino médio

Emendas constitucionais

A partir da promulgação dessas duas emendas constitucionais, a política de financiamento passou a garantir recursos a toda educação básica, e não apenas a uma de suas etapas, o que foi decisivo para a estruturação de políticas públicas para o ensino médio.

A Emenda Constitucional nº 53/2006 transformou o Fundef em Fundeb, que passou a beneficiar as três etapas: educação infantil, ensino fundamental e ensino médio e educação de jovens e adultos. Desse modo, os sistemas estaduais, responsáveis pela gestão do ensino médio, passaram a contar com recursos financeiros para fazer frente às despesas. Além de cumprir a função de redistribuição exercida pelo Fundef, a partir do Fundeb, a União passou a cumprir de forma mais efetiva seu papel supletivo, destinando volumes consideráveis de recursos para a educação básica pública e, consequentemente, contribuindo para a redução da desigualdade entre os entes federados.

É importante destacar que o Ato das Disposições Constitucionais Transitórias nº 60 (constante da EC nº 53) estabeleceu que a fonte de manutenção e desenvolvimento do ensino oriunda da vinculação das receitas de impostos para educação cobriria apenas 30% da complementação da União aos estados no Fundeb. Além disso, esse ato impediu a utilização da fonte adicional do salário educação para complementação do fundo. Assim sendo, pode-se afirmar que a maior parte dos recursos de complementação representa fonte extra do Tesouro para o financiamento da educação dos estados com menor valor/aluno.

A EC nº 53/2006 ainda estendeu a destinação e a aplicação do salário educação, antes restrita ao ensino fundamental, para as demais etapas e modalidades da educação básica e estabeleceu que o piso salarial do magistério fosse regulamentado por meio de lei ordinária. A Lei do Piso, de nº 11.738 de 2008, possibilitou uma evolução do piso salarial de R$ 950,00, em 2009, para R$ 2.298,00, em 2017, o que significou um considerável crescimento real da remuneração dos professores.

Já a EC nº 59/2009 acabou com a desvinculação das receitas da União (DRU) incidente sobre os recursos destinados à educação e, além disso, tornou o ensino obrigatório dos quatro aos 17 anos de idade, em vez de sete a 14 anos de idade. Ademais, ampliou os programas de material didático, transporte escolar, alimentação e assistência à saúde para todas as etapas da educação básica.

Extensão de programas de assistência para toda a educação básica
Em consonância com a promoção de mudanças constitucionais, os programas de assistência ao estudante, à escola e aos sistemas foram redimensionados.

O Programa Nacional de Alimentação Escolar (Pnae), por exemplo, foi estendido aos estudantes da educação infantil e do ensino médio, que até então não eram contemplados. O mesmo ocorreu com o Programa Nacional do Livro e do Material Didático (PNLD) e o Programa Nacional Biblioteca na Escola (PNBE), que passaram a comprar e fornecer gratuitamente obras e material didático aos estudantes do ensino médio. Foi instituído o Programa

Nacional de Apoio ao Transporte Escolar (Pnate) para estudantes da pré-escola ao ensino médio. O Programa Caminho da Escola destinou mais de 40 mil veículos adaptados ao transporte escolar dos estudantes, beneficiando em especial aqueles que moram em área rural e de difícil acesso.

Brasil Profissionalizado e PAR Infraestrutura
O Programa Brasil Profissionalizado foi destinado ao fortalecimento do ensino médio integrado à educação profissional nas redes estaduais de educação profissional. Fomentou ações para expansão, ampliação e modernização das escolas das redes estaduais de educação profissional e tecnológica, com a finalidade de expandir e ampliar a oferta de cursos técnicos de nível médio, principalmente do ensino médio articulado à educação profissional.

A partir de 2007, o Ministério da Educação (MEC) passou a financiar em maior escala, por meio do Plano de Ações Articuladas (PAR), ações de melhoria da infraestrutura escolar, com destaque para o ensino médio. Os recursos foram repassados aos estados, por meio de termos de compromisso, para a construção, reforma e modernização de escolas, estruturação de laboratórios.

Extensão do Bolsa Família
Em 2008, foi adotada a importante medida de ampliação do Programa Bolsa-Família, que restringia a cobertura até 15 anos de idade e passou a atender aos estudantes até 17 anos de idade, com regras mais rígidas: três bimestres seguidos com ausência escolar acima de 75% são suficientes para que as famílias percam o benefício. Com isso, a família transformou-se em uma aliada fundamental à permanência do aluno na escola.

Ensino médio articulado com a educação profissional
A Lei nº 11.741, de 2008, fortaleceu, a partir de uma visão sistêmica da educação, a importância da educação profissional articulada com o ensino médio. Desta forma, o ensino médio

integrado à educação profissional e o concomitante passaram a fazer parte das estratégias de políticas educacionais das redes estaduais e federal.

Complementarmente, coube à Câmara de Educação Básica (CEB) do Conselho Nacional de Educação (CNE) uma das principais medidas para superar a dualidade educacional entre ensino médio e ensino técnico. Um conceito fundamental, implementado a partir da Lei nº 11.741/2008, foi a possibilidade de organização da educação profissional e tecnológica por eixo tecnológico e itinerário formativo, dando maior flexibilidade aos ofertantes desta modalidade educacional.

Assim, a Resolução CEB/CNE nº 6, de 20 de setembro de 2012, definiu as diretrizes curriculares nacionais da educação profissional técnica de nível médio, determinando, em seu art. 2º, que seus cursos e programas fossem "organizados por eixos tecnológicos, possibilitando itinerários formativos flexíveis, diversificados e atualizados, segundo interesses dos sujeitos e possibilidades das instituições educacionais".

Também na mesma linha foi implementado o Catálogo Nacional de Cursos Técnicos, que organizou por eixos não somente a nomenclatura dos cursos, mas os requisitos de qualidade para a criação de cursos técnicos.

Ensino médio e o Plano Nacional de Educação

Aprovado pela Lei nº 13.005/2014 para vigorar até 2024, o Plano Nacional de Educação (PNE) foi resultado de um amplo debate na sociedade, iniciado em 2010 na Conferência Nacional de Educação (Conae). Por ser decenal, ultrapassa diferentes gestões de governo, procurando garantir a continuidade das políticas públicas.

O PNE busca articular os esforços nacionais em regime de colaboração entre as três esferas de governo (federal, estadual e municipal) para universalizar o atendimento da educação obrigatória dos quatro aos 17 anos, elevar a escolaridade dos brasileiros e melhorar a qualidade da educação, entre outros. A meta 3 trata da universalização do ensino médio e determina que todos os jovens dos 15 aos 17 anos deveriam estar frequentando a escola até 2016. Estabelece ainda que, até 2024, 85% dos jovens nessa faixa etária devem estar matriculados no ensino médio. Outras metas também abrangem o ensino médio, como a meta 6, que prevê a oferta de ensino integral em pelo menos 50% das escolas públicas de forma a atender 25% dos alunos da educação básica, no mínimo.

Desafios a enfrentar

Situação do ensino médio

Em 2016, tínhamos uma população matriculada no ensino médio formada por 8.133.040 estudantes. Entretanto, apenas 67% deles devem se formar na idade adequada. Cerca de 1,7 milhão de jovens de 15 a 17 anos ainda está fora da escola, o que, segundo dados da Pnad/IBGE, representa 16% de todos os jovens desta faixa etária.

Os gráficos a seguir revelam que os números referentes ao ensino médio estão distantes daqueles da pré-escola e do ensino fundamental, e que ainda estamos longe da universalização dessa etapa. O gráfico 10 apresenta a evolução da taxa de atendimento no período 2001-2015, quando saímos de 77,7% para 84,3% dos jovens de 15 a 17 anos matriculados no ensino médio. É nítida a evolução, contudo não ocorreu na proporção desejável. Embora os índices de distorção idade-série no período tenham melhorado consideravelmente, como se vê no gráfico 11, eles ainda estão longe de patamares aceitáveis. Em termos de equidade, podemos verificar no gráfico 12 que é grande a desigualdade de matrículas em termos de cor e de renda dos jovens que buscam o ensino médio, o que representa um desafio ainda maior do que o encontrado nas etapas anteriores. Portanto, a dívida social com pobres e negros demonstra a necessidade de políticas públicas mais efetivas.

GRÁFICO 10
Evolução do acesso ao ensino médio de jovens entre 15 e 17 anos, 2001-2015

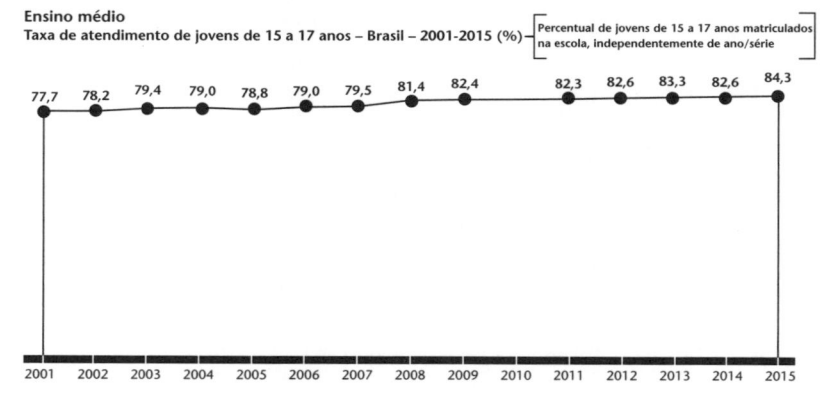

Ensino médio
Taxa de atendimento de jovens de 15 a 17 anos – Brasil – 2001-2015 (%) — Percentual de jovens de 15 a 17 anos matriculados na escola, independentemente de ano/série

2001	2002	2003	2004	2005	2006	2007	2008	2009	2010	2011	2012	2013	2014	2015
77,7	78,2	79,4	79,0	78,8	79,0	79,5	81,4	82,4		82,3	82,6	83,3	82,6	84,3

Fonte: IBGE/PNAD – Anuário brasileiro da educação básica, 2017.

GRÁFICO 11
Distorção idade-série no ensino médio, 2001-2015

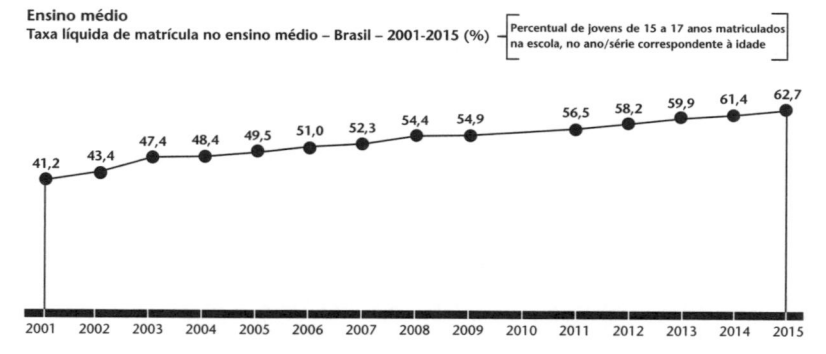

Ensino médio
Taxa líquida de matrícula no ensino médio – Brasil – 2001-2015 (%) — Percentual de jovens de 15 a 17 anos matriculados na escola, no ano/série correspondente à idade

2001	2002	2003	2004	2005	2006	2007	2008	2009	2010	2011	2012	2013	2014	2015
41,2	43,4	47,4	48,4	49,5	51,0	52,3	54,4	54,9		56,5	58,2	59,9	61,4	62,7

Fonte: IBGE/Pnad – Anuário brasileiro da educação básica, 2017.

GRÁFICO 12
Situação da equidade no ensino médio, 2015

Ensino médio
Taxa líquida de matrícula no ensino médio – Brasil – 2015 (%)

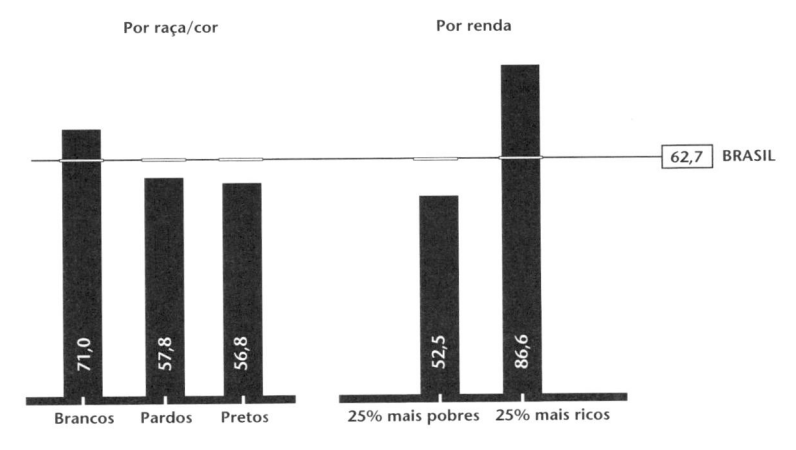

Por raça/cor: Brancos 71,0; Pardos 57,8; Pretos 56,8
Por renda: 25% mais pobres 52,5; 25% mais ricos 86,6
BRASIL 62,7

Fonte: IBGE/Pnad – Anuário brasileiro da educação básica, 2017.

Em relação à qualidade do ensino médio, o gráfico 13 revela a quase estagnação do Ideb entre 2011 e 2015, apesar de todos os esforços feitos no período.

GRÁFICO 13
Evolução do Ideb do ensino médio (2005-2021)

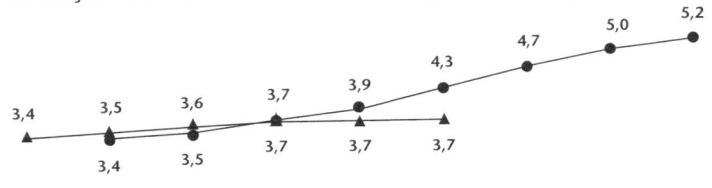

Meta: 2005: 3,4; 2007: 3,5; 2009: 3,6; 2011: 3,7; 2013: 3,9; 2015: 4,3; 2017: 4,7; 2019: 5,0; 2021: 5,2
Obs: 2005: 3,4; 2007: 3,5; 2009: 3,7; 2011: 3,7; 2013: 3,7

—▲— Obs   —●— Meta

Fonte: Resumo técnico Ideb 2005-2015.

Argumenta-se que o currículo do ensino médio é muito extenso e que uma parcela dos jovens está desinteressada pelo que é ensinado. Assim, o enfrentamento desse desafio passa pela urgência em dialogar com a diversidade de interesses dos jovens. Esse deve ser um dos objetivos da nova Base Nacional Comum Curricular (BNCC), que começou a ser discutida em 2014.

A BNCC, ao definir 60% do conteúdo mínimo nacional, pode se transformar num instrumento importante para reduzir a desigualdade entre os estados que têm condições de elaborar e implementar um currículo objetivo e adequado às habilidades e competências exigidas para o ensino médio e aqueles que carecem desta capacidade. Portanto, o intuito de implantação da base, se bem conduzido, pode ter um caráter de inclusão educacional. Da mesma forma, os estados mais frágeis tecnicamente deveriam receber apoio da União para elaboração do currículo. Este apoio deveria incluir suporte para que eles dessem valor à parte diversificada de seu currículo.

Em que pese a importância de o ensino médio estar voltado para uma formação do jovem que aguce seu espírito crítico sobre a ciência e a vida, bem como as habilidades socioemocionais, a preparação para o trabalho, especialmente nesta etapa, é fundamental. Esta preparação deve estar assentada na "nova economia", considerando indústria 4.0, *Big Data*, inteligência artificial, internet das coisas, integração indústria e serviços, os avanços tecnológicos da agricultura e a preocupação com a sustentabilidade ambiental.

Para tanto, a parte propedêutica e/ou profissional do currículo deve preparar o jovem para as novas perspectivas do mercado de trabalho, considerando empreendedorismo, conectividade e inovação tecnológica. Quando se trata do ensino médio integrado, o currículo precisa estar verdadeiramente compatibilizado entre o propedêutico e o profissional, sem sombreamentos e com uma formação complementar.

A importância da articulação entre ensino médio propedêutico e ensino técnico profissional de nível médio é consenso em boa parte dos países da OCDE e outras nações desenvolvidas, como se vê no gráfico 14. Na Itália e na Austrália, por exemplo, mais da metade dos jovens cursa o ensino médio articulado com a educação profissional. Na Alemanha, país com uma das mais fortes economias do mundo, as matrículas do ensino profissional de nível médio correspondem a 47,8% do total. Já no Brasil, somente 8,4% das matrículas estão voltadas à formação técnica. Considerando os dados do Censo Escolar da Educação Básica, verifica-se que a relação entre matrícula de educação profissional e matrículas totais do ensino médio quase dobrou de 2007 a 2015, o que demonstra um importante esforço. O Programa Brasil Profissionalizado, o Pronatec, o acordo de gratuidade de matrículas com o Sistema S e a expansão da Rede Federal de Educação Profissional e Tecnológica contribuíram para esse avanço.

GRÁFICO 14
Proporção da matrícula no ensino médio em programas vocacionais, 2014

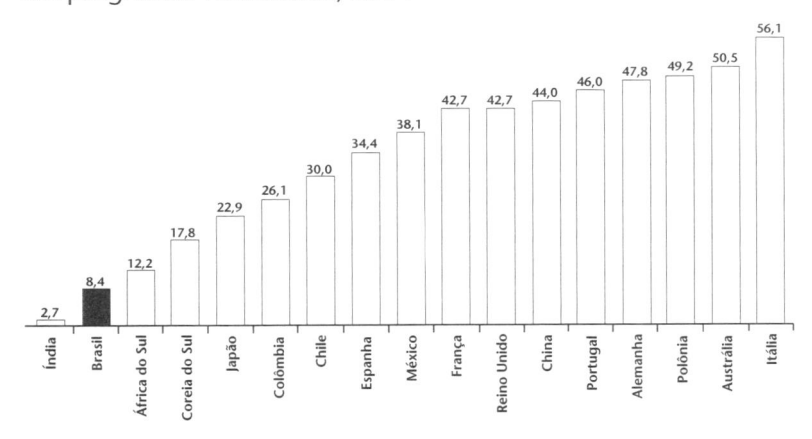

País	Valor
Índia	2,7
Brasil	8,4
África do Sul	12,2
Coreia do Sul	17,8
Japão	22,9
Colômbia	26,1
Chile	30,0
Espanha	34,4
México	38,1
França	42,7
Reino Unido	42,7
China	44,0
Portugal	46,0
Alemanha	47,8
Polônia	49,2
Austrália	50,5
Itália	56,1

Fonte: EAG2016 (OCDE).

Nos últimos anos, houve avanço na oferta de ensino médio com a construção e ampliação de escolas. Este movimento também ocorreu no ensino médio articulado com a educação profissional. Pode-se ver, a seguir, a evolução das matrículas no ensino médio e na educação profissional concomitante e subsequente no período 2002-2016, por dependência administrativa.

GRÁFICO 15
Número de escolas de ensino médio, 2002-2016,
por dependência administrativa

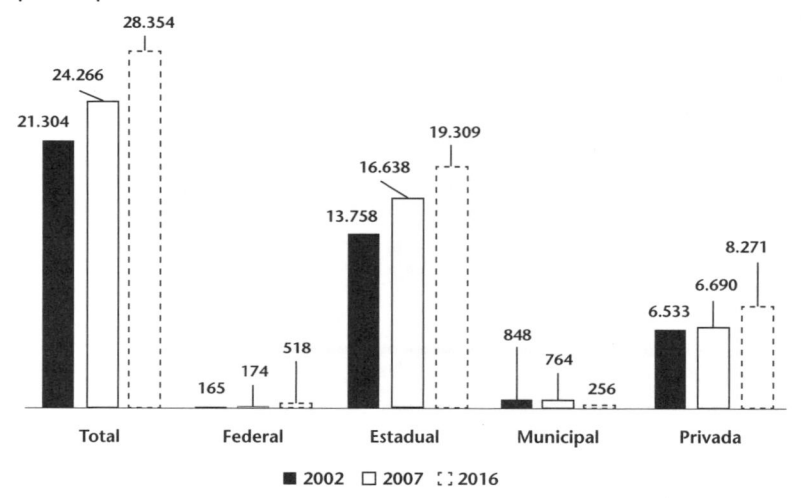

	Total	Federal	Estadual	Municipal	Privada
2002	21.304	165	13.758	848	6.533
2007	24.266	174	16.638	764	6.690
2016	28.354	518	19.309	256	8.271

Fonte: Inep.

GRÁFICO 16
Matrículas no ensino médio, 2002-2016,
por dependência administrativa

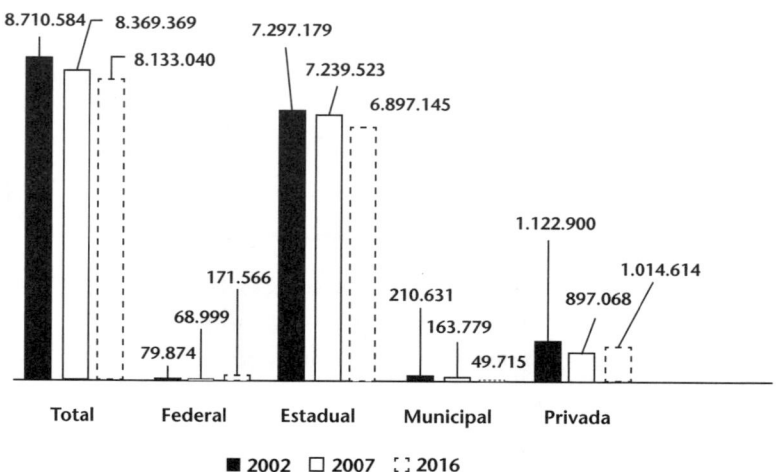

	Total	Federal	Estadual	Municipal	Privada
2002	8.710.584	79.874	7.297.179	210.631	1.122.900
2007	8.369.369	68.999	7.239.523	163.779	897.068
2016	8.133.040	171.566	6.897.145	49.715	1.014.614

Fonte: Inep.

AVANÇOS, LIMITES E POSSIBILIDADES NO ENSINO MÉDIO 235

GRÁFICO 17
Matrículas na educação profissional de nível médio
Educação profissional de nível médio
Matrículas nas redes pública e privada – Brasil – 2007-2015

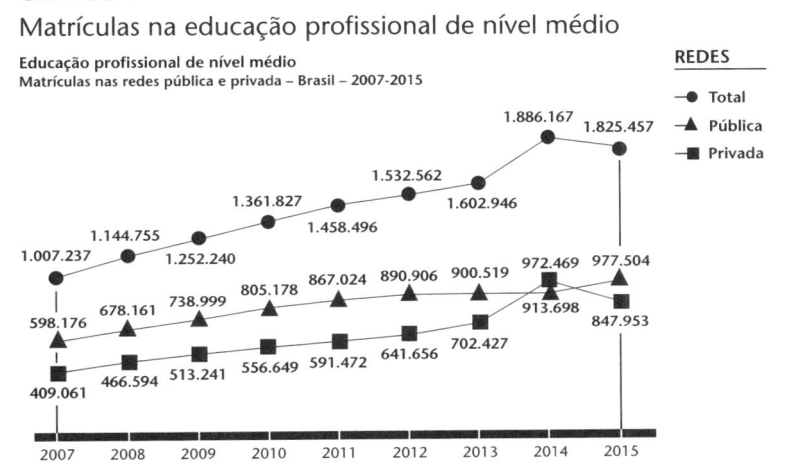

REDES
- ● Total
- ▲ Pública
- ■ Privada

Total: 1.007.237 | 1.144.755 | 1.252.240 | 1.361.827 | 1.458.496 | 1.532.562 | 1.602.946 | 1.886.167 | 1.825.457
Pública: 598.176 | 678.161 | 738.999 | 805.178 | 867.024 | 890.906 | 900.519 | 972.469 | 977.504
Privada: 409.061 | 466.594 | 513.241 | 556.649 | 591.472 | 641.656 | 702.427 | 913.698 | 847.953

2007 2008 2009 2010 2011 2012 2013 2014 2015

Fonte: MEC/Inep/Deed. Sinopse estatística da educação básica.

GRÁFICO 18
Relação entre matrículas na educação profissional e no ensino médio
Matrículas da educação profissional de nível médio em relação
ao total de matrículas do ensino médio – 2007-2015 (%)

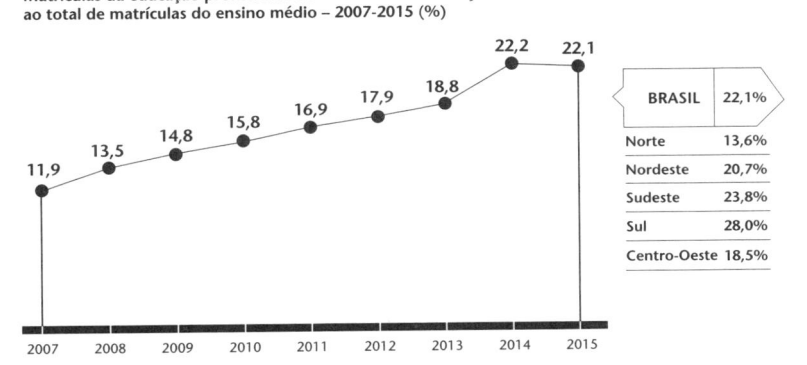

11,9 | 13,5 | 14,8 | 15,8 | 16,9 | 17,9 | 18,8 | 22,2 | 22,1

BRASIL	22,1%
Norte	13,6%
Nordeste	20,7%
Sudeste	23,8%
Sul	28,0%
Centro-Oeste	18,5%

2007 2008 2009 2010 2011 2012 2013 2014 2015

Fonte: MEC/Inep/Deed. Sinopse estatística da educação básica.

Reflexões sobre o "novo ensino médio"

Diversas políticas públicas e ações foram desenvolvidas com mais ênfase desde 2006 visando à melhoria do ensino médio. Em relação à estruturação e ao currículo, o Ministério da Educação, por meio de grupos de trabalho, envolvendo o Conselho Nacional dos Dirigentes Estaduais de Educação (Consed), elaborou propostas de mudanças de modo a que o ensino médio se tornasse mais eficaz. Alguns estados, como Ceará e Paraná, chegaram a desenvolver projetos pilotos de ensino médio inovador. Além disso, estados como Bahia, Piauí, Mato Grosso do Sul, Rio Grande do Norte, Santa Catarina e, novamente, Ceará e Paraná implantaram interessantes experiências de ensino médio articulado com ensino profissional técnico.

TABELA 1
Matrículas de ensino médio e da educação profissional de nível médio

Regiões e UF	Matrículas no ensino médio	Matrículas na educação profissional de nível médio	%
BRASIL	8.076.150	1.787.229	2,1
Norte	789.324	107.448	3,6
Rondônia	64.827	10.833	6,7
Acre	43.510	6.217	4,3
Amazonas	189.743	32.035	6,9
Roraima	22.995	4.317	8,8
Pará	359.979	34.692	9,6
Amapá	39.616	7.752	19,6
Tocantins	68.654	11.602	16,9
Nordeste	2.214.168	457.300	20,7
Maranhão	312.111	29.630	9,5
Piauí	142.843	43.582	30,5
Ceará	373.407	84.880	22,7

(continua)

Regiões e UF	Matrículas no ensino médio	Matrículas na educação profissional de nível médio	%
Rio Grande do Norte	129.452	39.529	30,5
Paraíba	133.183	22.233	16,7
Pernambuco	364.620	100.048	27,4
Alagoas	123.281	24.452	19,8
Sergipe	81.799	12.133	14,8
Bahia	553.472	100.813	18,2
Sudeste	3.353.215	799.739	23,8
Minas Gerais	787.359	160.203	20,3
Espírito Santo	131.715	45.643	34,7
Rio de Janeiro	583.177	173.800	29,8
São Paulo	1.850.964	420.093	22,7
Sul	1.101.633	308.429	28,0
Paraná	474.267	115.478	24,3
Santa Catarina	242.166	62.351	25,7
Rio Grande do Sul	385.200	130.600	33,9
Centro-Oeste	617.810	114.313	18,5
Mato Grosso do Sul	93.257	26.362	28,3
Mato Grosso	157.936	24.905	15,8
Goiás	256.201	38.003	14,8
Distrito Federal	110.416	25.043	22,7

Fonte: MEC/Inep/Deed – Anuário brasileiro da educação básica, 2017.

A Lei nº 13.415/2017, de 16 de fevereiro de 2017, embora bastante criticada em função da forma de encaminhamento ao Congresso Nacional, via medida provisória, deve ser entendida no contexto das discussões travadas desde 2007 e suas determinações refletem, em boa medida, as posições construídas ao longo desse processo. No entanto, algumas dessas proposições esbarram na

Emenda Constitucional nº 95, de dezembro de 2016, a chamada Emenda do Teto dos Gastos, que afeta diretamente a geração de receitas vinculadas à educação, revelando uma contradição dados os limites e necessidades de mais investimento em infraestrutura e formação de professores para implementação da lei.

Organização por áreas

É evidente que a valorização do ensino médio passa pela consolidação do Exame Nacional do Ensino Médio (Enem), que resultou de um grande esforço nacional para sua implantação e manutenção mesmo diante das fortes críticas daqueles que resistiam à ideia de democratização do ensino superior. Esse exame representou muito mais devido à visibilidade da avaliação das escolas de ensino médio.

As intermináveis discussões sobre o novo modelo das provas e suas diferenças em relação ao "velho modelo de vestibular" também contribuíram para a reflexão sobre a necessidade de nova organização e novo currículo para o ensino médio.

Portanto, a nova lei, ao propor a organização por áreas de conhecimento (linguagens e suas tecnologias, matemática e suas tecnologias, ciências da natureza e suas tecnologias e ciências humanas e sociais aplicadas), foi influenciada pela experiência do próprio Enem. Resta saber como será compatibilizada a nova organização por áreas com as disciplinas atuais do ensino médio e a nova BNCC.

Ênfases e itinerários formativos

Um dos aspectos da nova lei é a flexibilização da grade curricular, com a criação de itinerários formativos que, em princípio, deveriam permitir que o aluno escolhesse a área de conhecimento em que deseja aprofundar seus estudos. Pela legislação, contudo, as escolas não são obrigadas a oferecer aos alunos todos os cinco itinerários (linguagens e suas tecnologias; matemática e suas tecnologias; ciências da natureza e suas tecnologias; ciências humanas e sociais aplicadas; e formação técnica e profissional). Portanto, pode ocorrer que nem todas as opções sejam ofertadas pela instituição em que o estudante se matricule, impedindo que essa escolha efetivamente se concretize.

O currículo, portanto, será composto pela base e por itinerários formativos, que deverão ser organizados por meio da oferta de diferentes arranjos curriculares, conforme a relevância para o contexto local e a possibilidade dos sistemas de ensino.

Ainda que a lei permita o estabelecimento de parcerias com diferentes instituições para a oferta dos itinerários formativos, o dilema a ser enfrentado será a maneira como os sistemas irão se organizar para prover a rede pública de infraestrutura necessária à implementação dos itinerários, da mesma forma em relação à formação dos professores, frente ao grau de especialização exigido pelos itinerários formativos.

Organização por módulos ou créditos

A Lei de Diretrizes e Bases da Educação (LDB), antes das alterações promovidas recentemente para o ensino médio, já permitia a flexibilização com a organização dos conteúdos por disciplinas, por módulos ou créditos. As modificações na legislação vieram reforçar a possibilidade dessa forma mais interessante de organização, cuja implantação poderá impactar na redução dos índices de reprovação e evasão dos jovens no ensino médio. Tal medida requer uma mudança expressiva na gestão pedagógica dos sistemas educacionais e das escolas.

A modularização, conforme definido pelo CNE, é um conjunto didático-pedagógico sistematicamente organizado para o desenvolvimento de competências e habilidades significativas. No mesmo parecer, o CNE destaca que o currículo pode ser estruturado por etapas com terminalidade, que permitem saídas intermediárias e a obtenção de certificados de qualificação para o trabalho.

BNCC – Currículo integrado com ênfases e itinerários formativos

A finalização da Base Nacional Comum Curricular é fundamental para a reforma no ensino médio. É ela que vai determinar quais conhecimentos, competências e habilidades que se espera sejam desenvolvidos pelos alunos. E também nortear os currículos das redes e sistemas de ensino em todo o país, permitindo a integração entre currículo e ênfases e itinerários formativos.

A BNCC do ensino médio ainda está em discussão no MEC, que pretende apresentá-la ao Conselho Nacional de Educação até o final de 2017. Apenas a partir da definição da base poderão ser elaborados os currículos das redes, produzidos materiais didáticos e estabelecido um programa de formação de professores adequada aos novos parâmetros. Se não existir essa base, não há como escolas, redes e sistemas de ensino agirem a fim de tornar efetiva a nova lei.

Condições para a mudança

Diálogo permanente
O maior desafio para a implementação do "novo ensino médio" é o diálogo a ser desenvolvido com a comunidade educacional. Este é um trabalho que deve ser realizado em conjunto por vários atores: CNE, MEC, Consed, CNTE, Fórum dos Conselhos Estaduais, instituições de ensino superior, institutos federais, entidades representativas das faculdades de educação, pais, estudantes e professores.

Caso não haja articulação com esses atores para o processo de construção, normatização, elaboração dos modelos e organização da implementação, a lei do ensino médio não será bem-sucedida.

Financiamento

Ao mesmo tempo que propõe uma importante mudança no ensino médio, a Emenda Constitucional nº 95 limita, por 20 anos, a partir de 2018, a correção dos gastos públicos federais de acordo com a inflação acumulada conforme o Índice Nacional de Preços ao Consumidor Amplo (IPCA), inclusive aqueles que se referem à educação, restringindo a possibilidade de investimentos necessários à adequação da infraestrutura das escolas e às exigências impostas pelos itinerários formativos.

A questão do financiamento, portanto, precisa ser enfrentada, mesmo em um cenário de restrição fiscal, que não deve se perpetuar por 20 anos. É determinante que se encontrem alternativas para o investimento no ensino médio.

Infraestrutura, parcerias e gestão de pessoas

A mudança no ensino médio implica grandes ajustes em termos de infraestrutura e de gestão de pessoas. A implantação da educação em tempo integral vai requerer a existência de laboratórios de informática e de ciências, por exemplo, dependendo dos itinerários formativos oferecidos pela escola. Na formação técnica profissional, é necessária uma sólida estrutura em instalações, equipamentos e instrumentos – e as escolas terão de disponibilizar essas condições aos alunos. Daí, em muitos casos, haverá a exigência de que sejam feitas parcerias com as instituições integrantes do Sistema S, em especial com os Serviços Nacionais de Aprendizagem (Senai e Senac). De maneira semelhante, a formação dos docentes exigirá muita atenção e organização dos sistemas de ensino. Caso a escola venha a oferecer a ênfase em matemática e suas tecnologias, ela precisará buscar um professor que seja capaz de dar também um curso de cálculo. Isto irá requerer, por parte das secretarias estaduais, uma melhor gestão da alocação dos professores da rede.

Estratégia de implementação

A tarefa das secretarias estaduais de Educação de implantar o "novo ensino médio" não será fácil, pois irá exigir uma nova cultura de planejamento e gestão das redes de modo a reorganizar suas ações. Isso demandará a definição de um detalhamento estratégico que envolva muita dedicação e mobilização dos coordenadores regionais, diretores de escolas, coordenadores pedagógicos e professores. Por isso, será imprescindível uma formação específica e adequada para esses gestores, bem como dotar as secretarias de ferramentas e tecnologias de gestão educacional.

Considerações finais

Não obstante as polêmicas acerca de como foram conduzidas as alterações legais do ensino médio, a Lei nº 13.415 teve o mérito de promover o debate. As mudanças no ensino médio já estavam em curso, desde as medidas estruturantes adotadas anteriormente, como as emendas constitucionais nº 53 e nº 59, a consolidação do Enem e o PNE até as iniciativas de alguns estados.

Um leitor mais atento da nova lei percebe claramente que a aprovação da BNCC é condição essencial para sua implementação. Portanto, a capacidade de diálogo do MEC com o CNE, gestores e educadores será determinante para que se inicie o processo de efetivação daquilo que está proposto na lei. Por isso, é necessário que o MEC acelere a entrega da base ao CNE, para que este conselho seja palco de uma madura discussão sobre o ensino médio, que deverá envolver todos os atores necessários à construção de uma proposta mais clara de mudança.

É necessário ter em mente que as mudanças exigirão um minucioso processo de execução e que os jovens não serão atendidos de forma instantânea no seu desejo de escolher o itinerário formativo.

Enquanto isso, a iniciativa de dotar 500 escolas com educação em tempo integral no ensino médio nos estados da Federação é bem-vinda, embora a escala deva ser ampliada. Por conseguinte, a disseminação das mudanças deve ser feita com cautela, pois os sistemas, apesar dos avanços recentes de infraestrutura e formação de professores, terão um longo caminho a trilhar. Assim, uma efetiva mudança no ensino médio deverá levar em consideração diversos fatores. Continuidade das políticas já adotadas, financiamento assegurado, aperfeiçoamento da cultura de planejamento e gestão e aprofundamento da formação inicial e continuada de professores, junto com o diálogo, serão os pilares dos avanços no ensino médio.

Referências

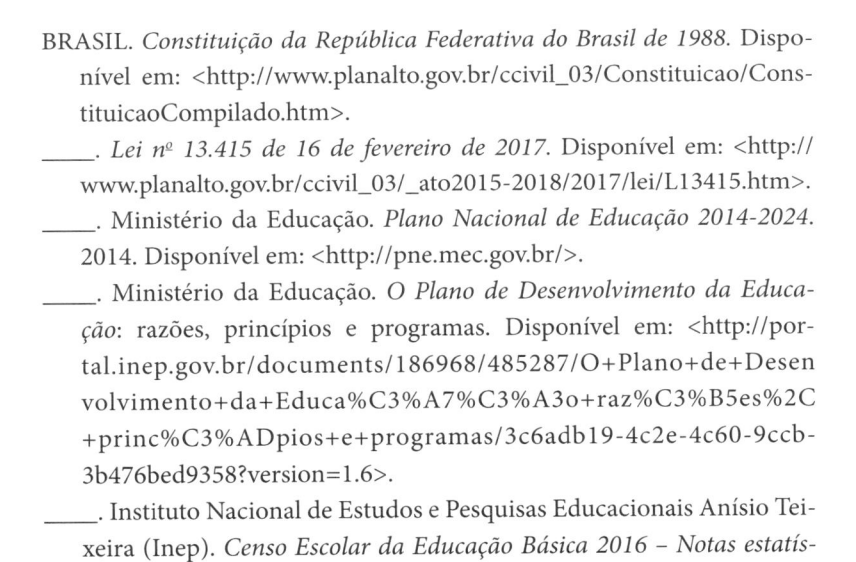

BRASIL. *Constituição da República Federativa do Brasil de 1988*. Disponível em: <http://www.planalto.gov.br/ccivil_03/Constituicao/ConstituicaoCompilado.htm>.

____. *Lei nº 13.415 de 16 de fevereiro de 2017*. Disponível em: <http://www.planalto.gov.br/ccivil_03/_ato2015-2018/2017/lei/L13415.htm>.

____. Ministério da Educação. *Plano Nacional de Educação 2014-2024*. 2014. Disponível em: <http://pne.mec.gov.br/>.

____. Ministério da Educação. *O Plano de Desenvolvimento da Educação*: razões, princípios e programas. Disponível em: <http://portal.inep.gov.br/documents/186968/485287/O+Plano+de+Desenvolvimento+da+Educa%C3%A7%C3%A3o+raz%C3%B5es%2C+princ%C3%ADpios+e+programas/3c6adb19-4c2e-4c60-9ccb-3b476bed9358?version=1.6>.

____. Instituto Nacional de Estudos e Pesquisas Educacionais Anísio Teixeira (Inep). *Censo Escolar da Educação Básica 2016 – Notas estatísticas*. Disponível em: <http://download.inep.gov.br/educacao_basica/censo_escolar/notas_estatisticas/2017/notas_estatisticas_censo_escolar_da_educacao_basica_2016.pdf>.

CUNHA, C. et al. (Coord.). *O MEC pós-Constituição*. Brasília: Liber Livro, 2016.

Este livro foi impresso nas oficinas gráficas da Editora Vozes Ltda.,
Rua Frei Luís, 100 – Petrópolis, RJ.